LA CRISE VITICOLE

LA CRISE VITICOLE MÉRIDIONALE

HISTORIQUE DE LA VITICULTURE FRANÇAISE.
SA VIE ÉCONOMIQUE D'APRÈS DES DOCUMENTS OFFICIELS ET PRIVÉS JUSQU'EN 1900.
PRIX DE REVIENT ET PRIX DE VENTE DES VINS DE QUALITÉ ET DES VINS DE QUANTITÉ DANS LA RÉGION MÉDITERRANÉENNE.
CAUSES DE LA MÉVENTE — LÉGISLATION — DISTILLATION, VINAGE, MOUILLAGE, SUCRAGE, RAISINS SECS, MISTELLES, TITRES DE RÉGIE, IMPOTS.
EXAMEN CRITIQUE DES DÉBOUCHÉS ET DES EMPLOIS DU VIN.
RÔLE RESPECTIF DU COMMERCE ET DE LA PROPRIÉTÉ.
EXPOSÉ DES DIVERS MOUVEMENTS DE L'OPINION, ESTATISTES ET LIBÉRAUX.
CONGRÈS — INFLUENCE DE LA MUTUALITÉ SUR LA VITICULTURE.
SYNDICATS PATRONAUX, OUVRIERS, MIXTES.
DISCORDES SOCIALES, GRÈVES AGRAIRES — ORGANISATION COOPÉRATIVE DE LA VENTE DIRECTE — CAVES COMMUNES.
RAPPORTS, VŒUX ET RÉSOLUTIONS LES PLUS IMPORTANTES DES ASSOCIATIONS VITICOLES.
PRÉCISION DES SOLUTIONS PRATIQUES DE LA MÉVENTE.

PAR

M. GÉNIEYS

Propriétaire viticulteur, Vice-Président du Syndicat agricole du Minervois,
Secrétaire général de la Caisse régionale de crédit agricole de Toulouse,
Administrateur des Caisses locales de crédit de Carcassonne et d'Azille,
Secrétaire de la Société d'agriculture de la Haute-Garonne et de la Société de géographie de Toulouse,
Membre de la Société centrale d'agriculture de l'Aude.

TOULOUSE

IMPRIMERIE ET LIBRAIRIE ÉDOUARD PRIVAT

14, RUE DES ARTS (SQUARE DU MUSÉE)

AOUT 1905

PRÉFACE

La crise viticole qui éprouve, depuis l'année 1900, la région méditerranéenne, est un des événements les plus graves de la vie agricole et de la vie économique de la France. Faite d'une multitude de détresses individuelles, elle provoque, dans le Midi entier, un malaise général, et elle devient une cause d'appauvrissement pour notre patrie. Chercher à la résoudre est, pour tout propriétaire viticulteur, l'accomplissement du premier des devoirs sociaux et le moyen de défense le plus efficace de ses intérêts personnels.

La grandeur de cette étude est en raison de la gravité du mal, et cette gravité atteint, à cette heure, des proportions que l'on chercherait en vain dans les diverses branches du travail national, qui sont cependant en pleine évolution.

Depuis cinq ans, des milliers et des milliers de familles ne retirent plus de leurs exploitations les profits qui étaient la rémunération de leurs travaux et qui constituaient, le plus souvent, leurs seuls moyens d'existence. Dans un état voisin de la misère, elles se privent progressivement de toutes les commodités de la vie moderne, qui ne sont cependant que la conséquence naturelle des progrès de la civilisation; les hommes se découragent, les jeunes gens quêtent des fonctions mal rétribuées, les jeunes filles, privées de dot, renoncent à s'établir; les ressources des familles sont incertaines, dépendant des variations des cours des vins, dont les marchés sont désemparés; les terres n'ont plus de base d'estimation, et leurs valeurs varient suivant les seuls caprices des enchères; les salaires, à leur tour, subissent la dépréciation générale; le chômage se multiplie, les villages se dépeuplent, et les villes regorgent d'hommes que l'industrie est impuissante à occuper; les esprits s'aigrissent, les utopies les plus contraires au bon sens s'affirment dans les diverses classes sociales avec passion; les œuvres de mutualité se développent, mais, loin de poursuivre la pacification, elles se groupent en fédérations de patrons et d'ouvriers, qui dépensent à se combattre toutes les forces vives de leur activité. Récoltants et travailleurs, sous l'influence permanente d'une presse tendancieuse et de politiciens cherchant leurs profits dans l'exploitation de la haine sociale, se trompent sur les causes véritables de leurs souffrances; la méfiance et la discorde se généralisent. La crise économique dégénère en crise sociale et menace le Midi d'une révolution que la moindre surexcitation rendra sanglante. Le reste de la France semble l'ignorer, et peut se trouver engagée, demain, dans des troubles agraires et collectivistes, dont elle ne devra rechercher la cause que dans son indifférence voulue pour notre région.

Comprendre la crise viticole c'est la résoudre, à la seule condition que la connaissance se traduise par l'action, ce qui ne dépend que de la volonté. *La mévente est l'œuvre des hommes et non de la nature*; une série d'efforts dirigés à faux avec une rare persévérance a produit la crise économique dont se meurt le Midi; une série d'efforts dirigés suivant des conceptions exactes ramènera la prospérité; cette vérité ressort de tout examen un peu réfléchi de notre situation actuelle.

Voyez les effets de la crise, ses effets sur les individus et ses effets sur les collectivités; par les effets vous connaîtrez les causes, et de la précision des causes, vous déduirez les moyens de la solutionner.

Viticulteur exploitant, la mévente m'a frappé dans mes intérêts les plus immédiats; par les troubles qu'elle causait à ma fortune, j'ai compris sa portée, l'appréciant sans la diminuer et sans l'exagérer. Aussi les documents sur lesquels s'appuient mes déductions ont la force amère mais irréfutable de l'expérience. Par les faits constatés dans mon entourage, par les renseignements communiqués par mes collègues des Sociétés d'agriculture de l'Aude et de la Haute-Garonne, des Syndicats de l'Hérault et du Minervois, de la Caisse régionale de crédit agricole de Toulouse, et des Caisses rurales de Carcassonne et d'Azille, par les discussions des Congrès, par les études des Revues techniques, par les textes officiels des Statistiques publiées par les Ministères, et des lois, décrets, circulaires émanant du Parlement et de l'Etat, j'ai coordonné, en vue de l'étude réfléchie de la crise viticole, un ensemble de preuves, qui sont des preuves vécues, et des constatations qui sont prises dans le vif de l'existence des individus et des travaux des Assemblées.

Par les effets on dégage les causes et on les classe d'après leur importance et d'après leur origine, d'après leur gravité et d'après leur ancienneté. Les troubles économiques d'aujourd'hui prouvent que la mévente provient d'une capitalisation exagérée des terres, accentuée par un endettement disproportionné à la valeur réelle des vignobles, et dont les charges sont trop lourdes pour les revenus. La mévente provient aussi d'une fausse appréciation des causes temporaires et accidentelles des bénéfices viticoles, qui ont suivi la reconstitution consécutive à la destruction phylloxérique; de la croyance erronée que la vigne était la seule culture rémunératrice et même la seule culture matériellement possible du bassin de la Méditerranée, orientation funeste de l'agriculture générale, qui a produit la monoculture, la plus aléatoire des méthodes d'exploitation; d'une production naturelle surabondante, conséquence voulue de la culture scientifique intensive, développant la quantité au détriment de la qualité; d'une production artificielle indéfinie, réalisée par le sucrage et par des matières fermentescibles diverses, qui est la conséquence de la perfection de la synthèse chimique: de la méfiance des consommateurs de toutes les catégories sociales vis-à-vis de boissons dont la falsification était l'état normal; de la législation surtout, mal conçue dans ses principes fondamentaux, et encore plus funeste par l'esprit qui préside à son application; de la mentalité des Méridionaux, brouillant les questions économiques avec les questions de politique pure, et témoignant d'un manque absolu d'union et d'une inaptitude constante dans la défense de leurs intérêts.

Prenez l'une après l'autre ces causes principales, évoquez les causes secondaires dont je ne peux remémorer ici que l'existence, et donnez-vous la peine de discerner à l'égard de chacune d'elles la part qui revient à l'intervention humaine. Vous constaterez que la mévente, c'est-à-dire la difficulté et parfois l'impossibilité pour le récoltant de se défaire de son vin, provient d'une rupture d'équilibre entre la production et la consommation. Et l'une et l'autre, production et consommation, ne relèvent en définitive que de la volonté humaine; de telle sorte que l'appauvrissement actuel est le fait de l'homme et non de la nature, et que, par conséquent, cet appauvrissement serait arrêté et se transformerait en enrichissement, si l'homme comprenait et agissait. Seuls artisans de notre crise, seuls responsables de nos difficultés, nous avons en nous seuls la force de nous relever, si nous savons être logiques et actifs. Les moyens de solutionner la crise sont tous en la puissance de l'homme; notre ouvrage les étudiera dans leur ampleur et les précisera dans nos conclusions.

Voilà, objectera-t-on, une bien grande témérité, décelant plus de présomption que de bon sens. Je répondrai que je ne partage pas cette manière de voir et que l'on n'a rien à craindre du jugement d'autrui quand on écrit avec conviction et avec simplicité ; ce livre est une œuvre de bonne foi et d'impartialité. Il sera compris de ceux qui souffrent et il sera lu avec utilité par ceux qui prévoient que la crise viticole les frappera à leur tour. Mon but sera rempli si j'ai pu confirmer les hommes de bon sens dans leurs appréciations et coordonner leurs idées, et si j'ai pu redresser des idées fausses dans des esprits droits, qui ont mal jugé parce qu'ils étaient mal documentés. Quelques opinions de ce livre paraîtront hardies ; je demande au lecteur de ne pas les juger sans réfléchir ; une idée qui semble erronée au premier abord, parce qu'elle choque un ordre de choses purement conventionnel, paraîtra exacte si on suit un raisonnement en faisant abstraction de ses préférences personnelles.

Un examen de la crise viticole demande surtout à être présenté avec clarté et, si c'est possible, sobriété ; aussi dois-je exposer en quelques lignes aux lecteurs quelle fut ma méthode dans le groupement de documents si complexes et dont il était difficile d'éviter la répétition.

Dans un historique succinct, j'ai précisé l'importance de la viticulture méridionale relativement à l'ensemble de la production française, européenne et mondiale, et j'ai retracé les crises qu'elle avait supportées dans la dernière moitié du dix-neuvième siècle.

Cette étude amène à préciser les causes de la crise actuelle, les causes lointaines et récentes, médiates et directes, qui se groupent ainsi dans leur ordre chronologique et d'après leur importance respective.

Entre ces causes de la mévente la législation est la plus longue à examiner, car elle est composée de textes nombreux, variables, dont les effets n'ont pas toujours répondu aux intentions du Parlement, et qui jouent un rôle, bon ou mauvais, mais toujours décisif; j'ai ainsi examiné les lois qui ont exercé une influence générale, telles que les lois sur le régime des boissons, sur le régime des bouilleurs de cru, sur le vinage, le mouillage, la législation du sucrage, les lois spéciales d'influence secondaire, telles que les lois sur les raisins secs, sur les mistelles, enfin les propositions ou les projets émanant de l'initiative parlementaire ou du gouvernement pour amender dans des sens différents l'état de choses actuel.

La mévente devait être décrite dans son intensité, qui est révélée par les variations des cours des vins, par ceux des revenus, de la valeur des propriétés, des salaires; il était intéressant de préciser les rôles respectifs de la propriété, chargée de la production, et du commerce, chargé de la circulation, et leurs efforts respectifs pour développer la consommation.

Ces efforts amènent à préciser les divers moyens provenant de l'initiative privée, individuelle ou collective, tentés pour développer les débouchés soit du vin à l'état nature, soit du vin transformé en boisson composée et à examiner le mouvement social si intéressant, plein autant d'espérances que d'incertitudes, qui constitue les œuvres de la Mutualité agricole. L'esprit, se dégageant des préoccupations immédiates, suit avec ardeur ce grand mouvement social, dont les Sociétés d'agriculture donnent l'impulsion originale et qui s'affirme par les Syndicats, d'abord d'exploitants, puis d'ouvriers, finalement d'exploitants et d'ouvriers réunis en Syndicats mixtes; puis qui, suivant les nécessités secondaires et locales, crée les Caisses de crédit agricole, les comités pour la vente des vins, les coopératives, les caves communes dans leurs conceptions variées.

A côté des réalités, à côté du présent, se formulent les vœux, s'estompe l'avenir, sous la forme des réponses adressées par les Associations viticoles au questionnaire qui leur était envoyé par les commissions parlementaires; sous la forme des résolutions adoptées par les diverses Sociétés d'agriculture, par les Syndicats isolés ou fédérés en Unions du Sud-Est et du Sud-Ouest, par les Chambres de commerce, par les Conseils généraux, et résumées par les grandes Associations agricoles qui expriment l'opinion moyenne et modérée de l'ensemble de notre Patrie, par la Société nationale d'agriculture et par la Société des agriculteurs de France.

De cette consultation de nos Associations viticoles se dégagent très simplement les moyens efficaces de mettre un terme à la mévente et de ramener la prospérité matérielle, qui est la condition la plus indispensable de l'apaisement social. Ce livre aura rempli son objet si on peut le fermer en se disant que le Midi se plaint avec raison d'être la région de France la plus délaissée, et que la Patrie entière se doit de lui venir en aide en lui accordant un régime économique qui, sans léser aucun intérêt général, lui rendra une prospérité qui est elle-même indispensable à notre fortune nationale.

PREMIÈRE PARTIE.

Etat de la Viticulture française jusqu'à la crise de la mévente.

CHAPITRE PREMIER.

VITICULTURE FRANÇAISE ET VITICULTURE MONDIALE.

Si l'on considère l'Agriculture mondiale et si l'on caractérise chaque nation par le produit qui lui est le plus spécial, la France sera symbolisée par un raisin. Les statistiques assignent jusqu'à ce jour à notre patrie le premier rang dans la production viticole européenne et mondiale, en estimant pour 1898 la récolte de la France à 32.282.300 hectolitres sur un rendement total de l'Europe s'élevant à 115.029.100 hectolitres; en 1899, à 47.907.700 hectolitres sur un rendement de l'Europe de 130.275.700, et en 1900 à 67.352.661 hectolitres sur une production mondiale de 162 806.830 hectolitres; ainsi la France, actuellement, fournit du quart au tiers du vin bu par les habitants de la terre.

Or, le vin est de toutes les boissons la plus apte à soutenir et à reconstituer les forces musculaires et intellectuelles; c'est un aliment réparateur et un tonique moral. Notre suprématie en viticulture devrait assurer notre suprématie financière en ce qui concerne les boissons; et toute crise, dans notre production nationale, devrait avoir une répercussion sur le marché du vin dans le monde et sur l'ensemble des breuvages, tels que les alcools, les liqueurs, les bières, les cidres, les thés;

l'abondance, qui amène une diminution notable des prix, devrait provoquer une plus vaste consommation universelle, et la baisse qui sévit chez les récoltants devrait s'enrayer d'elle-même par les demandes de nouvelles masses de buveurs venant des classes les moins en moins fortunées.

Il n'en est pas ainsi; les vins de luxe conservent bien des prix de vente sensiblement égaux, indépendants de la production annuelle, car ils ne sont livrés qu'après plusieurs années de vieillissement à une clientèle pour qui la question d'argent est secondaire.

Mais le sort de nos vins de consommation courante est différent; leur dépréciation dans les années d'abondance est illimitée, car leur valeur intrinsèque n'est pas proportionnée aux frais qui les grèvent : douane, transports, frais et bénéfices commerciaux.

Ils sont en butte à la concurrence mondiale. Les diverses nations se mettent à planter : l'Italie, l'Espagne, la Grèce, la Turquie, développent simultanément leur production, leur consommation intérieure et leur exportation par divers moyens de culture, d'œnologie, de mutualité, de transport, de traités de commerce. D'autres pays, fermés jusqu'ici à la vigne, l'implantent et réalisent des progrès surprenants grâce au régime douanier protecteur de leur gouvernement, tels sont l'Autriche, l'Allemagne du Sud, la Suisse, la Russie; ou à leur isolement, tels la Perse, la République Argentine, le Chili, le cap de Bonne-Espérance, des terres de l'Extrême-Orient, Chine et Japon, et de l'Autralasie.

La vigne est donc en pleine évolution, et cette évolution enlève à la France son monopole; elle en partage elle-même, les derniers vestiges avec ses possessions du nord de l'Afrique, Algérie et Tunisie, qui font une concurrence redoutable à notre vignoble languedocien. La vigne, cependant, est plante de France et plante de Méditerranée; elle réserve à ces climats son bouquet et sa couleur. Les vins de Bordeaux, de Bourgogne et de Champagne sont uniques, inimitables, irremplaçables; les gourmets les recherchent, et les vrais hygiénistes les recommandent sous tous les climats; les alicantes, les murcie, les zucco, les chypre, les smyrne sont les vrais vins de liqueur du monde; ils conserveront probablement toujours et ces qualités et ce privilège, car leur valeur dépend plus d'une heureuse combinaison du sol, du climat et de la vie végétale que de l'habileté humaine; mais l'industrie viticole créera certainement beaucoup plus de vignes ordinaires qu'il n'en existe; robuste par nature, la vigne, dont on adapte les diverses variétés à tous les sols et à toutes les altitudes, vit aujourd'hui sous tous les climats tempérés des divers continents.

CHAPITRE II.

HISTORIQUE DE LA VITICULTURE FRANÇAISE.

La vigne a connu dans l'Europe même une zone de culture plus étendue que celle d'aujourd'hui, surtout au Nord et à l'Ouest. La Grande-Bretagne et l'Allemagne rhénane, la Belgique et l'Armorique virent les légionnaires latins implanter la vigne; les abbayes du Moyen-âge continuèrent la culture gallo-romaine; puis, au cours des derniers siècles, la viticulture s'est rapprochée de la zone sud de l'Europe, et en France elle ne s'est maintenue qu'en Champagne et en Bourgogne.

Aux dix-septième, dix-huitième et dix-neuvième siècles la viticulture française parvint à son apogée comme science et comme réputation. Les récoltants de Cahors et du Médoc, du Comtat Venaissin et de la Côte-d'Or furent les premiers vignerons du monde. Leurs procédés de culture, admirablement adaptés à la connaissance expérimentale du sol et du climat, leur firent produire les grands crus; à cette époque se formèrent ces traditions de la viticulture bourguignonne et bordelaise qui devinrent des modèles imités dans le reste du monde; si on considère l'état de la production contemporaine dans le reste de l'Europe, on remarque que la France occupait alors une situation proportionnellement beaucoup plus élevée que celle qu'elle possède aujourd'hui. L'exportation des crus français était relativement plus importante et de profit plus rémunérateur que l'exportation actuelle. Les routes étaient mauvaises, mais les cours d'eau alors plus profonds, mieux aménagés, portant une batellerie proportionnellement supérieure à la nôtre, véhiculaient nos futailles à travers nos provinces et jusqu'à nos ports maritimes. Le canal du Midi, le Lot, la Dordogne, la Garonne exportaient les vins du Languedoc, de Gascogne, de Guyenne et de Médoc; le Rhône portait jusqu'à Arles, et la Seine, par le canal de Briare, jusqu'à Paris, Rouen et l'Angleterre les vins de Provence, des Cévennes, de Bourgogne. La grande navigation les amenaient aux cours de Prusse, de Pologne, de Danemarck, de Suède, de Russie. Les crus de France étaient achetés par les grands seigneurs, par les hommes de finance, par les honnêtes gens des deux mondes; notre vin était la boisson de luxe par excellence; il est utile de se rappeler ce que l'on a été pour en déduire ce que l'on pourrait redevenir.

Le vin plaît aux muscles et l'alcool aux nerfs. Les tempéraments forts et pondérés d'alors lui demandaient la vigueur, la gaieté, et au besoin une griserie franche, tandis que les tempéraments inquiets, chagrins, maladifs de nos jours cherchent dans les alcools l'ivrognerie stupéfiante qui enlève au buveur toute notion de ce qui l'entoure. La distillerie, encore en enfance, ne connaissait que les esprits de vins, formant des eaux-de-vie plus chères mais plus saines que nos alcools industriels.

Superficie de la vigne en France à diverses époques. — A la fin du dix-huitième siècle, la superficie du vignoble français se développe rapidement; en 1775, la vigne occupe 800.000 hectares; en 1789, 1.500.000; en 1800, 1.900.000; ainsi la superficie de 1800 dépasse de près de 200.000 hectares la superficie de 1900. Sous le second empire, l'encépagement parvient au maximum qu'il atteignit jamais en notre pays : 2.000.000 d'hectares en 1850 et 2.500.000 en 1865. La politique libre-échangiste, chère personnellement à Napoléon III, exprimée par les traités de commerce de 1860, et la distillation, rendue abondante par les perfectionnements des alambics et favorisée par un régime fiscal respectueux des droits de la propriété, conjurèrent les crises provenant de la surproduction ; ainsi l'abondance fut un bien et non un mal, une cause d'enrichissement et non d'appauvrissement ; les terres augmentèrent de valeur, les salaires s'élevèrent, les classes laborieuses connurent l'aisance, le commerce la sécurité, le Trésor un impôt de contribution payé sans gêne, et les villes à octroi un revenu qui n'était ni une cause de fraude ni un motif de ralentissement dans la consommation.

Aucune région ne profita davantage de cette prospérité générale que le vignoble méditerranéen ; l'Hérault, puis l'Aude, le Gard, le Roussillon, fournirent à la France le tiers et quelquefois la moitié de sa récolte totale de 1860 à 1875 ; les vins de ces régions étaient le type de la consommation populaire et bon marché et ils décidaient des prix du reste de la France. La viticulture enrichit les récoltants et les travailleurs, puis leurs fournisseurs, soit de la région, soit des régions voisines. Tout le commerce de luxe de Montpellier, de Nîmes et de Toulouse ne vivait que par les bénéfices des vignerons. La vigne absorbait toutes les terres fertiles ; on achetait dans les Cévennes et en Gascogne les blés, les avoines, les fourrages, la volaille, les bois, la viande ; mais aussi, par réciprocité, tout malheur viticole devait être une ruine immédiate pour le Sud-Ouest. En 1899, à la veille de la terrible crise viticole dont l'étude sera l'objet de ce travail, la vigne couvre en France une superficie de 1.697.734 hectares ; elle a produit une récolte de 47.970 680 hectolitres, soit un rendement moyen de 28 hectolitres par hectare ; le récoltant a vendu son vin à 26 francs l'hecto, ce qui donne à la récolte totale une valeur de 1,249.385,747 fr., qui a été partagée entre 1.506.984 récoltants.

Si nous continuons à interroger cette statistique générale, elle nous répondra que la vigne est la troisième source de notre richesse agricole; en premier lieu vient l'élevage : la valeur des produits que fournissent annuellement nos animaux domestiques, chevaux, bœufs, moutons, porcs, etc., est estimée à 3 milliards 500 millions, occupant le quart de notre territoire cultivé; en second lieu viennent les céréales, dont le revenu est évalué à 3 milliards, et en troisième lieu la vigne avec son revenu de 1,200 millions en 1899.

Nous citons ces chiffres pour plaire à cette partie de lecteurs qui croient aux statistiques. Ce qu'il y a de plus remarquable dans ces statistiques officielles, c'est que leurs chiffres indiquent toujours un état de grande prospérité. Ainsi, en 1899, notre récolte est évaluée à 47 millions d'hectolitres, valant 1,249 millions. En 1900, la récolte est évaluée à 67 millions, et l'hectolitre, estimé 19 francs, donne une valeur totale de 1,264,257,916 francs, soit entre les deux revenus un écart insignifiant. Or, il y eut au cours de ces deux années une chute des vins de 20 francs à 5 francs, et l'écart, appelé mévente, sépare la prospérité de la misère. Il faut donc rechercher en dehors des données officielles, inspirées par des motifs fiscaux et politiques, l'état économique réel d'une région et même d'une nation entière.

CHAPITRE III.

ÉTAT DU VIGNOBLE FRANÇAIS AU DÉBUT DE LA CRISE DE LA MÉVENTE EN 1900. — CLASSEMENT DES VIGNOBLES. — RENDEMENT.

Notre ouvrage se borne à l'étude des vignobles de la partie méridionale de la France; ce sont d'ailleurs les seuls qui soient gravement affectés par la mévente; mais pour se rendre compte de notre crise économique, que l'on peut qualifier de locale, il importe de décrire la composition en 1900 du vignoble français. Il me semble qu'il peut se diviser, d'après l'homogénéité de ses crus, la similitude de ses procédés de culture et de son écoulement commercial, en plusieurs groupes qui, envisagés du nord au sud, seraient les suivants :

Le vignoble de Champagne;
Le vignoble de Bourgogne;
Le vignoble de la vallée du Rhône;
Le vignoble de la vallée de la Loire;
Le vignoble des Charentes.

Je diviserais le sud-ouest de la France en quatre groupes que j'intitulerais :

1° Le vignoble méditerranéen;
2° Le vignoble du bassin moyen de la Garonne;
3° Le vignoble du Gers;
4° Le vignoble de la Gironde,

laissant à part quelques crus renommés, mais trop peu importants pour exercer une action appréciable, tel que le vignoble de Cahors. Cette division, en ce qui concerne le sud-ouest de la France, n'est pas arbitraire; chaque groupe est composé des mêmes cépages; les terres offrent une altitude sensiblement égale et leur composition chimique est presque similaire; elles sont soumises au même climat et aux mêmes accidents météorologiques; les procédés de culture dans chaque groupe sont identiques, les crus similaires, vendus par conséquent aux mêmes prix. Les populations rurales de chacun de ces groupes ont une éducation professionnelle semblable, les mêmes ressources financières, les mêmes habitudes économiques et morales et, si l'on pousse plus loin l'observation, les mêmes degrés dans les opinions politiques et dans les conceptions religieuses.

Le vignoble méditerranéen. — Examinons à titre d'exemple spécial le vignoble méditerranéen. De la baie de Banyuls, dernière ville française sur la frontière espagnole, jusqu'à

Arles, au nord de la Camargue, toutes les plaines du littoral : Roussillon, Salanque, Languedoc, Provence, et tous les coteaux des vallées : Tech, Tet, Agly, Aude, Orb, Hérault, Vidourle, Rhône, jusqu'au pied des rochers incultivables des Pyrénées, des Corbières, des Cévennes et des Alpines, ne forment qu'une immense vigne. Elle est vraiment d'un seul tenant; sa végétation seule indique deux zones distinctes : la zone irriguée et la zone non irriguée ; sur trois cents kilomètres de longueur et sur cent de profondeur, les cépages sont les mêmes : Aramons et hybrides Bouschet, menés sur cordons dans les terres humides ou en gobelets dans les terres simplement bonnes, pour obtenir la quantité et la couleur, — Carignans et Terets sur les coteaux pour se procurer l'alcool et l'extrait sec, — Cinsauts, Mourvèdres, Morastel pour développer le bouquet; soit en tout huit ou dix cépages portant chacun vingt noms différents selon les localités. Le régime de la propriété, sa division en domaines de grande, de moyenne et de petite culture, se répète sur tout le littoral. Les vignes de la Camargue s'exploitent comme celles du Roussillon, et les vins des coteaux de Nimes sont pareils à ceux des coteaux de Narbonne. Il existe quelques crus qui sont les parcelles heureuses de l'exploitation générale, Corbières et Minervois, et quelques vins blancs qui sont les cépages de prédilection du vignoble commun, tels que la clairette de Limoux ou le muscat de Frontignan.

Les vignes débourrent presque au même moment, bénéficient d'un soleil égal, des mêmes régimes de vents et de pluies, souffrent des mêmes fléaux, gelées, refoulements de sève, maladies cryptogamiques. Les tarifs des salaires, les dépenses pour la traction animale, pour l'entretien du matériel et de la vaisselle vinaire, n'offrent que des variations bien minimes; même degré de science dans les procédés de vinification, même composition des vins, cours identiques sur les divers marchés; même valeur des diverses catégories des terres. Enfin, la mentalité et la moralité de la population suivent réellement les zones de culture; les passions politiques et antireligieuses sont

Vignoble de la Méditerranée.

	Superficie en vignes.	Moyenne de la production 1890-1900	Production 1899	Production 1900
Aude	133.568	3.627.598	5.330.781	6.313.101
Hérault	191.352	7.521.051	12.360.400	11.493.728
Gard	74.133	2.006.494	3.656.363	3.794.796
Pyrénées-Orient.	63.449	1.705.717	2.915.403	2.891.878
Vaucluse	25.966	351.201	494.032	780.074
Bouches-du-Rhône.	28.888	1.073.201	1.324.403	1.720.010
Var	45.341	686.916	1.234.968	1.729.358
TOTAL	562.697	16.972.178	27.316.350	28.723.145

Vignoble du Bassin moyen de la Garonne.

		1890-1900	1899	1900
Tarn	21.901	192.568	367.772	698.363
Tarn-et-Garonne	28.286	305.632	401.510	697.840
Lot-et-Garonne	53.543	375.390	522.370	805.240
Haute-Garonne	35.619	442.386	686.782	1.107.793
TOTAL	139.349	1.315.976	1.978.434	3.309.236

		1890-1900	1899	1900
Gers	49.590	867.038	891.240	1.535.770
Basses-Pyrénées	15.662	237.254	313.075	459.929
Hautes-Pyrénées	13.774	102.713	80.024	98.886
TOTAL	79.026	1.207.005	1.284.339	2.094.585
Gironde	137.023	2.576.491	3.478.708	5.738.407
France	1.730.451	35.965.000	47.907.680	67.352.661

d'autant plus violentes que la localité est plus riche et l'est depuis moins longtemps, et que la dépravation y est plus profonde. Les centres de productions intensives tels que Lunel, Béziers, Narbonne et tous les petits villages environnants sont collectivistes et athées ; les villages de production moindre, mais encore très grosse, sont simplement socialistes ; les pays de moyens rendements sont radicaux, puis républicains, ennemis des théories violentes ; enfin quelques localités d'ancienne tradition vinicole sont conservatrices ; la réaction contre la tyrannie jacobine et les mesures violentes des syndicats rouges se réalise suivant ces mêmes zones, commençant par les plus collectivistes ; ainsi les arrondissements de Béziers et de Narbonne sont les plus énergiques dans la formation des syndicats mixtes. Nous préciserons ces observations quand nous nous occuperons des grèves agraires, des œuvres de mutualité et des programmes imaginés par les diverses associations viticoles pour remédier à la crise actuelle.

Le vignoble méditerranéen intéresse au point de vue administratif les départements des Pyrénées-Orientales, de l'Aude, de l'Hérault, du Gard, du Vaucluse, des Bouches-du-Rhône et du Var. Il présente, d'après les statistiques en 1900 de ces divers départements, une superficie de 562.697 hectares ; son rendement annuel moyen pendant la période décennale de reconstitution de 1890 à 1900 s'était élevée à 16.962.178 hectolitres, alors que, pendant la même période, la superficie totale de la vigne dans la France continentale était de 1.730.451 hectares, et sa production de 35.965.000 hectolitres. Il représentait au début de la mévente un grand tiers de la superficie du vignoble français et une moitié de la récolte nationale. Cette proportion faiblit tous les ans par suite de plantations nouvelles dans le reste de la France et d'une augmentation très sensible de leur rendement à l'hectare. C'est une des causes pour lesquelles l'ensemble de la France viticole, devenant indépendant du Midi, n'attache qu'une importance relative à nos malheurs locaux.

La qualité des vins actuels du Midi diminue en proportion de l'intensité de la production; les vins d'Aramons et d'hybrides Bouschet récoltés à raison de 150 à 300 hectolitres à l'hectare sont des liquides sans goût et sans chaleur, quelquefois inférieurs aux boissons obtenues artificiellement; la mauvaise réputation qu'ils ont donnée à l'ensemble de la production méridionale fut encore plus funeste que leur abondante production. Notre région a cette mauvaise chance toute spéciale d'être avantageusement concurrencée par les vins du Sahel, de la Métidja et des vallées et coteaux algériens. Enfin les vignes françaises défendues par les sables contre le phylloxéra ont enrichi des Sociétés habiles en leur permettant d'utiliser avantageusement des espaces considérables, mais cette production, s'ajoutant à celle de la Camargue et de tous les terrains conquis sur les étangs du littoral, constitue une masse de vin qui était utile pendant la période phylloxérique, mais qui pèse lourdement sur le marché depuis que la consommation est satisfaite par la récolte normale et depuis que les entraves de la distillation s'opposent à leur disparition.

Vignoble de la Garonne. — Le vignoble de la Garonne occupe la partie moyenne du bassin de ce fleuve et de ses affluents, à peu près entre Muret et Agen; ce n'est plus un vignoble d'un seul tenant, comme celui du Languedoc, mais une suite de plantations séparées par des prairies artificielles et naturelles, des bois, des céréales; elles servent surtout à utiliser les terrains de qualité inférieure. Les crus de Fronton et de Villaudric, de Cugnaux et de Gaillac, rouges et blancs, en sont les produits les plus typiques. Grâce à l'humidité du climat quelques vignobles peuvent être conduits en taille longue, même dans des terres non arrosables, pourvu que celles-ci soient profondes; sur les collines, on use de la taille en gobelet, comme dans le Languedoc, mais on soutient souvent la souche par des pieux, et quelquefois les rangées sont si rapprochées qu'on travaille la terre à bras. Les principaux cépages sont la Négrette, le Gamay, le Cabernet, le Malbec, le grand Noir de la Calmette, hybride Bouschet qui réussit fort bien dans le Montalbannais, enfin le Mauzac et la folle Blanche. A côté de ces plants autochtones, quelques Syndicats et quelques spécialistes en agriculture préconisent les producteurs directs et les hybrides américains. Les producteurs directs sont des cépages obtenus par semis, en fécondant des variétés américaines par d'autres variétés américaines où des cépages français par des cépages américains; on obtient ainsi des variétés en nombre mathématiquement indéfini, qui doivent posséder des racines résistantes au phylloxéra et des raisins capables de donner un vin plus ou moins rapproché de celui des anciens cépages nationaux; les hybrides sont obtenus par les mêmes croisements, seulement le peu de résistance de leur racines au phylloxéra oblige quelquefois à les greffer sur des boutures américaines. Le principal avantage qu'on demande à leur origine étrangère est la rusticité et la résistance aux maladies cryptogamiques. La rusticité permet à la souche de prospérer avec moins de labours et moins de binages que la souche française. Si elle est gelée, les nouveaux bourgeons sont à fruits; enfin ses raisins résistent mieux aux attaques des diverses cryptogames. Par une sélection déjà ancienne, on a pu trouver des cépages donnant des vins très colorés et d'une teneur alcoolique élevée, s'adaptant à divers terrains et donnant à l'hectare un rendement très satisfaisant; grâce à ces cépages, la vigne a été implantée dans des régions qui ne la connaissaient pas à cause de leurs froids rigoureux et tardifs et de la pauvreté de leur sol, comme le Lauragais ou l'Ariège; mais les vins ainsi obtenus sont âcres, souvent foxés, désagréables à boire isolément; ils sont excellents, au contraire, comme colorants et comme vins de coupages; à ce titre, ils sont achetés avec primes par les négociants qui désirent colorer légalement les boissons artificielles. Ils sont donc une bonne affaire pour celui qui les produit et une cause très grande de dépréciation pour la viticulture.

Cette plaine de la Garonne, alimentant Toulouse, Tarbes,

les Pyrénées, a toujours trouvé à ses vins, jusqu'à ce jour, un écoulement rémunérateur ; aussi les paysans, les Syndicats, les Sociétés d'agriculture s'occupent tout spécialement de la vigne, ce en quoi ils ont bien tort, car si la vigne devenait un élément principal de leurs exploitations, elle rapprocherait leur sort de celui du vignoble méditerranéen, avec cette aggravation qu'en voulant l'imposer de force au sol et au climat des plaines gasconnes, ils devraient faire des frais plus importants en regard de rendements plus médiocres. Cette jolie plaine de la Garonne moyenne forme une série de vignobles s'étendant dans les départements de la Haute-Garonne, du Tarn, du Tarn-et-Garonne et du Lot-et-Garonne en une superficie de 139.349 hectares dont la production moyenne, pendant la période décennale 1890 à 1900, était de 1.315.976 hectolitres. Comparé au vignoble méditerranéen, il ne représente qu'une petite fraction de la production méridionale, mais la fraction grossit rapidement ; en 1899, le vignoble de la Garonne produit 1.978.434 hectolitres, et en 1900 il en produit 3.309.236 ; la production de 1900 est trois fois plus forte que la moyenne de la période décennale qu'il clôture.

Vignoble du Gers. — Le vignoble du Gers, bien considéré, ne peut pas être compris dans celui de la Garonne ; son climat est différent, ainsi que ses terrains, ses cépages et que la destinée de son vin. Dans ce plateau de Riscle et d'Eauze, qui domine les vallées de l'Adour, du Gers, de la Baïse et la plaine des Landes, le paysan a planté depuis longtemps la folle Blanche et le Jurançon, cépages blancs dont il a fait du vin léger, frais, qu'il vend comme vin de table ou qu'il distille pour produire l'armagnac, eau-de-vie un peu inférieure à la fine champagne, mais bien appréciée et rivale souvent heureuse du cognac. Le Gers regarde les vins blancs comme les vins ordinaires et les vins rouges comme les vins supérieurs ; il comptait jusqu'à ces derniers temps beaucoup de souches françaises. Le Gers est le pays de la grêle, du black-rot et de toutes les infortunes vinicoles qui rendent les années dissemblables; il persévère avec opiniâtreté dans la viticulture, car seule elle permet d'utiliser ses mauvais terrains; aussi, plus encore que la Garonne, le Gers recourt aux hybrides, mais il a cette excuse que s'il veut des raisins alcooliques, c'est pour faire disparaître leur goût spécial par le feu des alambics. L'alcool dit armagnac subit une mévente pire peut-être que celle du vin méridional; les alcools de vins baissent en raison : 1° de la législation fiscale; 2° de l'abondance des récoltes non seulement de vin, mais de tous les fruits sucrés susceptibles d'être distillés, et 3° des alcools d'industrie, dont la concurrence les écrase malgré les acquits roses et les certificats d'origine. Le vigneron du Gers dépend donc plus encore que celui du Languedoc des caprices du Parlement et des besoins du Trésor. Ce vignoble de l'Armagnac intéressant le Gers et les cantons limitrophes des Hautes et Basses-Pyrénées forme une superficie de 79.026 hectares, disséminés au milieu des taillis, des emblavures et des parcs à chevaux; sa production moyenne décennale avait été de 1.207.005 hectolitres, qui passa en 1899 à 1.284.339 et en 1900 à 2.094.585.

Vignoble de la Gironde. — Le vignoble de la Gironde est le plus noble du Midi; au cours des crises économiques, le meilleur moyen de résistance est une antique réputation. La Gironde peut s'adonner sans crainte à la monoculture viticole, car la consommation universelle absorbera toujours sa production; aussi, forme-t-elle un groupe à part autant par son climat et ses cépages que par sa situation financière. Une solidarité absolue existe entre le vigneron et le négociant, solidarité de fait et de volonté qui obligerait au besoin le négociant à avancer des fonds au vigneron, car les grands crus sont une denrée irremplaçable et leur achat constitue la meilleure réputation des maisons de commerce; aussi, le plus grand ennui que puisse subir un vigneron n'est pas d'avoir trop peu de vin, mais d'avoir des raisins malades donnant des liquides de conservation difficile; le mildiou, en exposant les vins à des altérations ultérieures, a été plus préjudiciable à la place de Bordeaux et a amené plus de faillites chez ses banquiers que les variations de quantité dans les récoltes.

Dans la crise purement économique de la mévente, le vignoble de la Gironde n'intéresse le vignoble de la Méditerranée qu'en proportion des prix plus ou moins élevés dont Bordeaux paye les vins du Languedoc achetés à titre de complément ou de coupage; ces prix dépendent plus encore de la législation douanière que du rendement même du vignoble girondin; si les droits empêchent Bordeaux d'acquérir des vins espagnols et si la récolte est très déficitaire en Médoc, dans le Blayais, dans l'Entre-deux-Mers, Bordeaux, nécessairement, payera plus cher d'abord les vins des régions limitrophes et ensuite ceux du vignoble méditerranéen.

Le vignoble de la Gironde présentait en 1899 une superficie de 137.023 hectares; sa production moyenne de 1890 à 1900 avait été de 2.576.491 hectolitres, qui avait atteint : en 1899, 3.478.708 hectolitres; en 1900, 5.738.407 hectolitres.

CHAPITRE IV.

LES CRISES VITICOLES ANTÉRIEURES. — OÏDIUM. — PHYLLOXÉRA.

La France a connu deux grandes détresses causées la première par l'oïdium, la seconde par le phylloxéra; nous rappellerons quelques phases de la première à titre de document, nous insisterons davantage sur la seconde, car certaines de ses conséquences financières furent une des causes de la troisième crise viticole, celle de la mévente.

Crise de l'oïdium. — De 1851 à 1856, l'oïdium, entièrement inconnu de l'ancienne viticulture française, a ravagé tous nos vignobles ; cette petite cryptogame couvrait de mycodermes les feuilles, l'extrémité des rameaux, les bois et les raisins ; elle entraînait la chute des grains ou rendait ceux qui survivaient petits, mal mûris et ne donnant qu'un vin inbuvable, mais elle causait rarement la mort des souches ; aussi l'oïdium, ne nécessitant aucune plantation nouvelle, n'entraîna pas de dépréciation notable des terres. Se propageant moins vite dans les pays chauds tel que le vignoble méditerranéen que dans les contrées humides, il permit au Midi d'obtenir des rendements relativement élevés, et de vendre à des prix qui compensèrent la faiblesse de la quantité.

La production, qui était de 45 millions en 1850, tomba à 10.800.000 hectolitres pour la France entière en 1854 ; elle ne dépassa pas 15 millions en 1855, puis elle reprit son cours normal dès qu'on eut découvert le spécifique de l'oïdium, qui est le soufre. Le soufre tue les mycodermes par son contact ; ce contact sera d'autant plus efficace que le soufre sera divisé en poussière plus impalpable, ce qui augmente la surface totale des grains et ce qui, les rendant d'une légèreté extrême, leur permet d'envelopper toute la souche. Ce traitement est peu coûteux ; le soufre est une matière première abondante, les instruments pour le répandre tels que boîte et soufflet étaient très simples, et quand les constructeurs imaginèrent plus tard les torpilles et les soufreuses à traction animale, l'économie de matières premières, de temps, et de main-d'œuvre compensèrent le prix d'acquisition.

On rechercha des plants qui seraient particulièrement réfractaires à l'oïdium ; certains cépages tels que le Jacquez d'origine américaine, furent alors implantés en France ; ce fut un malheur gros d'avenir, car ils apportaient sur notre continent les germes de cet insecte inconnu : le phylloxéra.

Crise du phylloxéra (1878-1890). — Le phylloxéra fut constaté en France dès l'année 1865, mais sa contamination fut pendant une longue période lente et éparpillée. La récolte de 1875 fut la plus abondante qu'aient retenue les annales de notre viticulture; elle s'est chiffrée par 83.800.000 hectolitres. Dès 1876, elle tombait à 41.800.000, et à partir de 1879 jusqu'en 1890 elle oscille entre 25 et 30 millions; la plus faible fut 1889, 23.200.000; le fléau envahissait tout le continent, il nécessitait une réunion européenne, qui rédigeait la convention internationale de Berne en 1882, et il provoquait dans chaque nation une série de lois et de décrets formant sa législation intérieure; celle-ci réglementait en France le transport des plants, prescrivait des mesures de conservation et exonérait pendant quatre ans de l'impôt foncier pour favoriser la reconstitution. Le phylloxéra eut raison de la législation et de la science viticole. Quelques vignes furent défendues par la submersion et par les traitements au sulfure de carbonne; mais notre vignoble ne se reforma qu'après la mort de presque toutes les souches françaises; elles durent être remplacées par des cépages américains contaminés de tout temps et ayant par conséquent la force de résister aux piqûres de l'insecte.

L'effort de la viticulture porta tout entier sur l'étude des meilleurs porte-greffes; on recherche l'affinité de chacun avec nos divers sols, nos divers climats, nos divers cépages français qu'ils devaient nourrir.

Le Midi ne se tira pas trop mal de la période phylloxérique; cette région ne fut contaminée qu'en plusieurs années successives; les récoltes correspondant à l'apparition du phylloxéra comptent parmi nos plus splendides. En 1872, l'Hérault seul récolte 14.900.000 hectolitres sur une production totale de 50 millions; en 1873 et 1874, 13 millions sur 35 et 63; l'Hérault était le véritable fournisseur des vins bon marché de la France; ses eaux-de-vie de Pézenas étaient le type du pousse-café populaire; la Grande-Chartreuse installait à Béziers une distillerie qui brûlait ses vins de plaine pour en former les alcools de la première liqueur du monde.

De tels rendements produisirent une grande richesse, car le vin s'écoulait toujours à un prix supérieur à son prix de revient; cette richesse agit différemment suivant les caractères; j'appelle ici l'attention du lecteur, car cette situation financière est une des causes indirectes, mais profondes, de la crise actuelle.

DEUXIÈME PARTIE.

Causes de la crise économique de la mévente.

CHAPITRE PREMIER.

ENDETTEMENT DE LA TERRE POUR SUBVENIR AUX DÉPENSES DE LA RECONSTITUTION DES VIGNOBLES.

Les propriétaires sensés qui avaient l'habitude de l'argent, prévoyant que le phylloxéra attaquerait fatalement le Languedoc, mirent des disponibilités en réserve ; lorsque la contagion se répandit, ils eurent des ressources soit pour préserver les souches françaises, soit pour les arracher et opérer immédiatement des plantations en vignes américaines.

Par la submersion, par les traitements au sulfure de carbone, on défendit les vignes de plaine, qui étaient les vignes à grande production ; la plante souffrait, mais vivait, et, aux prix de 30 et 40 francs l'hectolitre, le propriétaire qui pouvait retarder l'invasion de trois à quatre ans gagnait presque la valeur de la terre ; 50 hectos pendant quatre ans, soit 200 hectos de 30 à 40 francs, valaient de 6,000 à 8,000 francs.

Les viticulteurs sérieux, qui ne purent défendre les vignes françaises situées en coteaux et en terrains non arrosables, trouvèrent dans les bénéfices non dépensés des années antérieures les sommes suffisantes pour arracher, défoncer, planter en cépages américains, greffés ensuite en plants indigènes. La transformation d'une vigne française en vigne greffée pouvait s'opérer en quatre ans, comptés du jour de l'arrachage jusqu'à la troisième année du plant nouveau, époque où sa récolte devenait assez abondante d'abord pour rémunérer les frais annuels, et ensuite pour amortir les dépenses de reconstitution. Cette reconstitution semble avoir coûté en moyenne 3,000 francs l'hectare; ainsi, pendant un minimum de quatre ans, le propriétaire dut avancer sans cesse de l'argent à la terre sans en toucher le moindre revenu.

Avec les économies faites au temps de la grande prospérité de 1865 à 1875, et avec des emprunts fournis par le Crédit Foncier ou par des notaires, les familles économes reconstituèrent leurs vignobles; puis, pendant une période d'une dizaine d'années, s'étendant jusqu'à 1900, réalisèrent par les nouvelles vignes plantées des bénéfices suffisants pour amortir les frais de reconstitution et pour rembourser leurs créanciers. Quelques propriétaires prévoyants achetèrent des terres à vil prix, arrondirent leurs héritages, et parvinrent ainsi à augmenter sensiblement leur patrimoine, car la dernière période décennale de 1890 à 1900, sans être aussi prospère que celle de 1865 à 1875, fut encore assez rémunératrice; on peut donc très bien suivre, à travers les crises de prospérité et d'appauvrissement, la formation des fortunes récentes et la transformation des fortunes anciennes de la contrée méditerranéenne.

Très différent fut le sort des vignerons qui, gâtés vingt ans par la fortune sans avoir mis un sou de côté, pleins d'une confiance illimitée en leurs terres, et totalement ignorants des causes de cette prospérité temporaire, avaient contracté, eux et tous les membres de leur famille, femmes et jeunes filles comprises, des goûts de luxe et des habitudes d'imprévoyance qu'ils ne surent ni restreindre ni combattre. Privés de revenus, ils n'eurent point de ressources pour protéger leurs vignes françaises; quand elles furent mortes, ils n'eurent pas d'avances pour les reconstituer; cependant leur seule idée fixe était de remettre en vigne leurs héritages, car ils étaient persuadés que leur sol ne rémunérerait aucune autre culture. Alors ils empruntèrent, ils hypothéquèrent; ces emprunts, ces hypothèques, vieilles de vingt ans, grossies souvent d'une bonne partie de leurs arrérages, grèvent à l'heure actuelle une forte proportion des terres du Languedoc. Ils sont un des éléments les plus importants de la débâcle actuelle des cours, car pour payer leurs intérêts on est dans la nécessité de se faire de l'argent en vendant à tous prix.

Cette situation est spéciale au midi de la France pour cette simple raison, c'est qu'en dehors du bassin de la Méditerranée la vigne n'est pas la culture unique, mais un élément plus ou moins important d'une exploitation agricole.

CHAPITRE II.

FAUSSE ORIENTATION DONNÉE A LA CULTURE VITICOLE AU COURS DE LA RECONSTITUTION. — RECHERCHE EXCLUSIVE DE LA QUANTITÉ ; SIMILITUDE DES VINS NATURELS MÉDIOCRES ET DES BOISSONS ARTIFICIELLES ; PERVERSION DU GOUT DES CONSOMMATEURS ; APPRÉCIATION ERRONÉE DES CAUSES DE LA PROSPÉRITÉ DES VIGNES DU LANGUEDOC. — CAPITALISATION BEAUCOUP TROP ÉLEVÉE DES TERRES. — DÉFAUT DE LEUR AMORTISSEMENT.

La grande erreur du Midi fut de penser que la prospérité qui suivit la reconstitution serait permanente; cette erreur provient de ne pas avoir prévu que la valeur des vins ne résultait pas de leur qualité intrinsèque mais de leur rareté momentanée, et que, mathématiquement, la reconstitution par les vignes greffées de l'ancien vignoble français ramènerait la même abondance et par conséquent les prix antérieurs; or, le Midi avait connu des prix minimes de 10 à 5 francs l'hectolitre : fort de l'expérience acquise, il devait prévoir l'avenir et amortir ou modérer ses plantations.

La crise phylloxérique détourna le viticulteur de la recherche des vins de qualité pour le diriger vers les cépages de quantité. Le consommateur demandait d'abord du vin; c'était un détail subsidiaire que ce vin fût bon; pendant quelques années tous les crus se payèrent très cher, indépendamment de leur arome, de leur couleur, de leur force alcoolique. Le commerce rémunéra davantage les producteurs de quantité que ceux de qualité.

Cette orientation eut des conséquences désastreuses; le goût du consommateur se pervertit; c'est là une des causes les plus profondes de la crise actuelle; quand l'abondance revint, le commerce n'estima plus les vins que d'après des éléments fixes et souvent étrangers à leur qualité réelle, tel que le degré alcoolique et la couleur; cette tendance du commerce s'accentue de nos jours par la concurrence des vins artificiels, qui amène à ne plus estimer les boissons que d'après la concordance plus ou moins parfaite de leur composition avec les analyses types des laboratoires.

Les propriétaires s'inspirèrent de cette orientation dans la reconstitution de leur vignoble; ils plantèrent des cépages à gros rendements dans les terres les plus fertiles et augmentèrent la vigueur des plants par des fumures intensives, par des tailles à longs bois, par des arrosages. De 1890 à 1900 ce fut le triomphe de l'Aramon, planté dans d'anciennes prairies arrosables, conduit sur fil de fer selon les procédés des tailles de Guyot, de Quarante, de Royat; le sol regorgeait de superphosphate, de cornailles, de tourteaux, de kainite, de chlorure de potassium; la chimie enseignait au vigneron les lois des réactions du sol, créait les engrais complémentaires destinés à restituer à la terre les éléments d'azote, de phosphore, de potasse, de calcaire qui lui étaient enlevés par les récoltes; et l'Etat poussait à cette production intensive; ses professeurs d'agriculture répandaient des notions très exactes sur le rôle des engrais, et, par des analyses des terres, indiquaient les formules les plus aptes à produire la végétation ou la fructification,

L'école d'agriculture de Montpellier, les fermes-écoles de Besplas dans l'Aude, d'Ondes dans la Haute-Garonne formaient des ingénieurs agronomes, des propriétaires, des régisseurs qui exploitaient scientifiquement la terre; les défoncements à la vapeur, les applications des divers instruments du génie rural mirent en pleine valeur les qualités fécondantes du sol. Et ainsi le commerce par ses prix, le gouvernement par son orientation, le Parlement par ses lois, les Syndicats par leurs œuvres de mutualité et de défense, les sciences viticoles et œnologiques par leurs applications, et surtout chaque individu par son intérêt personnel contribuèrent logiquement à surmener le sol et la vigne pour obtenir un maximum de production. Ce fut la réaction de la crise phylloxérique; ce résultat était excellent pourvu que la situation financière ne vînt pas compromettre la prospérité qu'il avait pour but et qu'il ne se détruisît lui-même par ses propres succès.

Pendant dix ans, de 1890 à 1900, on bouleversa les prairies naturelles et les luzernières, on coupa les olivettes, on abandonna les céréales et l'élevage, on défonça les garrigues, on sut même utiliser les sables du littoral d'une façon géniale en demandant à leur mobilité une défense permanente des racines de la vigne française contre le phylloxéra, et on réalisa pour tout le bassin de la Méditerranée la monoculture absolue au profit de la vigne.

Pour fixer les idées, voici les cotes moyennes du marché de Béziers pendant cette période de reconstitution : en 1889 le cours moyen est de 15 francs avec lutte contre l'importation espagnole arrêtée par nos tarifs douaniers; en 1890, 20 fr.; en 1891, 18 fr.; en 1892, 15 fr.: nouvelle concurrence, celle-ci provenant des raisins secs; en 1893, grande abondance, 8 fr.; en 1894, 12 fr.; en 1895, pénurie par suite du mildiou, 26 fr.; en 1896, demi-récolte, 20 fr.; en 1897, bonne année, 18 fr.; en 1898, pénurie par suite des gelées, 21 fr.; en 1899, demi-bonne année, 19 fr.

Spéculation à la hausse sur les terres. — Les Méridionaux sont intelligents mais irréfléchis, habiles et travailleurs mais jouisseurs et dépensiers; le paysan, cédant à son amour atavique de la terre, acheta des parcelles fort cher, mais comme il les paya comptant il ne fit qu'une mauvaise affaire sans obérer son avenir; mais les parvenus de toute origine, grisés par quelques ventes heureuses et illusionnés par tempérament, achetèrent des terres à crédit, payant de gros acomptes, qui absorbaient toutes leurs disponibilités, et qui les laissaient encore débiteurs de sommes énormes.

Un hectare de vigne en pleine production à Coursan était payé 20,000 francs; réfléchissons sur cet exemple pris en pleine période de prospérité, nous le retrouverons ultérieurement pendant la mévente; cet hectare donnait 200 hectolitres, qui, vendus à 15 francs l'un, formaient un *revenu brut* de 3,000 fr. Il y avait 1,000 francs de frais de culture, auxquels on doit ajouter la part de frais provenant de l'exploitation générale, tel que entretien et amortissement du matériel, des bêtes de trait, de la vaisselle vinaire, des bâtiments d'exploitation, qui peuvent s'estimer à 300 francs; plus l'amortissement des frais de premier établissement, défoncement, plantations, greffage, 300 francs également, qui représentent par an un dixième de 3,000 francs, valeur approximative de la reconstitution totale. Ceci fait une dépense générale de 1,600 francs par hectare; en la soustrayant de 3,000, il restait un *bénéfice net* de 1,400 fr. Si on avait payé l'hectare 20,000 francs, l'intérêt à 4 %, soit 800 francs, laissait un gain définitif de 600 francs.

La viticulture était devenue une industrie; dans une industrie on distingue le revenu brut et le revenu net; mais ce revenu net lui-même se décompose : une partie va aux réserves et amortit la valeur d'achat et les dettes ou obligations; une autre partie forme une disponibilité pour les risques en prévision; le solde qui existe après ces prélèvements constitue le bénéfice. Ce bénéfice se décompose lui-même en deux : la première partie est la rémunération commerciale du capital; si cette rémunération est fixée à 4 %, taux normal pour les terres, on distribuera sur le bénéfice cet intérêt de 4 %, qui est la rémunération du capital total engagé. Le reliquat est un gain heureux, mais variable, que l'on distribue sous forme de dividende et qui dépend des affaires annuelles. Dans notre exemple, le reliquat est la somme de 600 francs, gain de l'année heureuse; la prudence conseillait de ne pas en dépenser la totalité et d'en employer une partie à acheter des valeurs mobilières, dont l'accumulation annuelle correspondant aux réserves des Sociétés industrielles compenserait le capital d'achat de la terre; cette compensation doit être d'autant plus élevée que les terres reviennent à un prix plus élevé. En viticulture comme en tout autre emploi de capitaux, ces principes doivent dominer la gestion des fortunes sous peine d'aboutir à une liquidation dont la mévente actuelle semble avoir toutes les apparences.

Ainsi une second erreur des Méridionaux, conséquence de la première, fut d'avoir acheté le sol trop cher, d'avoir dépensé trop d'avance, en vue de la production intensive, de n'avoir point appliqué les premières rentrées à l'extinction au moins partielle de leurs obligations, et surtout de n'avoir point prévu qu'une production scientifique devait ramener une abondance supérieure à celle des temps de la vigne française, et par conséquent une diminution encore plus profonde des cours.

En fait, presque toujours, les premières rentrées étaient affectées à construire des caves, à acheter des bêtes de trait, à acquérir un matériel vinaire perfectionné. S'il y avait de l'argent de reste, le nouveau propriétaire construisait une maison inconfortable mais somptueuse, et la garnissait d'un mobilier compliqué, mais fort cher, qui avait pour lui et sa famille toute la saveur de l'inconnu. Ce vigneron heureux, s'il était encore vert, et à coup sûr ses fils dès leur vingtième année, menaient avec gloriole une vie joyeuse; et tous ces petits travers, qui semblent enfantins dans un ouvrage sérieux, sont cependant dignes d'être notés, car ils expliquent les catastrophes particulières qui influent à leur tour sur l'état économique général. Les ouvriers gagnaient des journées de 3 à 6 francs, ils devenaient très adroits et ils s'assimilaient fort bien les procédés nouveaux; mais le laisser-aller d'une grande partie des propriétaires, la dépravation morale sottement affichée dans les plus petits villages, brisaient leur respect traditionnel pour les maîtres et préparaient leur évolution politique vers le collectivisme, dont les meneurs leur promettaient des jouissances immédiates.

Ainsi, depuis la reconstitution des vignobles, le Midi, sauf exception, encaissait beaucoup, mais dépensait ce qu'il gagnait et vivait au jour le jour; cette erreur dans les prévisions des bénéfices futurs de la vigne, cette exagération dans la valeur de capitalisation des terres, cette monoculture intégrale exclusive de tout autre revenu, cette confiance dans l'avenir qui détournait de tout remboursement et de tout amortissement, plaçaient le Midi dans une situation agricole et financière unique en France; il le prédisposait à une crise économique et sociale des plus pénibles, et où il ne devait pas être secouru, car il n'était pas compris par le reste de la nation.

CHAPITRE III.

ABONDANCE DE LA PRODUCTION NATURELLE. — CONSÉQUENCES MATHÉMATIQUES DES PROCÉDÉS DE LA CULTURE INTENSIVE ET DES PROGRÈS DE L'ŒNOLOGIE DANS L'ART DE LA GUÉRISON ET DE LA CONSERVATION DU VIN.

Définition de la crise de la mévente. — La mévente est une difficulté ou une impossibilité pour le récoltant de vendre son vin. La crise de la mévente est une crise purement économique, qui résulte d'un écart entre la production et la consommation. La production est considérable par l'habileté de la culture et par l'application des sciences d'œnologie et de vinification; la consommation est entravée par une mauvaise législation.

La mévente, nous le répétons, est *spéciale* au Midi, à un double point de vue. Pendant la crise, la production du Midi fut stationnaire, alors que la récolte, dans les autres régions, augmentait; ce qui fit que l'abaissement du prix ne fut pas compensé par la multiplicité des hectolitres. Dans le Midi seul le vin se vendit au-dessous de son prix de revient; ailleurs, la viticulture est rémunératrice; aussi la vigne augmente en France en superficie et en intensité de culture, au préjudice du Midi seul.

La crise actuelle est excessivement intéressante à analyser, car elle est antinaturelle; elle est due à l'abondance d'un produit, tandis que les crises antérieures étaient causées par la raréfaction de ce même produit; autrefois le vigneron était pauvre parce qu'il ne récoltait pas assez, aujourd'hui il est misérable parce qu'il récolte trop.

La cause immédiate et directe de l'effondrement des cours fut la production abondante de l'année 1900.

Cette production abondante était logique; elle devait se réaliser dès que les surfaces complantées en vignes dans l'ensemble de la France donneraient, sous l'influence des circonstances climatériques normales, une production supérieure à la consommation. Dès l'année 1900, ces conditions ont été remplies et elles le demeureront toujours dans l'avenir, tant que les facteurs de production et de consommation resteront dans ces mêmes proportions.

Cette production est le résultat voulu de nos efforts incessants, de l'application raisonnée des sciences vinicoles et œnologiques. Cette abondance de 1900 se renouvelle en 1901, en 1904, peut-être en 1905; elle tend donc à devenir permanente, endémique, puisqu'elle est un mal, et elle ne diminue que devant les fléaux naturels; elle est le résultat de la fructification ordinaire des vignes américaines greffées dans les conditions désormais régulières de leur culture en France.

Nous déplorons un résultat que nous avons poursuivi par tous nos moyens pendant dix ans et qui ne fait qu'attester notre science et notre persévérance; il ne saurait être autre, et pour s'en convaincre il suffit d'envisager rapidement les opérations de l'industrie viticole et vinicole.

Le sol est converti en couche arable de 70 centimètres de profondeur par les défoncements; il est complanté en cépages américains que notre sélection sait approprier à chaque nature de terrain, et qui deviennent des porte-greffes robustes et fructifères; ces plants sont greffés en cépages français, dont l'affinité vis-à-vis de chaque espèce américaine est expérimentée; la culture des jeunes plants est entourée des travaux les plus minutieux; dès que les vignes peuvent porter des fruits, elles sont soumises à des tailles qui leur font rendre le maximum de récolte; ces tailles se combinent avec des arrosages et avec les fumures intensives de compositions chimiques dosées et adaptées à tous les terrains; cette sortie abondante de raisins sera défendue jusqu'aux vendanges par une série de mesures que crée l'ingéniosité humaine contre tous les fléaux naturels: aux gelées on oppose, avec un succès des plus relatifs, il est vrai, les foyers à fumée, la taille tardive, les poudres de chaux; à la grêle les fusées et les canons détonnants; au grillage du soleil, la stéatite cuprique et le plâtre pulvérisé; le soufre avait déjà raison de l'oïdium; le cuivre, par plusieurs combinaisons différentes, bouillies, verdets, mélanges pulvérulents, devient le spécifique contre le mildiou, le blak-root et diverses autres cryptogames; le plâtre arrête l'anthracnose; le fer, surtout depuis le procédé Rességuier, la chlorose; le talc combat la pourriture, autrement dit botrytis; les larves des altises, des pyrales, des cochylis et autres insectes sont ébouillantées ou atteintes par des mélanges corrosifs; leurs papillons sont pris dans des lanternes lumineuses. La nature multiplie sans cesse les maladies, car, plus sage que l'homme, elle lutte pour la conservation de toutes les espèces végétales, qu'elle défend contre une seule trop exclusivement cultivée ; l'homme, à son tour, combat la nature, et dès que les circonstances ne sont pas nettement défavorables, il l'emporte.

On arrive ainsi aux vendanges avec des millions d'hectolitres produits par de mauvais raisins malades, incolores, acides ; on récolte le tout, et il en sort des vins défectueux dont l'œnologie ne laissera pas perdre une seule goutte.

Dans le chai les procédés de vinification interviennent, plus tutélaires encore que la science viticole dans les champs.

Autrefois la tourne, la casse, l'amertume, l'ascescence obligeaient à se débarrasser des produits manqués ; aujourd'hui le soufre, sous des formes diverses de vapeur ou de bisulfite, asseptise les moûts ; l'acide tartrique, l'acide citrique et le tannin rétablissent leur composition normale, augmentent leur acidité, leur extrait sec et leurs éthers ; le bitartrate de potasse absorbe momentanément le ferment de l'aigreur ; les pressoirs égrappoirs permettent d'utiliser les raisins bourbeux, et les procédés de décoloration convertissent ces grappes informes en vins blancs. Les levures y introduisent des ferments étrangers vivants, qui modifient leur qualité originaire et leur donnent, avec plus ou moins de succès, une saveur nouvelle ; enfin le sucre, soit de betterave, soit de canne, soit d'un glucose quelconque, répand dans la vendange la chaleur et la force, par sa transformation en cet alcool qui était autrefois l'âme même du vin et qui faisait de la vigne une plante unique ; coupages, collages, filtrages forment des liquides que la pasteurisation préserve de toute contamination ultérieure en tuant par la chaleur leurs facultés fermentescibles ; la chimie œnologique, en décomposant et en recomposant à son gré le vin naturel, a donné le secret de la création de toutes pièces du vin artificiel, et ce fut bien la réponse la plus ironique de la science à la viticulture, qui vraiment abusait d'elle.

CHAPITRE IV.

DES VINS ACTUELS DES VIGNOBLES DE LA MÉDITERRANÉE.

Le vignoble de la Méditerranée produit des *vins de qualité* et des *vins de quantité;* les vins de qualité sont des vins de 10 degrés et au-dessus, qui ont une couleur foncée et un goût franc; leur degré alcoolique, leur degré d'acidité, leur extrait sec, c'est-à-dire les matières solides qui subsistent après leur évaporation par les analyses de laboratoire, leurs divers éthers qui leur donnent un arome particulier, dépendant lui-même du sol, sont dans des proportions définies, qui les rendent propres à être conservés et transportés; ces vins sont excellents à boire et quelques-uns de leurs crus, notamment ceux du Roussillon, sont des vins de coupage noirs et chauds, titrant jusqu'à 14 degrés et capables de concurrencer les vins d'Espagne.

I.

Vins de qualité. — Prix de revient, prix de vente. — Budget d'une exploitation viticole produisant des vins supérieurs.

Quel est le prix de revient du bon vin du Midi ? Quel est son prix de vente ? Quelles sont les dépenses d'une exploitation, ses bénéfices et ses pertes ?

Je pourrais entrer ici dans un dédale de chiffres surabondants; les revues vinicoles, les rapports de Sociétés d'agriculture, les Congrès, les rédacteurs agricoles des journaux quotidiens, les hommes politiques, ont tous publié des rapports successifs sur cette question; mais presque tous disposent les chiffres en faveur de la thèse qui leur est chère; les organes de la propriété sont portés à en exagérer les dépenses; les élus socialistes et les politiciens de leur parti soutiennent à l'inverse qu'il n'y a pas de mévente et disposent le budget d'autrui de façon à prouver que les récoltants vendent à un prix supérieur au coût de revient: la mévente devient un simple accident de la vie agricole et ceux qui l'invoquent accomplissent une manœuvre réactionnaire et antigouvernementale; cette théorie est journellement soutenue depuis cinq ans et elle jouit toujours de la même faveur auprès d'un public prévenu.

Pour m'élever, en dehors des statistiques, au-dessus des controverses, je prendrai comme exemple mon exploitation même qui s'appelle le domaine de Violet, situé à Peyriac-Minervois, dans l'Aude, et qui peut passer comme terre moyenne pour la qualité de ses crus; j'aurai ainsi pour base de mes assertions ma comptabilité vinicole; je n'ai exploité ni mieux ni plus mal que la moyenne de mes voisins, et j'exposerai ainsi les résultats d'une expérience vécue.

Violet est un domaine comprenant 65 hectares en vignes, d'un seul tenant, complantés : 3/12es en Aramons, 3/12es en Carignans, 2/12es en Terrets, 1/12e en hybrides Bouschet, 3/12e en plants divers : Cincauts, Morastels et cépages blancs. Le sol se compose en partie de terres calcaires, en partie de terres caillouteuses, formant des portions assez bonnes et d'autres médiocres, le tout très sec. Un hectare est formé d'Aramons conduits à taille longue, arrosés par une pompe à vapeur. Les budgets diffèrent; suivant qu'ils furent établis avant ou pendant la mévente, ils forment deux tableaux distincts : le premier se réfère aux exercices 1897, 98, 99, le second aux exercices de 1900 à 1904. Dès la mévente, les dépenses ont été réduites; sept chevaux pour 65 hectares d'exploitation, sept gagés, fumure annuelle d'un cinquième de la propriété, deux labourages avec des charrues, deux hersages avec des Pilters, deux binages à la main, trois sulfatages et trois soufrages en moyenne; le lecteur suivra par les deux tableaux ci-après la marche complète de mon exploitation avant et pendant la crise.

Exercices avant la crise.

		1897	1898	1899
1. Intérêt à 4 % sur une estimation de 40,000 fr.		16,000f »	16,000f »	16,000f »
2. Dépenses d'exploitation		30,136 50	25,030 65	28,291 05
3. Recettes de l'exploitation	a) Vente des vins	82,155 55	40,365 75	85,877 90
	b) Vente des sous-produits	3,250 »	»	4,695 »
4. Rendement en hectolitres		4.029h	1.874h	4.195h
5. Prix de revient	a) Valeur brute	7f 60	13f 80	7f »
	b) Valeur nette	11 »	22 »	10 70
6. Prix de vente par hectolitre		2f le degré = 20f	Prix ferme : 23f	2f05 le degré = 21f
7. Bénéfice		+ 39,269f 48	»	+ 36,281f 85

Exercices pendant la crise.

		1900	1901	1902	1903	1904
1. Intérêt		16,000f »	16,000f »	16,000f »	16,000f »	16,000f »
2. Dépenses d'exploitation		28,275 »	24,003 »	20,115 »	18,157 »	21,316 »
3. Recettes.	a) Vins	27.000 »	37,423 »	36,275 »	19,961 »	»
	b) Sous-produits	525 »	360 »	435 »	1,610 »	»
4. Rendements		4.200h	3.120h	2.457h	792h	5.128h
5. Prix de revient	Valeur brute	7f »	8f »	8f »	22f 65	4f 18
	Valeur nette	10 50	13 »	14 »	42 55	7 46
6. Prix de vente		7 »	12 »	15 »	25 »	»
7. Bénéfice		»	»	+ 160 »	»	»
8. Perte		— 16,750	— 2,580	»	— 14,196	»

Le premier article de ce bilan est l'intérêt à 4 % du capital employé à l'achat du domaine ; ce taux de 4 % est bien justifié, car si le capital n'avait pas reçu cet emploi, il aurait continué à fructifier sous forme de valeurs mobilières, ce qui dans l'espèce eût été beaucoup plus avantageux, car les valeurs vendues ont continué à produire cet intérêt, et même l'ont dépassé, bénéficiant d'une augmentation de capital, tandis que le domaine de Violet a été loin d'assurer cet intérêt ; s'il était mis en vente, il présenterait probablement une dépréciation très importante relativement à son prix d'achat.

Le second article est intitulé *Dépenses d'exploitation* ; j'en donnerai le détail plus loin, en le décomposant en ses principaux chapitres.

Le troisième article se compose des *Recettes totales de l'exploitation*, et il se subdivise en deux comptes : le compte A, recette provenant de la vente du vin, et le compte B, recette provenant de la vente des sous-produits ; les sous-produits comprennent les piquettes vendues sous leur forme naturelle ou sous forme d'alcool en lequel elles furent quelquefois converties par la distillation, le tartre qui a été vendu à forfait à raison de 25 cent. par hectolitre, et les lies. A partir de la loi du 31 décembre 1900, je n'ai point distillé, et tous les sous-produits de la vendange sont demeurés dans les marcs jetés au fumier.

Le quatrième article est le *Rendement total de la récolte* énoncé en hectolitres ; le cinquième article est intitulé *Prix de revient du vin*.

J'ai établi le prix de revient du vin en valeur brute et en valeur nette ; j'entends par valeur brute la somme que le propriétaire dépense chaque année pour un hectolitre de vin ; pour la déterminer, j'ai divisé la dépense d'exploitation par le total d'hectolitres récoltés. En 1897, la valeur brute est le quotient de la dépense d'exploitation 30,136 par le nombre d'hectolitres récoltés, 4.029 = 7 fr. 50 c.

J'entends par valeur nette d'un hectolitre la valeur qu'il

représente en grevant l'exploitation annuelle de l'intérêt du capital que représente la terre : 16,000 francs. Dans le bilan ci-dessus, prenant par exemple l'exercice 1897, j'additionne la dépense d'exploitation 30,136 francs avec l'intérêt 16,000 francs et je divise le total 46,136 par le chiffre de la récolte 4.029 hectolitres; le quotient me donne ma valeur nette, 11 francs. La valeur nette, plus élevée que la valeur brute, est, au point de vue financier, la *valeur réelle*.

Le sixième article est le prix de *vente du vin*. Je l'ai relevé exercice par exercice sur les polices qui ont été passées entre les négociants et moi; en 1897, 98, 99, ma cave était achetée par un seul négociant; depuis la crise, la vente se détaille en fractions d'autant plus faibles que le marché est plus mauvais; les négociants prennent, surtout depuis les sursauts des cours en 1903-1904, l'habitude de n'acheter qu'au fur et à mesure de leurs besoins; les chiffres que je donne sont tous tirés de ma correspondance commerciale; c'est leur seul avantage sur ceux des statistiques.

J'estime que, pour conduire logiquement une exploitation vinicole, il faut avoir toujours présent à l'esprit les divers prix de l'hectolitre, prix de revient brut, prix de revient net et prix de vente.

Dans le prix de revient, l'écart entre le prix brut et le prix net est d'autant plus faible que la récolte est plus abondante.

Ainsi, en 1904, l'écart entre le prix de revient brut 4 fr. 18 c. et le prix de revient net 7 fr. 46 c. est de 3 fr. 28 c., la récolte ayant été de 5.128 hectolitres; l'année précédente, en 1903, l'écart entre le prix de revient brut 22 fr. 65 c. et le prix de revient net 42 fr. 55 c. est de 20 francs, pour une récolte de 792 hectolitres.

On pourrait en conclure que la culture intensive est la plus rémunératrice parce qu'elle donne plus de récolte; il en serait ainsi si l'ensemble de cette production intensive n'amenait pas un avilissement encore plus profond des cours; chaque récoltant tire bénéfice de sa culture intensive propre et subit une perte par la culture intensive d'autrui; celui qui, par une culture économique, restreint sa production, nuit à lui-même et profite à ses voisins. Dans une crise de mévente, l'intérêt personnel et immédiat de chaque récoltant est opposé à l'intérêt général; c'est ce qui fait différer jusqu'à épuisement les ressources personnelles de chacun, les mesures générales de réduction de la production. *En fait, plus on vend bon marché, plus on veut produire*; et plus on produit, plus on précipite l'avilissement des cours, que chacun doit subir en particulier. Le remède à la crise viendra de ces conséquences mêmes; en privant le récoltant de ses ressources, elle l'obligera à restreindre au minimum ses frais de production; ces observations expliquent pourquoi depuis 1900 les statistiques font ressortir des augmentations constantes en superficie cultivée et en rendement à l'hectare, même dans les régions les plus éprouvées par la mévente.

Les articles 7 et 8 indiquent les bénéfices et les pertes de l'exploitation pour chaque exercice; j'ai totalisé, d'une part, l'intérêt et les dépenses d'exploitation; j'ai formé, d'autre part, la recette générale en réunissant les valeurs de la récolte et de ses sous-produits. Si le total des recettes dépasse celui des dépenses, je déduis les secondes des premières; la différence est le bénéfice, bénéfice absolument distinct de l'intérêt des capitaux engagés et qui représente la rémunération du travail personnel du récoltant et le gain sur ses chances aléatoires.

Si le total des dépenses dépasse celui des recettes, en déduisant les secondes des premières, la différence indique la perte; si la perte est inférieure ou égale à 16,000 francs, montant de l'intérêt, elle diminue ou réduit à néant ledit intérêt; si elle dépase 16,000 francs, elle indique une diminution du capital.

En examinant mes deux tableaux, on constate qu'avant la mévente l'exploitation se soldait en fort bénéfice : 39,269 francs en 1897 et 36,281 francs en 1899. L'exercice 1898 donne une perte insignifiante de 340 ; cette perte est due à une gelée qui détruisit plus de la moitié de la récolte le 19 mars.

Depuis la mévente chaque exercice se solde en perte. L'exercice 1900 se clôture par une perte de 17,000 francs, qui absorbe tout l'intérêt et qui entame le capital jusqu'à concurrence de 1,000 francs. En 1901, la perte, 2,580 francs, réduit l'intérêt à 13,420 francs. En 1902, un bénéfice en compte de 160 francs permet de dire que le domaine a payé son intérêt complet. En 1903, je relève une perte de 14,196 francs, qui absorbe presque tout l'intérêt, le réduisant à 1,804 francs : une gelée à glace le 19 avril détruisit la totalité des mannes, la vendange ne se composa que de grappillons.

En récapitulant les résultats des huit exercices, on relève deux bonnes années, 1897 et 1899, donnant un bénéfice de 65,550 francs, deux années compensées et trois exercices en perte, 1900, 1901, 1903, donnant une perte totale de 33,777 fr.

L'exploitation a donc laissé sur huit ans un bénéfice de 31,774 francs soit si on veut 4,000 francs environ par an. Le récoltant a donc un appointement de 4,000 francs pour le rémunérer de son travail personnel ; ce n'est pas excessif, mais ce serait un résultat acceptable si l'avenir permettait de le considérer comme sûr ; mais depuis la législation nouvelle inaugurée par la loi sur les boissons du 29 décembre 1900, le bénéfice a totalement disparu, l'intérêt a diminué jusqu'à extinction complète, et la perte devient normale.

En comparant la production et la consommation, on en déduit que le prix de vente demeurera de plus en plus inférieur au prix de revient, et que la ruine est mathématique tant que ces deux facteurs resteront dans les proportions du rapport actuel.

Ces résultats de l'exploitation vinicole dominent le marché des capitaux ; comme tout homme doit vivre de son travail, le seul moyen de trouver dans ce budget les fonds applicables à la rémunération du travail sera de les prélever sur la part affectée à l'intérêt. Cette part, dans l'exemple ci-dessus, est de

16,000 francs; pour constituer à l'exploitant un appointement de 8,000 francs, il faut la réduire de moitié et n'évaluer le revenu lui aussi qu'à 8,000 francs.

Ce revenu peut, dans le calcul de la capitalisation, être envisagé de deux manières différentes, qui donneront des résultats diamétralement opposés. Un propriétaire qui continue son exploitation se dira que le revenu de sa terre est aujourd'hui de 2 % au lieu de 4; rien ne l'empêche donc de continuer à l'estimer à sa valeur primitive, en l'espèce 400,000 francs.

Mais si ce propriétaire vend son patrimoine ou que la terre passe à son décès à d'autres détenteurs, l'acquéreur ou l'héritier sera fondé à dire qu'il veut simultanément jouir d'une situation personnelle de 8,000 francs et placer son capital à 4 %; donc il n'achètera cette terre où il ne la reconnaîtra en partage que pour une valeur de 200,000 francs. L'acquéreur sera dans le vrai, car s'il emploie son activité et ses capitaux à une entreprise autre que la viticulture, il recueillera et ce bénéfice et ce taux de capitalisation.

Les transactions les plus récentes sur les immeubles ruraux sont en faveur de cette évolution de l'estimation des terres. Depuis 1900, les exemples abondent de grands domaines qui se vendent à 50, 60 et même 70 % au-dessous de leur dernier prix d'achat, de leur récente estimation dans un partage, dans une licitation ou même dans une de ces expertises auxquelles fait procéder le Crédit Foncier avant de consentir un prêt hypothécaire.

La dépréciation des terres constitue le meilleur élément de la sécurité des emprunteurs à l'endroit de leurs prêteurs; même si on ne paye pas les intérêts, le créancier patiente, car il présume à bon droit que la vente ne couvrirait pas sa créance.

A quel point s'arrêtera cette dépréciation? Financièrement deux hypothèses sont possibles : 1° à la valeur que continuerait à avoir la terre cultivée en vigne sur les bases que la législation permettra de donner aux vins, et 2° à la valeur qu'aurait la terre si elle était exploitée en une autre culture.

La première hypothèse se réalisera presque toujours seule en fait, car les plantations représentent une dépense considérable, que nous avons évaluée à 3,000 francs en moyenne par hectare, c'est-à-dire à plusieurs milliards pour la région méditerranéenne; l'effort de la population entière cherchera à conserver ses plantations qui sont ses seuls moyens d'existence.

La seconde hypothèse réside dans une évolution des cultures; elle s'impose pour bien des terrains, en particulier pour les terres arrosables, qui rendront en prairies naturelles ou artificielles, en betteraves, en maïs, et surtout en culture maraîchère destinée à l'exportation, des revenus bien plus considérables que ceux donnés par les Aramons à allure de vin mouillé. Cette évolution comprendra aussi beaucoup de terres profondes, mais non arrosables, situées en plaines ou en coteaux qui furent autrefois de rendement excellent en céréales, avoines ou froments; mais dans l'état d'esprit actuel cette évolution rencontre une vive opposition : le pays n'a confiance qu'en la vigne; il considère ses malheurs comme passagers et il ne se résoudra qu'à la dernière extrémité à l'abandonner.

Puisque la valeur du prix normal de vente du vin surtout dépend de notre législation et que cette législation ne dépend à son tour que de notre volonté, les viticulteurs méridionaux ont leur sort financier dans leurs bulletins de vote; en modifiant leurs conceptions en politique générale, ils modifieraient le personnel de leurs représentants; les lois vinicoles dépendent de l'intelligence et de la moralité de nos députés et sénateurs, de leur ascendant sur leurs collègues et sur le gouvernement.

On peut donc avancer scientifiquement que la dépréciation des terres a finalement pour cause les passions politiques, socialistes et antireligieuses, la crédulité d'esprit des électeurs, la haine et l'envie; ces motifs amènent les vignerons à confirmer en leurs mandats des hommes sceptiques pour qui la ruine de la propriété est indifférente, et qui ne prennent aucune mesure pour sauvegarder les intérêts des populations laborieuses, puisque celles-ci continuent à mettre en leur discours une confiance inlassable.

Nous avons examiné l'exploitation en elle-même; mais son résultat pratique est sensiblement pire que son résultat mathématique; le propriétaire et toute sa famille doivent vivre de la vigne qui est souvent l'unique ressource.

A partir de 1900 la terre n'a pas donné l'argent journalier nécessaire à l'entretien des familles, et surtout des familles ne résidant pas sur leurs exploitations; donc, si ce budget personnel est suivant le rang social de 10,000 à 15,000 francs par an, cette somme doit être prise ailleurs; elle est prélevée d'abord sur les intérêts, puis sur le capital des valeurs mobilières, qui disparaissent peu à peu; ensuite, elle est procurée par des emprunts; c'est donc une diminution de capital et une augmentation de dette qui sont en corrélation avec le budget de l'exploitation et qui aggravent singulièrement son résultat.

Aux dépenses d'exploitation et d'entretien familial s'ajoutent alors les charges hypothécaires. Enfin, le budget d'exploitation ainsi réduit empêche de faire les dépenses de renouvellement du matériel, dépenses nécessaires: les chevaux s'usent; certains instruments nouveaux tels que pulvérisateurs et soufreuses à traction animale sont indispensables, car ils changent totalement les dépenses d'exploitation; ils suppriment une main-d'œuvre importante; l'exploitant qui ne les acquerrait pas aurait un prix de revient beaucoup plus élevé que celui de ses voisins et serait écrasé par leur concurrence. Son économie précipiterait sa ruine. L'absence de bénéfice rend tout amortissement impossible. Aucune réserve ne peut être constituée en vue d'un fléau, gelée, grêle, inondation, coulure, mildiou.

Dans quelle mesure la volonté individuelle peut-elle modifier le prix de revient? Cette mesure est sans limite, puisque on peut diminuer les dépenses jusqu'à l'inculture ou risquer les frais de la culture la plus intensive. L'inculture est fatalement mauvaise, car elle compromet autant l'avenir que le présent; la culture intensive est soumise à tout l'aléa que comportent les circonstances climatériques et les probabilités sur l'orientation des cours; la prudence est nécessairement entre ces deux extrêmes.

La viticulture, surtout dans les pays de monoculture, présente cette particularité effrayante que fatalement il faut continuer à dépenser, même si la vigne ne donne aucune recette, pour la conserver et pour ne point perdre en une saison son instrument de travail. J'estime que dans le Bas-Languedoc un vignoble tel que celui dont je viens d'exposer le budget, nécessite une dépense moyenne d'au moins 350 à 400 francs par hectare.

Les dépenses d'exploitation pour une propriété composée de 65 hectares d'un seul tenant complanté en vignes se décomposent de la manière suivante :

Main-d'œuvre. — 7 hommes à gages annuels : 800 × 7. payés 400 francs en argent et recevant divers avantages formant un total approximatif de 800 francs par homme.	5,600f
Journaliers. — 6 hommes à 2 fr. 25 = 13 fr. 50 pendant 270 jours	3,645
Femmes. — 5 à 1 fr. 25 = 6 fr. 75 pendant 270 jours.	1,822
Vendanges	1,500
Régisseur à 100 francs par mois	1,200
Chevaux. — 7 chevaux à 500 francs d'entretien annuel...	3,500
Matières employées pour les traitements normaux : soufre, sulfate de cuivre, bouillies et verdet, sulfate de fer, sulfostéatites, etc	1,500
Entretien. — Maréchal ferrant pour chevaux et charrues, vétérinaire, bourrelier, charron, foudrier, maçon et divers	2,000
Impôt	1,800
Engrais (réductible mais indispensable)	1,200
Total de l'exploitation à culture économique..	23,767f

On réduit les frais en diminuant les fumures; c'est un des articles les plus élastiques; ensuite en diminuant les nombres des labours, surtout ceux d'été; la substitution des houes, des

Pilters et des autres instruments à pointe et à ressorts à nos araires vigneronnes permet de couvrir trois fois plus de terrain dans le même laps de temps; le sol est aussi bien débarrassé des herbes et aussi bien protégé contre la sécheresse. Quelques savants prétendent même que la supression radicale du labourage serait utile à nos ceps, pourvu qu'on maintienne la fraîcheur de la terre par des binages à la main superficiels mais nombreux; les radicelles n'étant point coupées, les ceps auraient plus de vigueur; sans risquer cette expérience totale, on peut entrer dans cette voie en substituant les instruments à raclage superficiel aux charrues à défoncement profond au moins dès l'époque ou la vigne est entrée en végétation. La taille est le travail sur lequel il serait le plus néfaste d'économiser, soit en la donnant à forfait à des hommes non consciencieux, soit en prenant des ouvriers d'adresse secondaire, dont les journées seraient de 25 ou de 50 centimes meilleur marché.

On réalisera de grandes économies en substituant la traction animale ou l'effort mécanique à la main-d'œuvre humaine. A la vigne on usera des pulvérisateurs et des soufreuses traînés par des animaux. A la cave on se servira de pompes à moteur électrique, à essence ou à pétrole. Pendant les journées de pluie et pendant les périodes ou le sol est mou on utilisera les gagés à tailler la vigne, à faire les soutirages de caves, et on demandera ainsi aux hommes une habileté professionnelle dont la division antérieure du travail les dispensait. Pour les chevaux il est préférable d'en réduire le nombre que d'économiser sur la nourriture journalière de chacun d'eux; enfin on usera de l'intermédiaire des syndicats pour obtenir les matières premières aux meilleures conditions possibles, avec des garanties d'analyses de leur composition normale; on supprimera les assurances contre la grêle, on pourra acheter au besoin bon marché des fusées, et on réduira au minimum les notes du bourrelier, du maréchal ferrant, du foudrier et du maçon. Un judicieux emploi des journées de travail permet de réaliser des économies extraordinaires de main-d'œuvre sans compromettre le résultat final, mais il faut briser quelques préjugés erronés.

Toutefois, plusieurs années d'économie amènent forcément un appauvrissement du sol; les terres privées d'engrais épuisent leur réserve d'azote, d'acide phosphorique, de potasse; aussi la réduction des frais de culture doit avoir pour corrolaire une taille moins à fruits.

Je ne donne en aucune façon ce budget comme un modèle; je dis seulement qu'il est l'expression de comptes réels et qu'il a des chance de correspondre à la moyenne, les uns exploitant mieux, d'autres plus mal.

En regard d'une exploitation dans le Minervois, telle que celle de Violet, je place la *dépense par hectare* d'une exploitation à Cessenon, dans le Biterrois; Cessenon produit comme Peyriac des *vins de qualité*; c'est donc une comparaison entre deux types des crus les mieux marchands du Languedoc.

Exploitation d'un hectare produisant en moyenne 100 hectolitres et complanté de 3.600 souches :

Taille. — 400 souches par journée de 2 fr. 50	22f 50
Sarments. — 200 fagots à 0 fr. 05	10 »
Labours. — 3 journées à 8 francs = 24 × 4 façons =	96 »
Conques. — 5 francs les 1.000	18 »
Debourgeonner. — Travail de printemps pour enlever les sarments stériles	3 »
Soufrage. — 3 journées de femmes, 60 kilos de soufre, ensemble	12 »
Sulfatage. — 8 journées d'homme à 3 francs pour trois sulfatages	24 »
cuivre 50 kilos	30 »
Poudrage. — 3 journées de femmes et 60 kilos de talc et Cuivre	13 »
Binage. — 10 journées d'hommes	30 »
Vendanges. — 1 franc par hectolitre	100 »
Labours et *charrois* divers, par hectare	100 »
Engrais. — Demi-fumure (0 fr. 03 par pied)	108 »
Total de l'exploitation brute	566f 50

Report du total de l'exploitation brute....	566f 50
Contributions, usure du matériel........................	33 50
Total des frais annuels........	600 »
Si l'hectare vaut en moyenne 6,000 francs, il y a lieu d'ajouter un intérêt de ce capital à 4 %....................	240 »
Total de l'exploitation nette....	840f »

L'hectolitre prix brut revient à 6 francs et prix net à 8 fr. 40.

Je prie le lecteur d'excuser ces déductions toutes mathématiques tirées du bilan d'exploitations individuelles; mais j'ai pensé que raisonner sur une fortune personnelle, en s'appuyant sur des comptes que chacun peut vérifier par l'examen de sa propre gestion, était encore le moyen le meilleur et le plus profitable d'analyser la crise générale.

II.

Vins de quantité. — Prix de revient. — Prix de vente. — Exploitation viticole à culture intensive. — Résultat comparé de cette culture avec la culture économique et les vins inférieurs avec les vins supérieurs.

Je ne pourrais point décrire une exploitation de vins communs d'après ma propre expérience; je devrais ne faire état que des chiffres que j'ai relevés dans divers ouvrages ou qui m'ont été donnés par mes collègues des syndicats du Bas-Languedoc et des Sociétés d'agriculture de l'Aude et de la Haute-Garonne.

M. Marès a estimé respectivement les frais de culture de la vigne par hectare en 1856 et en 1893 aux chiffres suivants, qui passent pour être l'expression la plus rapprochée de la réalité. Il s'agit d'exploitation de vignes à grands rendements, à culture intensive et à très forte production :

	En 1856.		En 1893.	
Taille et enlèvement des sarments	20f »	....	52f 50
Déchaussement	6 »	....	20 »
Engrais (240 fr. à l'hectare fumé tous les cinq ans)	48 »	(333 fr. pour fumure de deux ans)	162 50
Trois cultures	105 »	Quatre cultures	242 »
....		Soufrage et sulfatage	78 50
Vendanges	30 »	....	195 »
Frais généraux et impositions	44 »	....	146 »
Prix de culture	253 »	....	896 50
Rente du sol	122 50	....	200 »
Prix de revient, net	375f 50	....	1,026f 50

Ces chiffres sont établis d'après des *moyennes*; les dépenses de vendanges varient d'après l'abondance des raisins et sont estimées à 1 franc par hectolitre; on remarquera que le sol est capitalisé sur une rente de 200 francs, qui, à 4 %, donne une valeur à l'hectare de 5,000 francs; cette valeur justifie notre appréciation quand nous affirmions que le Midi commettait une erreur profonde en estimant les terres de 15,000 à 20,000 francs, chiffres que nous avons pris comme base de leur valeur dans notre exemple page 40.

Si l'hectare était payé en moyenne 10,000 francs, le prix de revient net de l'hectolitre serait calculé sur une augmentation de 200 francs de rente à l'hectare (400 au lieu de 200) et la culture reviendrait à 1,226 fr. 50 c.

La comparaison entre les exploitations de 1856 et de 1893 permet de comparer l'ancienne culture des plants français et la nouvelle culture des plants américains greffés. On y remarque que les engrais doivent être beaucoup plus abondants, puisque leur dépense passe de 48 à 162 francs. Les labourages doivent être plus fréquents, quatre au lieu de trois; la main-d'œuvre est beaucoup plus chère, puisque chaque labourage en 1856 revenait à 35 francs l'hectare et en 1893 à 60 francs. Les soufrages et sulfatages ne figurent même pas au budget de 1856 ; le soufrage dut entrer cependant bientôt en compte. La vigne américaine y ajouta le sulfatage, et ces deux traitements figurent au budget de 1893 pour 78 fr. 50. Les rendements sont différents, puisque les frais de vendange sont estimés en 1856 à 30 francs et en 1893 à 195 francs ; enfin les frais généraux et impositions passent de 44 à 146 francs ; le prix de revient brut total de 253 à 896 francs. Un tel vignoble doit donner en moyenne 250 hectolitres à l'hectare. En divisant le total des frais, 900 francs (896 fr. 50 exactement), par le rendement, 250, le quotient indique 3 fr. 60 qui est le prix de revient brut ; sur 1,100 francs, prix de revient, ajoutant aux frais la rente de 200 francs, l'hectolitre revient comme valeur nette à 4 fr. 50. La production de ces vins peut être estimée en moyenne à 7 degrés d'alcool par hectolitre.

Que vaut ce degré d'alcool ?

La valeur sera-t-elle la même dans les vins de quantité que dans les vins de qualité ?

De cette réponse dépend l'orientation de la viticulture.

Cette réponse a été faite par le commerce. Pendant toute la crise phylloxérique, alors que la consommation dépassait la production, le commerce a payé le degré d'alcool exactement le même prix pour les vins de quantité que pour les vins de qualité.

A mesure que la production se rapprochait de la consommation, le commerce a établi un écart qui donne une prime au degré alcoolique du bon vin ; mais cet écart était trop faible pour détourner l'exploitant de la culture intensive, qui demeurait beaucoup plus rémunératrice que la culture des vins de qualité.

Je prends encore comme exemple mes prix de vente de Violet, que je compare aux prix de vente des terres d'alluvion de l'Aude. En 1897, mon vin était vendu sur la base de 2 francs le degré ; 62 hectolitres à l'hectare, à 20 francs l'hectolitre, donnait une recette de 1,240 francs ; la dépense totale, intérêt compris, s'élevait cette même année à 700 francs, ce qui laisse un bénéfice de 540 francs par hectare.

Dans les terres d'alluvion, on vendait le degré d'alcool 1 fr. 60, au lieu de 2 francs; et je fais un écart plus grand que ne le fut l'écart moyen. L'hectolitre à 7 degrés valait 11 fr. 20; 250 hectolitres par hectare donnaient une recette de 2,800 francs; la dépense d'exploitation s'élevait, intérêt du capital compris pour 200 francs, à 1,100 francs; le bénéfice ressort donc à 1,700 francs; donc, la culture intensive des vins de quantité présente sur la culture normale des vins de qualité une plus-value de 1,700 — 540 = 1,160 francs.

La mévente n'a pas sensiblement modifié ces proportions; ainsi, pendant les périodes de déficit, *le vin de quantité a été la base d'estimation des vins de qualité.*

Nous verrons, en étudiant la situation faite par le sucrage, que la base d'estimation est descendue encore plus bas et que *le prix du vin naturel dépend du prix de revient du vin artificiel sur les lieux de consommation.* La loi du bon marché domine l'ensemble du régime des boissons; le consommateur préfère une mixture artificielle à 10 centimes qu'un vin naturel de 8 degrés à 15 centimes, et le commerçant, qui ne fait qu'exécuter les ordres tacites du consommateur, s'ingénie à découvrir non pas le vin le meilleur, mais le vin le plus économique. Mais cette mévente ruine autant la plaine que le coteau. La dépense 1,226 francs étant indépendante du prix de vente, si celui-ci tombe à 3 francs pour un rendement de 150 hectolitres à l'hectare, proportion quelquefois réalisée en 1900 et 1904, l'exploitation se soldera par le rapport suivant : 1,226 — 450 = 776.

Perdre 776 francs par hectare est un résultat qu'il faut s'efforcer de ne pas renouveler annuellement.

Toute la science vinicole a donc eu pour aboutissement final la production d'un vin n'ayant aucune différence appréciable avec les mixtures que la chimie créait de toutes pièces et qu'elle allait ingénieusement perfectionner. Une des causes immédiates de la mévente provient de ce que la viticulture intensive a créé un vin tellement défectueux qu'il n'y avait aucune raison de le préférer au vin artificiel que l'œnologie rendait agréable et hygiénique, vin que notre législation, sous la pression des betteraviers, faisait établir sur les marchés du Nord à des prix de moins en moins élevés.

Telle était la situation générale, lorsque les circonstances climatériques de 1900 amenèrent une production abondante mais logique qui se chiffra par 67 millions d'hectolitres pour la France, 5 millions environ pour l'Algérie.

Dans le Bas-Languedoc, le commerce, qui avait payé à l'automne 1899 les vins sur une moyenne de 2 francs le degré, proposa en octobre 1900 1 franc. En général, la propriété résista ; récoltants et négociants firent une trêve tacite d'affaires et créèrent un mouvement d'opinion qui obligea le Parlement à voter la loi des boissons; ceci nous amène à étudier l'ensemble de la législation viticole.

TROISIÈME PARTIE.

La Législation viticole.

La législation viticole est composée d'un grand nombre de lois, qui sont elles-mêmes complétées et modifiées par des décrets et interprétées par des circulaires ou par des lettres officielles adressées par les ministres ou par l'Administration centrale aux membres du Parlement et aux fonctionnaires.

Cette législation est complexe et souvent contradictoire ; ce caractère est une conséquence forcée de l'état de l'opinion ; l'auteur d'une loi, que ce soit le gouvernement ou un groupe plus ou moins important de députés, ne peut faire admettre par la majorité du Parlement un principe économique, qui est la raison réelle de la loi, qu'en accordant des concessions aux partisans des systèmes opposés. Aucune loi viticole n'est *une*, et si par hasard elle possède cette unité d'esprit, elle est modifiée par une autre loi portant sur la même matière. D'autre part ces lois d'affaires, concernant surtout le Midi, n'ont pas été étudiées consciencieusement ; leur application ne produit pas le résultat qu'en attendaient les promoteurs ; ceci tient à une *appréciation erronée des faits économiques* qui devaient guider les rédacteurs des lois ; si cette législation reposait sur la *vérité*, elle serait simple et une, car les caractères de la vérité sont la simplicité et l'unité.

Ces explications étaient nécessaires pour aborder l'étude de la législation existante; elle est dominée par quelques grandes lois, dont les principales sont : la loi du 29 décembre 1900 sur le régime des boissons; la loi de mars 1903 sur le privilège des bouilleurs de cru; la loi de janvier 1903 sur le régime des sucres, et les lois plus spéciales qui réglementent le sucrage, le mouillage, les raisins secs, les mistelles, les titres de régie. Chaque élément de la crise viticole est visé par quelques articles de chacune de ces lois, il fait rarement l'objet unique d'une seule, de telle sorte qu'il est préférable d'étudier dans son ensemble plutôt chaque élément que chaque loi.

CHAPITRE PREMIER.

LA LOI DU 19 DÉCEMBRE 1900 SUR LE RÉGIME DES BOISSONS.

I.

Régime antérieur. — Travaux préparatoires.

Cette loi organique était nécessaire, car de toute notre législation fiscale, le régime des vins, cidres, poirés, hydromels et des alcools était le plus en désaccord avec l'évolution moderne. Sa base essentielle était encore la loi du 28 avril 1816, modifiée par d'autres décisions plus ou moins générales telles que la loi du 25 juin 1841 et du 28 février 1872. Ce régime des boissons met en cause des intérêts complexes et des théories économiques opposées; les Chambres avaient sans cesse différé de prendre à leur égard des décisions fermes : elles se bornaient à légiférer sur des cas spéciaux qu'elles tranchaient souvent en pleine ignorance de cause, sur les conseils plus ou moins intéressés du ministère des finances, qui n'était lui-même que l'écho des doléances de la régie.

La réorganisation complète du régime des boissons était venue plusieurs fois à l'ordre du jour du Parlement depuis une vingtaine d'années; mais devant des détails techniques trop abstraits le Parlement renvoyait le projet à une Commission; celle-ci, voulant concilier les idées opposées de ses divers membres, ajournait le dépôt de ses rapports; la crise économique du Midi et la présence au ministère de M. Caillaux, fonctionnaire de carrière, ancien inspecteur des finances, permirent de faire voter une loi générale.

II.

Analyse de la loi sur le régime des boissons. — Intentions intimes du législateur.

Cette loi règle le régime des vins et le régime des alcools qui intéressent directement la viticulture; elle règle également les régimes des cidres et des bières, qui ne nous touchent qu'en leur qualité de concurrents des vins; elle est dominée par plusieurs idées générales, que nous devons analyser parce que leur connaissance est indispensable à comprendre l'intention réelle de la loi, les tendances dans lesquelles elle sera complétée par des décrets et par des circulaires, appliquée par les services publics, puis ultérieurement modifiée par des lois complémentaires.

Régime fiscal des vins. — Cette loi est une application de la pensée dominante du Parlement de procurer au peuple tous les éléments principaux de son alimentation et même de son existence matérielle aux plus bas prix possibles.

C'est une idée excellente sur laquelle le Parlement entier est d'accord. Elle est exprimée par l'article premier. Les droits de l'Etat perçus à titre de droits de détail, d'entrée et de taxe unique sont supprimés; les vins restent soumis au droit général de circulation, dont le tarif est fixé uniformément à 1 fr. 50

par hectolitre pour toute la France. Les droits d'octroi ne peuvent pas dépasser un maximum qui est de 2 fr. 25 par hectolitre, conformément aux lois antérieures sur les octrois, et qui doit lui-même disparaître par voie de remplacement dans le plus bref délai possible.

La législation des vins est donc conçue dans un sens libéral; elle facilite l'écoulement des récoltes, souhaité par les vignerons, grâce à un abaissement très considérable des droits; le vin est mis à la portée des classes populaires et la consommation en est augmentée.

Sous le régime antérieur les droits étaient très élevés, ainsi que le prouve la copie d'une expédition que je me faisais envoyer de ma propriété à Toulouse par congé. 2 hect. ,10 payaient comme droit de circulation 2 fr. 10; taxe unique, 6 fr. 16; octroi, 5 fr. 94; soit 6 fr. 33 par hectolitre. Sous le régime de la loi du 29 décembre 1900 les droits ne sont plus, pour la même quantité, que : circulation, 3 fr. 15; octroi, 4 fr. 67; soit 3 fr. 75 par hectolitre, se décomposant en 1 fr. 50 circulation, 2 fr. 25 octroi. L'impôt des boissons avait produit en France 502,825,000 francs en 1899. — M. Caillanx évaluait l'abaissement des droits sur les vins à 155 millions. — Le gouvernement chercha à reconstituer cette recette par une *élévation* des droits sur l'alcool et par une *réglementation* assez stricte pour empêcher réellement toute fabrication de l'alcool en fraude.

Régime fiscal des alcools. — La législation est au contraire répressive pour les alcools; elle part de ce principe que le Trésor doit récupérer par une augmentation des droits sur les alcools le déficit subi par la suppression ou la diminution des droits sur le vin.

Elle repose sur cette double idée que l'alcool est une matière purement fiscale et un produit nocif; en tant que matière fiscale, l'alcool sera d'autant plus frappé que l'on ne redoute point que l'augmentation de son prix en diminue la consommation;

elle se développe en France et dans le monde entier, surtout dans les pays neufs, dès qu'ils se familiarisent avec notre civilisation; en tant que produit nocif, la fabrication de l'alcool doit même être entravée par les droits fiscaux. Cette idée décèle la naïveté des hygiénistes. La répression qu'ils apporteront à la distillation des vins ne changera pas les goûts des hommes; pour les satisfaire, ils recourront aux alcools de provenance suspecte, et la loi de 1900 n'aura eu pour effet que de diminuer la circulation des spiritueux les plus salutaires au profit des plus dangereux.

L'opinion des députés et des sénateurs du Midi était que les bas prix des vins provenaient des fraudes, et *par fraude ils entendaient toute addition de matières étrangères,* alcool et eau; ils ne distinguaient pas parmi les alcools ceux provenant des vins et ceux provenant de l'industrie; aussi, pendant la discussion de la loi, les représentants du Midi ne défendirent pas le privilège des bouilleurs de cru, c'est-à-dire la cause même de la distillation; ils votèrent l'obligation de la déclaration et la prise en charge; cette erreur fut la plus grande cause de la mévente des vins, ainsi que nous le démontrerons en étudiant le vinage, la distillation et le mouillage.

Les socialistes appuyèrent les dispositions présentées par le gouvernement, car ils voyaient en elles un progrès marqué dans la réalisation du monopole de l'alcool; or, le monopole de l'alcool serait une victoire des plus importantes pour ces socialistes qui mettent leur idéal en une extension indéfinie des attributions de l'Etat, allant jusqu'à l'absortion intégrale de tous les produits du sol et finalement de tous les moyens de production et à la transformation du travailleur libre en fonctionnaire salarié et dépendant. Les taxes de remplacement prévues pour combler dans les budgets des villes les déficits provenant de la réduction ou de la suppression des droits d'octroi sur les vins seraient des contributions frappant la richesse acquise et rentreraient dans le système financier socialiste, qui cherche à substituer l'impôt direct à l'impôt indirect. Les taxes de remplacement créés par la municipalité socialiste de Dijon en sont un exemple typique.

Les régions qui produisaient des eaux-de-vie de luxe, telles que les Charentes, et qui étaient en règle avec la régie, applaudirent aux restrictions apportées par la loi aux bouilleurs du Midi, attendu que cette loi les débarrassait de concurrents à bas prix, dont les produits défectueux, disaient-ils, diminuaient la réputation des grandes marques de France. Enfin, les fabricants d'alcools d'industrie se félicitèrent d'une loi qui, en augmentant les droits sur les alcools de vin, rendait plus grand l'écart entre le prix de ces alcools d'industrie et des alcools dits de bouche, et facilitait par conséquent la vente des premiers. L'augmentation des droits sur les alcools de vin ne risquait pas d'être impopulaire, car les alcools bon marché, débités dans les assommoirs si bien décrits par Zola, sont étrangers aux fruits de la vigne, et leur prix ne peut être modifié par la loi actuelle ; ils sont presque tous des alcools d'industrie; ainsi M. Caillaux, alors minitre des finances, eut-il toute facilité pour faire adopter les dispositions restrictives du régime des alcools par les députés et sénateurs du Midi, aussi bien en tant que Méridionaux qu'en tant que radicaux socialistes; l'opposition ne vint que des représentants plus sérieux des départements modérés, qui exigèrent que la surveillance de la régie respectât la liberté du domicile et ne donnât pas lieu à l'exercice.

Suppression de l'exercice chez les détaillants. — La loi, s'inspirant d'un esprit libéral qui présidait au dégrèvement des vins, introduisit une liberté également plus grande dans leur commerce. L'article 5 énonce que l'exercice des débits de boissons est supprimé.

L'expérience prouve que le mouillage des vins s'accomplit surtout chez le détaillant. Les représentants du Midi au Parlement témoignèrent d'une incohérence véritable en acceptant les restrictions à la distillation et au vinage, au préjudice des récoltants, et en votant la suppression de l'exercice, au bénéfice des détaillants, car il rendait ainsi le mouillage irrépressible et d'autant plus dangereux que le vinage, sa compensation de fait, allait devenir matériellement impossible.

Réglementation du privilège des bouilleurs de cru. — Les récoltants qui distillaient, c'est-à-dire qui devenaient bouilleurs de cru, donnaient à leurs alcools trois destinations : ils en vendaient une partie à des négociants en spiritueux qui en acquittaient régulièrement les droits ; ils en destinaient une partie au vinage de leur propre récolte, et ils écoulaient la troisième partie en fraude, c'est-à-dire clandestinement ; la fraude était d'autant plus rémunératrice que les droits étaient plus élevés.

Le gouvernement voulut profiter de la discussion du régime des boissons pour faire voter des textes rendant la fraude impossible. Le seul moyen consistait à obliger les récoltants à ne distiller qu'après en avoir prévenu la régie et à déclarer les quantités produites dont la régie les rendraient responsables.

La fraude devenait impossible, ce qui privait le récoltant de ressources importantes, mais ce qui était du moins légal. Le vinage devenait aussi impossible que la fraude, car le vinage étant interdit par d'autres textes, le récoltant ne pourrait donc justifier, vis-à-vis de la régie, de l'emploi des alcools employés en vinage et devrait payer sur les quantités manquantes les droits qui s'élèvent à 220 francs par hectolitre d'alcool pur. Si le vinage eût été légal, si l'alcool eût pu être versé dans le vin sans payer des droits, la suppression même intégrale du privilège des bouilleurs de cru eût été indifférente ; les droits de consommation sur l'alcool auraient pu être portés, sans préjudice pour les récoltants, à des taux plus élevés ; aussi voyons-nous les plus autorisées des Sociétés viticoles réclamer avec énergie le droit de viner sous le contrôle de la régie.

Effet économique de la loi. — La loi organique du régime

des boissons, cette loi du 29 décembre 1900, n'exerça aucune influence heureuse sur la situation économique du vignoble méditerranéen.

Les cours, qui étaient de 1 franc le degré avant sa promulgation, tombèrent jusqu'à o fr. 30 le degré aux mois de juillet et août 1901 ; Narbonne et Béziers vendaient couramment l'hectolitre 3 francs.

Ces conséquences de la loi sont logiques; la consommation des vins augmenta par la diminution des droits; mais leur conversion en alcool fut entravée; or, ces augmentations et ces diminutions se balancèrent.

« Donner et retenir ne vaut »; cet axiome juridique s'applique en économie; le vin se consommait sous deux formes différentes : comme vin et comme alcool; donner de l'extension à la consommation des vins sous leur forme naturelle et restreindre cette même consommation en entravant leur conversion en alcool par le régime nouveau de l'obligation de la déclaration préalable et de la prise en charge, combiné avec l'interdiction préexistante du vinage, c'était accomplir des actes contradictoires et annuler des conséquences favorables.

Le Trésor, grâce aux conceptions du Ministère des Finances, n'a subi aucun déficit, puisque les recettes sur l'alcool compensèrent les diminutions sur le vin; mais cette compensation amena également celle des intérêts de la viticulture. Il n'y eut pas dégrèvement mais déplacement de droits. Voici, d'ailleurs, les chiffres à l'appui de cette opinion.

L'extension de la consommation des vins se chiffre de la façon suivante : la consommation taxée passe de 35.963.000 hectolitres en 1900, avant la loi, à 43.438,290 en 1901 et à 45.906.045 en 1902.

La consommation a donc gagné exactement 10 millions en deux ans grâce à la loi, soutenue par les bas prix d'une production naturelle abondante. C'est un résultat très remarquable. La consommation en franchise, c'est-à-dire faite sans acquitter les droits, est évaluée par la régie, pour l'exercice

1902, à 9.693.894 hectolitres. La consommation totale de 1902 serait donc de 55.599.939 hectolitres.

Ce total est supérieur à la moyenne de notre production continentale ; il devrait nous donner la certitude que si nous n'augmentons pas notre rendement ni en superficie plantée, ni par des procédés de culture plus intensive, la production normale du vignoble français sera absorbée par la consommation acquise ; et cette consommation pourrait peut-être s'augmenter un peu, quoiqu'il ne faille pas trop tabler à notre avis sur cette probabilité. Comment se fait-il donc que la mévente ait continué et que, malgré la faible proportion des rendements de 1902, et l'insuffisance notable due aux gelées de 1903, le prix de vente soit demeuré, au moins dans le Languedoc, presque toujours au-dessous du prix de revient, pour tomber en 1904 et 1905 à des prix de famine? Ce n'est plus la faute ni de la nature trop généreuse, ni de la situation économique qui en serait la conséquence ; mais toute la responsabilité en revient à notre législation qui, mal engagée, frappa d'une façon toujours plus précise la distillation, et subsidiairement le vinage, et créa, à côté de la production naturelle, la production artificielle, par le régime des sucres. C'est ce que nous allons analyser dans le chapitre suivant.

CHAPITRE II.

LA DISTILLATION ET LE PRIVILÈGE DES BOUILLEURS DE CRU.

I.

La distillation est-elle l'exercice d'un droit ou d'un privilège?

Si l'on examine attentivement la question de la production des alcools, on constate qu'en France il existe deux manières absolument différentes de la comprendre et par conséquent de la solutionner légalement.

Dans une première théorie on fait le raisonnement suivant : chacun a le droit de disposer à son gré de ce qui lui appartient ; le producteur d'un vin a le droit de le boire, de le vendre au prix qu'il lui plaît, de le convertir en vinaigre, de le donner, de le jeter et par conséquent de le distiller. La distillation n'est qu'une forme du droit de disposition, impliqué dans le droit général de propriété individuelle, base de notre organisation sociale ; ce droit de distillation se transmet donc avec le droit de propriété même, et appartient à tout acheteur d'un vin, puisque, par le payement du prix, il a acquis sur ce vin le droit intégral de propriété.

Cette théorie a été défendue par M. Caillaux lui-même, ministre des finances, qui déclarait que la possibilité de former de l'alcool ne constituait pas par elle-même un privilège, mais était l'exercice légal du droit de propriété.

Cette conception répond à la vérité absolue.

Pourquoi est-elle méconnne? Uniquement parce que la France possède en matière d'alcool une mentalité purement fiscale. L'alcool, dans nos pays, a toujours été frappé de droits énormes ; il est la matière imposable par excellence ; il semble que l'alcool n'existe pas par lui-même, qu'il n'existe qu'en tant qu'assiette d'impôt ; et les faits justifient ce raisonnement, puisque l'alcool de vin paie en France depuis de longues années des droits trois ou quatre fois supérieurs à sa valeur intrinsèque. Plusieurs économistes ont même basé sur le régime fiscal de l'alcool la rénovation radicale de notre système financier ; ce serait, d'ailleurs, selon eux, son seul mérite, car l'alcool est dangereux pour l'humanité ; son monopole est souhaité par des hommes intelligents et honnêtes, tant pour augmenter nos recettes d'un milliard (chiffre fatidique) que pour rétablir la santé et la vertu. On comprend, dès lors, que tout acte ayant pour objet de soustraire à un moment quelconque l'alcool à la fiscalité soit considéré comme un acte illégal et immoral, constituant au profit de celui qui l'accomplit un privilège injustifiable. Cette conception est journellement affirmée par M. Rouvier, ministre des finances; il considère que le droit pour un récoltant de ne pas faire de déclarations préalables à la régie des opérations de distillation qu'il se propose d'accomplir, et le droit de conserver cet alcool sans en déclarer ni le degré ni la qualité, sont des actes de favoritisme qui le placent au-dessus des lois et qui sont contraires à l'égalité de tous les Français devant la loi.

Cette conception fiscale repose sur une exagération des attributions de l'Etat. On comprend fort bien que l'Etat veuille empêcher la circulation clandestine et qu'il veuille faire payer à tous les alcools allant à la consommation la plénitude des droits; mais ces droits ne grèvent les eaux-de-vie, esprits, liqueurs, fruits à l'eau-de-vie, absinthes et autres liquides alcooliques non dénommés qu'en tant que *consommation.* Dès lors la *production* doit être laissée absolument en dehors. Et, en fait, la plupart des alcools qu'un récoltant fabriquerait à l'intérieur de son chai ne seraient pas destinés à une consommation de bouche, mais à un vinage, et cette destination rend l'alcool étranger à l'esprit de la loi; elle le rapproche au contraire de l'utilisation industrielle puisque l'alcool *change de nature* et devient principe du vin.

Cette conception fiscale est d'autant plus préjudiciable qu'elle est spéciale aux alcools de vin et subsidiairement de fruits, dits alcools de bouche; les alcools d'industrie ont un régime fiscal différent, dépendant de leur objet qui est légalement de produire par leur combustion de la force motrice et de l'éclairage; cependant, ils reçoivent en pratique la même destination que les alcools de bouche; ils sont achetés soit par des négociants en spiritueux pour augmenter les fines champagnes et les armagnacs, soit par des négociants en vins pour produire un vinage exactement pareil à celui qui est interdit par les lois et par la fiscalité. Chaque fois que le Parlement discute la question des alcools, un orateur du Nord prouve à un orateur des Charentes, du Gers ou même de l'Hérault que les meilleurs acheteurs sont les électeurs de ces départements, et que ces manipulations s'effectuent par une habile confusion des titres de régie.

De nos jours, c'est la conception fiscale qui triomphe; elle est populaire dans le Midi pour deux raisons : quelques propriétaires inintelligents redoutent le vinage, naïvement persuadés que la suppression du vinage rendra impossible le mouillage; les classes démagogiques soutiennent les mesures fiscales, parce que ces mesures constituent des atteintes au droit de propriété, et parce qu'elles conduisent au monopole et par le monopole au collectivisme.

Effet de la distillation sur la production. — La distillation portait sur deux matières différentes, sur les vins eux-mêmes et sur les sous-produits de la vendange, les piquettes et les marcs.

La distillation faisait disparaître les vins défectueux, les moûts de raisins bourbeux, les vins sujets à la casse, à la tourne, à la piqûre, les vins sains, mais incolores et trop légers, que l'équilibre entre la production et la consommation rendent inutiles; *la distillation était la contre-partie nécessaire de la production naturelle.* Elle relevait les cours, car elle détruisait les vins à vils prix. Or, les expériences de ces dernières années montrent que la consommation commence par les vins les moins coûteux et ne demande les vins plus chers qu'après épuisement progressif des premiers. La grande consommation fait abstraction de la qualité et ne tient compte que du bon marché, le commerce n'achète donc que les vins les plus médiocres; il est sûr de leur écoulement; de plus il gagne sur eux d'une façon particulière, car les achetant à vil prix il en améliore un grand nombre, précisément les plus défectueux, en sachant combattre mieux que le propriétaire les diverses maladies par des additions de matières chimiques, par des opérations de chai, soutirages, collages, pasteurisation, par des coupages avec des vins surplâtrés de l'étranger ou avec des alcools d'industrie. Toutes ces opérations se font aux dépens de la valeur du stock demeurant chez les récoltants; ainsi les vins les plus défectueux sont les bases de calcul des cours généraux; par la suppression de la distillation, les mauvais vins conserveront la prééminence sur les bons. D'autre part, les vins moyens, que le vinage aurait rendus excellents, demeureront à l'état de vins de garde aléatoire, périlleux à transporter en France, incapables d'être exportés à l'étranger; les vins supérieurs fléchissent par solidarité, à tel point que le récoltant n'a plus d'intérêt pécuniaire à en produire, et ils sont souvent atteints dans leur réputation par l'opinion qui englobe facilement dans une même estime ou dans une même réprobation tous les crus d'une région; c'est ce qui se passa dans le Languedoc en 1900 et en 1904.

La distillation était le seul moyen d'utiliser les sous-produits de la vendange, les piquettes et les marcs.

Les piquettes sont des liquides obtenus en faisant repasser plusieurs fois de l'eau pure sur des marcs frais. Cette eau dilue le vin restant dans les rafles et leur emprunte un peu de couleur; les piquettes ont trois destinations : être employées pures ou remontées par du vrai vin pour composer des boissons à l'usage de la famille et des ouvriers, ou bien être mélangées au vin mis en vente, ou enfin être distillées. Il était plus simple de les brûler et de verser l'alcool ainsi obtenu dans le vin; on en augmentait la qualité; au lieu de verser l'alcool des piquettes on y verse les piquettes dans leur état naturel, on augmente ainsi la quantité des vins et on diminue leur qualité : c'est la seule utilisation des piquettes matériellement possible depuis la loi de 1900.

Les marcs peuvent se distiller directement; on obtient ainsi l'eau-de-vie de marc, qui a un goût spécial assez apprécié, mais qui le communique au vin s'il est mélangé avec lui.

Le Dr Cot, ancien député de l'Hérault, a émis l'opinion suivante : « La distillation est une mauvaise opération commerciale en elle-même, mais elle donne une plus-value au vin de mauvaise qualité; les mauvais vins ruinent les bons; pour relever le cours des bons vins, il aurait fallu distiller le quart de la récolte en 1900. »

Ces faits, sous une forme ou sous une autre, étaient certainement familiers aux députés du Midi; ils auraient donc dû apporter une grande prudence dans l'examen des mesures proposées par le gouvernement contre les bouilleurs de cru. Le rendement si important des vignes de la France entière en automne 1900 était pour nos législateurs un avertissement providentiel; ils furent coupables de n'en avoir pas tenu compte.

Importance des quantités distillées. — Quelles étaient les quantités de vins dont la distillation débarrassait annuellement le marché français? Il est impossible de le fixer exactement, car les déclarations faites à la régie ne portent que sur les vins dont les alcools ont été pris en charge et mis en circulation en qualité de spiritueux; mais les vins distillés et qui ont été transformés en alcools vendus en contrebande ou en alcools versés dans les vins restants, échappent aux statistiques.

Une évaluation en est faite par voie de déduction pour la période décennale 1866-1875. Au cours de ces dix années 52 millions d'hectolitres ont été brûlés, soit de trois à huit millions et demi par exercice, suivant l'abondance des récoltes et les facilités données par une législation changeante, soit du dixième au huitième des rendements annuels.

Les cotes des trois-six de Pézenas, marché le plus important des alcools types du Midi, ont varié, pendant la même période décennale 1865-1875, de 40 francs au plus bas cours à 116 au plus haut.

Le Ministre des Finances a communiqué les chiffres suivants. De 1895 à 1899, les quantités reconnues par la régie et provenant des bouilleurs de profession et des bouilleurs de cru avaient été en moyenne de 60.000 hectolitres d'alcool pur par an; en admettant que les vins brûlés titrassent 8 degrés en moyenne, la distillation déclarée eût fait disparaître 4.800.000 hectolitres. Le chiffre de 1898 est de 45.975 hectolitres; ces quantités se sont élevées à 149.407 hectolitres en 1900 et à 330.966 hectolitres en 1901. Le total des deux années donne 480.000 hectolitres d'alcool pur.

La distillation de la récolte 1901 s'est continuée très activement pendant le premier semestre de 1902, donc postérieurement à la loi ; les quantités totales d'alcools produits par la distillation des vins en 1900 et 1901 dépassent de beaucoup 500,000 hectolitres.

Pour obtenir 500,000 hectolitres d'acool pur avec des petits vins de 6 à 8 degrés, il a fallu en livrer à la chaudière 7 à 8 millions d'hectolitres.

Le Ministre des Finances estime à 350.000 hectolitres les quantités d'alcool soustraites à l'impôt par les bouilleurs de cru en 1901, c'est-à-dire postérieurement à la loi. Dans ce chiffre, les alcools de vin entrent pour 250.000 hectolitres ; les autres alcools proviendraient de la distillation de fruits divers.

On signale les bouilleurs de cru comme un obstacle à l'écoulement des eaux-de-vie de grande marque ; la concurrence des alcools d'industrie est la vraie cause de l'avilissement des prix ; leur production peut être considérée comme illimitée ; leur prix d'achat est infiniment plus bas que celui des alcools de bouche, et le public boit indifféremment des uns et des autres ; tant que leur dénaturation ne sera pas efficace par un procédé encore à découvrir, ils régleront les cours du marché des alcools.

Les négociants de fine champagne et d'armagnac avaient donc bien tort de souhaiter la disparition des trois-six de Pézenas. Un député d'Angoulême fit à la Chambre la déclaration suivante : « Alors que nous produisons dans les Charentes 250.000 hectolitres d'eau-de-vie, il se consomme sur la surface de la terre une quantité d'alcool qui, vendue sous le nom de cognac, n'est pas moindre de 5 millions d'hectolitres. »

Devant cette impossibilité de satisfaire les demandes par la production locale, nous pourrions ajouter que les fabricants des Charentes auraient intérêt à acheter des eaux-de-vie de vin du type de Béziers, type employé par les Chartreux avant les lois d'expulsion, et à les incorporer dans leur cognac au lieu de vendre comme cognac des alcools d'industrie parfumés par quelques litres d'eaux-de-vie naturelles ou simplement par l'arome des fûts qui en ont autrefois contenu. Leur gain serait peut-être moindre, mais leur produit serait plus hygiénique; leur réputation indiscutée leur donnerait un avantage sur leurs concurrents étrangers et serait un facteur important de la continuation de leur prospérité.

III.

Régime des bouilleurs de crû d'après la loi du 29 décembre 1900.

Le Ministre des Finances avait obtenu du Parlement que les droits de consommation sur l'alcool soient portés à 220 francs. L'administration des Contributions indirectes voulut profiter de l'occasion qu'offrait la rédaction de la loi nouvelle pour créer un système de surveillance susceptible de ne laisser échapper aucune quantité, et, dans ce but, elle obtint des restrictions au privilège des bouilleurs de cru, qui, tout en en maintenant le principe, le rendait nul pour la région méditerranéenne.

Art. 9. — « Les bouilleurs de cru qui distillent exclusivement les produits désignés par la loi du 14 décembre 1875 continueront à être affranchis de la déclaration de leur fabrication, sauf les exceptions prévues à l'article 10 ci-après. »

Cet article 9 est très important, non pas comme effet pratique, mais comme reconnaissance de principe. Mais le véritable régime de l'alcool est spécifié par l'article 10 :

« Sont soumis au régime des bouilleurs de profession : les bouilleurs de cru qui exercent par eux-mêmes ou par l'intermédiaire d'associé la profession de débitant ou de marchand en gros de boisson.

« Sont également soumis au régime des bouilleurs de profession les bouilleurs de cru qui font usage d'appareils à marche continue, pouvant distiller par vingt-quatre heures plus de 200 litres de liquide fermenté, d'appareils chauffés à la vapeur ou d'alambics ordinaires d'une contenance totale supérieure à 5 hectolitres. »

Cette rédaction de la loi fut précisée par des décrets et donna lieu à des échanges d'observations entre le Ministère des Finances et l'administration des Contributions indirectes d'une part, et des Sociétés d'agriculture, des députés et des sénateurs, de simples viticulteurs, d'autre part.

Notons une lettre adressée par M. le Ministre des finances à M. Pams, député des Pyrénées-Orientales, en date du 20 février 1901, dont voici le résumé : En ce qui concerne les producteurs, les obligations qui leur sont imposées sont de deux ordres très différents; les unes reposent sur le fait de la détention d'un appareil à distiller quel qu'il soit, les autres sur la mise en usage d'un appareil.

Pour le fait de détention d'un appareil, l'obligation consiste uniquement dans une déclaration à faire au bureau de la régie; elle constitue simplement, pour le service, une indication de nature à faciliter la surveillance générale, et n'implique pour le détenteur aucune suggestion spéciale.

Les obligations prescrites à l'occasion de la mise en usage des appareils sont exigées de deux catégories de producteurs, savoir : ceux qui exercent la profession de débitant ou de marchands en gros de boissons, et ceux qui emploient certaines espèces d'appareils expressément désignés par la loi. Les appareils visés par cette disposition sont : *a*) les appareils de tout modèle et de toute dimension, lorsqu'ils sont chauffés à la vapeur; *b*) les appareils à marche continue pouvant traiter par vingt-quatre heures plus de 200 litres de liquide fermenté, vin, cidre, piquette, jus de cerises; par appareils à distillation continue on doit entendre tous ceux qui sont susceptibles de fonctionner sans interruption pour le chargement ou le déchargement; ce sont en général des appareils à colonne alimentés par une arrivée ininterrompue du liquide ; *c*) les alambics ordinaires, c'est-à-dire tous les alambics à charge intermittante pouvant être chauffés au feu ou au bain-marie, dans le cas où la contenance totale des chaudières est supérieure à 5 hectolitres.

Aucune distinction n'est faite entre les appareils à demeure et les appareils ambulants de la catégorie des appareils à vapeur et des appareils à marche continue; en ce qui concerne, au contraire, les alambics ordinaires, la limitation des capacités n'est pas applicable aux alambics ambulants. Les formalités incombant au récoltant ont pour objet essentiel d'assurer la constatation de l'intégralité de leur production.

M. Caillaux ajoutait que, s'inspirant des intentions qui ont guidé le Parlement dans le vote de la réforme, il était disposé à toujours proportionner les exigences fiscales à l'importance des intérêts qu'il s'agit de sauvegarder; la pensée du législateur a été de diviser les bouilleurs de cru en deux catégories, ceux dont les opérations ne dépassent pas les besoins de la consommation familiale et ceux qui produisent en vue de la vente; l'idéal eût été de baser cette distinction non pas sur la capacité ou sur la nature des appareils, mais bien sur les chiffres de la production de chaque récoltant; de négliger complètement les premiers et de faire porter sur les seconds seuls tout l'effort de la surveillance.

A la date du 29 juin 1901 le directeur général des contributions indirectes adressait au directeur de chaque département une lettre visant la transformation des appareils à distiller dans le midi de la France. La lettre indique que l'Administration a été saisie d'un vœu émis par la Société des viticulteurs de France, demandant que les alambics à colonne soient considérés comme appareils à marche discontinue; l'Administration considère que les modifications apportées aux appareils ont été réalisées dans le but de tourner la loi, et, dans ces conditions, elle soutient que la marche d'un appareil, bien que comprenant des phases successives, n'en reste pas moins continue; en conséquence, l'Administration décide de poursuivre comme détenteur d'appareils à marche continue les personnes qui auraient supprimé des pièces de raccordement, et elle ne tient aucun compte des vœux de la Société des viticulteurs de France.

Deux lettres du 6 juillet et du 29 juillet 1901 exposent les garanties à prendre contre le rétablissement de la continuité dans les distillations.

IV.

Loi de Finances de 1903.

La législation des bouilleurs de cru fut singulièrement aggravée par la loi portant fixation du budget de l'exercice 1903. L'idée mère fut d'obliger les récoltants à déclarer les appareils qu'ils achetaient ou empruntaient, et d'obliger les fabricants et les commerçants à déclarer les appareils qu'ils construisaient, qu'ils avaient en réserve et qu'ils vendaient. La régie suivait non seulement l'alcool, mais le matériel destiné à le produire; les appareils furent suivis depuis leur fabrication jusqu'à leur vente chez les négociants, et, dès leur achat, chez les récoltants; ils ne purent même être transportés d'une propriété privée à une autre sans une déclaration à la régie. L'article 12 porte que tout fabricant ou marchand d'appareils propres à la distillation est tenu de faire la déclaration de sa profession au bureau de la régie et de désigner le nombre, la nature et la capacité des appareils qu'il a en sa possession, tant dans le lieu de son domicile qu'ailleurs; le fabricant ou marchand doit inscrire sur un registre ses fabrications et ses réceptions successives; les fabricants ou marchands sont soumis, dans leurs locaux professionnels, aux visites des employés des contributions indirectes.

Art. 13. — Les appareils ne peuvent circuler en tout lieu en dehors des propriété privées qu'en vertu d'acquit à caution.

Art. 14. — Tout détenteur d'appareils est tenu de faire au bureau de la régie une déclaration énonçant le nombre, la nature et la capacité de ces appareils; ils seront poinçonnés; ils doivent demeurer scellés pendant les périodes où il n'en est pas fait usage; ils peuvent être conservés à domicile ou déposés dans un local agréé par l'Administration. Les détenteurs sont tenus de représenter à toute réquisition du service les appareils scellés ou non scellés.

Ainsi tout récoltant, qu'il soit propriétaire, exploitant, fermier ou métayer, doit déclarer les appareils qu'il possède et les voir sceller devant lui par la régie, avec défense d'en faire usage sans une déclaration préalable; cette réglementation détourne bien des vignerons du désir d'acheter un matériel de distillation adapté à leur exploitation ou même de conserver ceux qu'ils avaient antérieurement. Beaucoup de négociants, qui vendaient des appareils de distillation en même temps que d'autres articles de chais ou de quincaillerie, ont renoncé à ce commerce; l'effet de la loi a donc été de donner un caractère exclusivement professionnel à tout ce qui touche au régime des alcools; mais l'article le plus important, c'est l'article 18 qui établit *le principe de la déclaration obligatoire*, principe qui avait été formellement sauvegardé au profit des bouilleurs de cru par la loi du 29 décembre 1900.

Art. 18. — « Nul ne peut se livrer à la fabrication ou au repassage des esprits et liquides alcooliques sans en avoir préalablement fait la déclaration au bureau de la régie.

« La déclaration devra indiquer la nature ainsi que la provenance réelle des produits mis en œuvre; elle sera complétée au fur et à mesure de l'introduction de nouveaux produits dans la distillerie. »

Art. 21. — « Sont dispensés de toute déclaration autre que celles prévues aux articles 12 à 18 inclus de la présente loi, ainsi que des vérifications et prises en charge, les propriétaires, fermiers et métayers qui, après avoir justifié qu'ils ne cultivent pas une superficie plus considérable de vignes ou un plus grand nombre d'arbres fruitiers à l'état de rapport normal qu'il n'est nécessaire pour la production de 50 litres d'alcool pur, distilleront chez eux les vins, cidres, lies, marcs, prunes, prunelles et cerises provenant exclusivement de leur récolte. » Cet article 21 contient tout ce qui reste du droit de propriété en matière de distillation. Ce qui en fait le caractère important, c'est que cette distillation n'est plus qu'*une tolérance*, tolérance insignifiante inspirée par la crainte d'indisposer un trop grand nombre d'électeurs en les privant de la faculté de fabriquer eux-même leur boisson de famille.

L'article 22 prévoit les dispositions de faveur au bénéfice des associations coopératives. « Sont personnellement dispensés de toute déclaration préalable et affranchis de tout exercice et jouiront des déductions et allocations en franchise stipulés à l'article 19 (20 litres d'alcool pur) les propriétaires, fermiers et métayers réunis en syndicats professionnels ou en associations coopératives de distillation qui effectueront la distillation de leur récolte dans les locaux gérés par les dits syndicats ou associations.

« Les membres de chaque syndicat seront solidairement responsables de toutes les infractions à la loi commises dans le local commun. »

L'article 23 modifie les lois du 2 août 1872 et du 30 mars 1902 en ce qui concerne les acquits et congés.

Moyens divers proposés pour favoriser la distillation. — Prime à la distillation, proposée par M. Augé, député; débouchés nouveaux pour l'emploi des alcools d'industrie. — Ces lois furent assez mal accueillies par la région méridionale, dont elles étaient loin de soulager la détresse; les entraves à la distillation des petits vins, qui n'avaient pas de vente et qui empêchaient d'écouler les bons, indisposaient la propriété; on proposa plusieurs mesures pour faire reprendre la distillation. M. Augé, député, émit le projet d'établir une prime aux vins allant à la distillation; ce projet donna lieu à des échanges d'opinions diverses; on lui objecta que les primes étaient un mauvais système financier brisant l'égalité entre les produits. Il était également possible que les primes encourageassent la production de petits vins au lieu de la restreindre, si la valeur intrinsèque du vin pour la distillerie dépassait le prix de revient de ce vin; or on avait calculé que certains producteurs, touchant 6 francs, primes comprises, de leurs Aramons, auraient intérêt à développer cette culture intensive au lieu de la restreindre.

On s'efforça, dans un autre ordre d'idées, de donner aux alcools de fruits le monopole de la consommation de bouche et dans ce sens le Parlement réglementa les titres de mouvement de la régie; il institua les acquits de diverses couleurs dont nous avons parlé en analysant des lois spéciales.

L'effort le plus pratique porta sur la dénaturation des alcools industriels; le problème consistait à y introduire une matière les rendant imbuvables et cependant n'empêchant pas leurs emplois industriels; malgré les exemples de l'Allemagne, nous ne sommes point encore parvenus à découvrir un procédé de dénaturation économique et général.

Pour diminuer au moins en fait la concurrence que les alcools d'industrie faisaient aux alcools de fruits, on s'ingénia à trouver de nouveaux emplois à ces alcools dans les usages domestiques, éclairage, chauffage, force motrice, emploi pharmaceutique, chimique, etc.; aux Sociétés de géographie et d'agriculure de Toulouse des conférences eurent lieu pour vanter l'emploi de l'alcool pour les lampes, les réchauds, les divers chauffages de la toilette; on présenta même l'alcool solidifié susceptible de devenir un combustible portatif; on cita l'exemple de l'empereur d'Allemagne qui, pour donner un débouché aux produits nationaux, prescrivit d'éclairer à l'alcool les palais et châteaux de la couronne. On chercha à abaisser le prix des alcools d'industrie pour leur permettre de concurrencer les pétroles. M. Cunéo d'Ornano proposa de relever les droits de douane sur les pétroles et essences, rectifiés ou non; ce serait une excellente mesure, à la condition que la puissance calorique et la puissance lumineuse de l'alcool soit assez grande pour pouvoir contrebalancer celle du pétrole à prix à peu près égal; il est certain que l'achat des pétroles constitue chaque année la France débitrice de l'étranger d'une trentaine de millions; ils serviraient à rémunérer la fabrication des alcools d'industrie pour que ces alcools puissent concurrencer les pétroles.

L'avenir ne semble point donner raison à l'alcool contre l'essence; les lampes à alcool sont encore trop chères et il en est de même de la plupart de ses autres applications; après un petit effort pour provoquer leur diffusion, les fabricants d'objets employant l'alcool ont renoncé aux grandes réclames susceptibles de lancer leurs produits; donc le meilleur débouché de l'alcool d'industrie sera encore la consommation de bouche.

CHAPITRE III.

LE VINAGE.

Le vinage est une opération qui consiste à verser de l'alcool dans du vin; ses effets sont différents et nombreux. En relevant le degré alcoolique des vins, il les rend d'une conservation plus facile; il augmente leur résistance à l'évolution des ferments nuisibles : tourne, casse, ascescence; il leur permet de mieux résister à la chaleur et de voyager dans des conditions de plus grande sécurité. Le vinage est donc le procédé le meilleur de conservation et il est la condition indispensable du transport des vins à l'étranger; il augmente leur qualité, les rend plus agréables à boire, mieux faits pour soutenir l'effort musculaire et intellectuel de l'homme. Seul il permet de rendre vendables tous les petits vins de 7 à 8 degrés, qui devraient être abandonnés lorsque la production est à peu près équivalente à la consommation.

L'alcoolisation des vins ou vinage était autrefois une pratique que la loi avait étendue à toute la France, et la tolérance légale en était admise jusqu'à la limite de 26 degrés.

C'est par l'article 21 du décret du 17 mars 1852 que la tolérance légale fut abaissée à 18 degrés et que la faculté même du vinage fut limitée à sept départements méridionaux : Pyrénées-Orientales, Aude, Hérault, Gard, Bouches-du-Rhône, Var et Tarn.

Le vinage en franchise fut supprimé à partir du 1er janvier 1865 et la limite alcoolique des vins fut réduite à 15 degrés par le vote de la loi du 1er septembre 1871 ; les alcools destinés à viner les vins d'exportation restèrent affranchis des taxes.

La distillation demeurait libre ; grâce à elle les récoltants purent brûler la partie défectueuse de leur récolte et en verser l'alcool dans la partie saine, sans être tracassés par la régie ; mais ceux qui ne pouvaient se procurer sur leurs exploitations les alcools destinés au vinage les achetaient, et, pour éviter des droits très supérieurs à la valeur intrinsèque de la boisson, se les procuraient à l'insu de la régie, c'est-à-dire en fraude. La régie à son tour, pour rendre sa surveillance plus efficace, s'efforça d'obtenir des lois obligeant les récoltants à la prévenir de leur intention de distiller et à prendre en charge les alcools obtenus soit par les appareils qui étaient leur propriété, soit par les distillateurs professionnels, qui venaient brûler à domicile. Cette lutte de la régie contre le droit des récoltants se poursuit avec des chances diverses depuis cinquante ans.

La loi du 2 août 1872 abolit le privilège des bouilleurs de cru ; elle fut elle-même abrogée par la loi du 14 décembre 1875 ; aux termes de cette dernière loi, le vinage était toléré chez les propriétaires bouilleurs de cru par suite de l'impossibilité ou était la régie d'y mettre obstacle et de l'incertitude même de l'interprétation des lois par lesquelles postérieurement on a défendu l'alcoolisation des vins.

Le vinage était souvent pratiqué par des alcools reçus en fraude ; dès lors il était aussi facile d'user d'alcool industriel que d'alcool de vin ; on appelle alcool industriel des alcools provenant de la distillation de la betterave, des mélasses et de matières diverses qui souvent ne sont pas même des matières saines. Cette introduction d'alcool de toute provenance rendit certains Méridionaux hostiles au vinage, et c'est une des causes qui explique la facilité avec laquelle la majorité a accepté les entraves apportées au droit de distillation, puis sa suppression de fait devenue aujourd'hui légale, et leur engouement pour préconiser le monopole des alcools par l'Etat.

Le vinage n'en constitue pas moins un élément indispensable de la bonne composition des vins du Midi; le commerce d'alcools d'industrie auquel il a donné lieu ne saurait lui enlever sa valeur; d'ailleurs, ces alcools étaient loin de représenter la majeure partie de ceux qui étaient employés, et c'était encore les alcools de vin qui formaient le véritable élément du vinage; l'alcool de vin est un produit identique au vin, par conséquent se mélangeant avec le vin d'une façon intime et absolue; ni la dégustation, ni l'analyse chimique ne décèlent un vinage modéré, surtout fait à la cuve.

Tous les hommes sérieux du Languedoc défendirent le vinage. Jules Pagezy soutint sa cause devant le Corps législatif; Henri Mares le défendit au nom de la Société d'agriculture de l'Hérault, et actuellement la Société d'agriculture de l'Aude et toutes nos anciennes Associations agricoles du Midi remettent aux pouvoirs publics des vœux en sa faveur. M. Salis, député, demandait même la faculté générale du vinage à 3 degrés avec taxe réduite à 37 fr. 50 c., dans les chais des négociants. M. le Dr Cot fit rejeter ces conclusions par la Société d'agriculture uniquement parce qu'il s'agissait du vinage étendu aux opérations commerciales, mais le privilège des bouilleurs de crû maintenu alors par les pouvoirs publics assurait au producteur la faculté de relever le degré de sa récolte. M. Lalande, négociant de Bordeaux, résumait en 1884 à la Chambre les limites du vinage en déclarant que « le vinage ne devrait jamais être permis au commerce; le vinage devrait s'effectuer seulement chez le producteur ». La Société d'agriculture de l'Hérault, dans sa séance du 16 juin 1902, communiquée le 6 mars 1903 à tous les députés, ainsi qu'aux Sociétés agricoles de la région, prenait la résolution suivante : « Si toutefois le privilège des bouilleurs de cru était supprimé, la Société demanderait expressément, comme compensation indispensable, que les récoltants soumis au régime des bouilleurs de profession aient le droit d'employer l'alcool provenant exclusivement de leur récolte à viner en franchise leur propre vendange dans la limite du 2 °/₀ et sous la surveillance et le contrôle des agents de la régie qui en donneront décharge. » Ultérieurement, lorsque la loi sur les sucres du 28 janvier 1903 a rendu possible l'alcoolisation des moûts et des vins par le sucre de betterave, la Société des agriculteurs de France a émis le vœu suivant qui semble être le seul remède pratique à ce jour : « Considérant que le vinage indirect du vin par le sucre justifie le vinage direct du vin au moyen de l'alcool, émet le vœu que les viticulteurs soient autorisés à viner leur vendange dans la proportion de 2 à 3 degrés d'alcool par hectolitre de vin par l'alcool provenant de leur récolte et, s'il y a lieu, sous la surveillance des employés de la régie. »

Le vinage permettait au récoltant de réserver une partie de sa récolte dans les périodes où les cours des vins étaient bas pour la vendre dans les périodes où les cours étaient élevés; en 1900, 500 hectolitres de vin à 8 degrés, vendus sur la base de 0 fr. 80 c. le degré, auraient donné 500 × 8 × 0 fr. 80 = 3,200 francs.

Si le récoltant, n'ayant point la vaisselle vinaire suffisante pour emmagasiner deux ou trois récoltes, les brûlait, il aurait 4,000 degrés ou 40 hectos d'alcool pur. En les versant dans sa récolte de 1902, vendue à 1 fr. 50 le degré, cet alcool donnait 4,000 × 1 fr. 50 = 6,000 francs.

La distillation combinée avec le vinage permettait d'obtenir un bénéfice de 6,000 — 3,200 = 2,800 francs sur la vente des vins de 1900, soit une plus value de 46 °/₀.

La consummo de l'alcool dans des bacs de métal est insignifiante.

CHAPITRE IV.

LE MOUILLAGE.

Le mouillage est une opération qui consiste à verser de l'eau dans du vin. Le mouillage est d'autant plus facile que le vin est plus coloré, a une plus grande teneur alcoolique et possède une plus forte proportion d'extrait sec.

Le mouillage est actuellement la terreur du Midi; sa seule perspective affole les congrès et même les syndicats de propriétaires et d'ouvriers; pour le conjurer le Midi a abandonné le vinage ainsi que le privilège des bouilleurs de cru et donne toute facilité à la régie pour poursuivre son œuvre de répression.

Le mouillage est un délit prévu et puni par la loi du 24 juillet 1894.

Cependant le mouillage ne sera jamais enrayé, car il constitue le bénéfice net du détaillant.

Quand le vinage se pratiquait à la propriété, le mouillage dans les débits rétablissait à peu près la quantité de vin que la distillation avait fait disparaître.

Maintenant que le vinage est prohibé, le mouillage augmentera la récolte naturelle de toute la quantité d'eau introduite dans le vin.

Ce mouillage, on ne l'empêchera jamais, car il est admis tacitement par le consommateur; la preuve de cette connivence populaire est qu'entre un débit de vin naturel à quatre sous et un débit de vin mouillé à trois sous, la grosse clientèle préférera le second au premier; c'est regrettable, c'est illogique, mais c'est un fait d'expérience.

Toute quantité ajoutée par mouillage est une quantité qui a

échappé aux droits, aux frais de transport et aux frais généraux de commerce. L'eau aura donc une valeur égale à l'ensemble de ces dépenses.

Précisons par un exemple: un hectolitre est acheté par le détaillant 15 francs; en le conservant pur, il le revendrait à 20 francs; il gagnerait 5 francs.

S'il y ajoute 30 % d'eau, les 130 litres lui reviennent toujours à 15 francs, puisque l'eau n'a pas de valeur; en revendant le tout 26 francs (130 × 20), il gagne 11 francs au lieu de 5, ce qui double le bénéfice net; s'il vend 17 fr. 50 au lieu de 20 francs, il aura encore 130 × 17,50 = 22 fr. 75, soit 7 fr. 75 au lieu de 5, ce qui donne comme bénéfice du mouillage 2 fr. 75.

Le Midi se dit : si l'on ne vine pas, le détaillant n'aura que des vins faibles; il ne pourra pas les mouiller et il nous achètera tous nos vins naturels. C'est une erreur profonde; le détaillant achète surtout les vins de 9 degrés et au-dessus et il les mouille jusqu'à concurrence de 7 degrés; et si, par impossible, les vins nationaux revenaient cher, il refuserait ces vins naturels d'un titre trop faible; il obligerait le commerce à acheter des vins étrangers pouvant être alcoolisés jusqu'à 15 degrés, limite fixée par les règlements douaniers, et à couper les vins nationaux par des espagnols, des italiens, des algériens, des smyrnes, des samos ou des mistelles introduits sous dénomination de vins. Notez que les vins espagnols et portugais sont des vins additionnés d'alcool et colorés artificiellement par le sureau ou par toute autre matière.

Jamais l'interdiction du vinage n'amènera la suppression pratique du mouillage.

Il n'y aurait qu'un seul moyen théorique : ce serait de soumettre à l'exercice toutes les personnes vendant du vin et d'établir des titres de régie suivant les quantités de vin au volume et au degré depuis le chai des récoltants jusqu'à la table du consommateur. La répression du mouillage est matériellement impossible en fait; en théorie, elle entraînerait non seulement le monopole des alcools, mais celui des vins et celui des sucres. Il y a, d'ailleurs, des gens que cette perspective remplit d'aise.

CHAPITRE V.

LE SUCRAGE.

I.

Définition. — Fermentation naturelle et fermentation artificielle.

Le sucrage consiste à transformer une matière sucrée en alcool par sa mise en contact avec des ferments ; le sucrage est une opération artificielle, de tous points semblable à l'acte spontané qu'opère la nature par la fermentation des vendanges ; le raisin contient des matières sucrées dans une proportion qui nous est indiquée par les mustimètres, par les gleucomètres et par les alcoomètres, dont le plus répandu est l'alcoomètre Guyot ; l'abondance des éléments sucrés dépend du cépage, de la chaleur de l'année, du régime des pluies, de l'état d'avancement de la maturité, de l'absence ou de la présence des accidents météorologiques ou des maladies, en un mot de la santé du raisin ; ce raisin se trouve donc être dans des conditions semblables à celles des fruits, prunes, cerises, pêches, etc., et de toutes les plantes ayant des proportions plus ou moins fortes de sucre, telles que la betterave de France et la canne à sucre des régions équatoriales.

Toutes les plantes sucrées sont susceptibles de fermentation ; les ferments sont de petites cellules vivantes des végétaux inférieurs qui se multiplient par la décomposition des corps organiques ; la bactériologie a isolé les principales espèces de ferments des divers fruits ; le vin se forme du moût des raisins par la pullulation d'un ferment spécial, le ferment vinique ; ce ferment a les qualités du cépage dont il émane ; ainsi le raisin d'Aramon donnera naissance à un verment vinique à goût d'Aramon; le vin de Bourgogne doit sa réputation aux ferments viniques du Gamay et du Pinot, le médoc au ferment du Cabernet et du Sémillon.

La science contemporaine cherche à améliorer le goût des cépages communs en remplaçant leurs propres ferments par des ferments étrangers de cépages plus choisis ou par des ferments de la même espèce, mais recueillis sur des grappes plus saines; nos pères, qui ignoraient les découvertes de Pasteur, en appliquaient inconsciemment les théories en composant les pieds de cuve avec leurs raisins les plus parfaits.

L'expérience prouve qu'un moût ne donne naissance à ses propres ferments qu'après une durée plus ou moins longue d'incubation. La fermentation s'accélère suivant la température; on peut donc la modifier dans une certaine mesure en agissant sur la chaleur des raisins, la retarder en diminuant cette chaleur par l'introduction de blocs de glace ou par le contact de tuyaux d'eau fraîche, et l'accélérer en y précipitant de l'eau chaude; on peut retarder le départ de la fermentation presque indéfiniment en mettant le moût en contact soit avec des vapeurs de soufre, soit avec de l'alcool.

Si l'on verse dans du jus de raisins tout frais des ferments étrangers, mis préalablement en incubation, ceux-ci se multiplieront dès leur contact avec ce jus. Lorsque le moût s'échauffera, les ferments étrangers seront en nombre plus fort que celui des ferments naturels, et étant plus nombreux, ils ensemenceront toute la vendange et lui donneront leur goût spécial. L'œnologie porte son effort à améliorer les vendanges par sulfitage et levurage; le sulfitage est l'introduction de soufre pour retarder l'éclosion des ferments naturels; le levurage ou préparation de ferments étrangers dans une levure spéciale, les introduit par une sorte d'inoculation,

La réclame s'est emparée de ces découvertes; les journaux reproduisent à chaque numéro les annonces de l'Institut Jacquemin qui prépare un ferment principe essentiel du raisin, destiné à guérir une foule d'affections. Les raisins contiennent d'autres ferments que celui du vin ; ferments qui sont engendrés par des tissus malades, qui seront les ferments du vinaigre ou de la tourne, et qui se multiplieront de préférence à ceux du vin si les conditions de fermentation sont plus favorables aux ferments nuisibles qu'aux ferments utiles ; la pasteurisation, en tuant les ferments par la chaleur, tue toute cause de modification du vin, qui devient un liquide mort.

Le succès de toute substitution de ferments est subordonné à certaines conditions ; les ferments étrangers doivent être vivants ; si la levure n'était pas bien conservée, si elle n'était pas chauffée à la température voulue on introduirait dans le vin une substance morte. Il faut aussi que les ferments étrangers aient une certaine affinité avec le jus de raisins dans lequel ils sont versés ; cette affinité se découvre par l'expérience et jusqu'ici elle est variable ; ainsi, certaines années, les ferments de Bourgogne feront merveille dans les moûts du Languedoc ; l'année suivante ils ne s'y multiplieront pas, et ce seront les ferments du Médoc qui seront en prospérité.

De même que l'on peut faire attaquer des vendanges par des ferments étrangers, de même l'on peut faire attaquer du sucre étranger par des ferments de la vigne ; cette réciprocité est toute l'explication des vins de sucre.

Mettez en contact avec des ferments provenant soit de raisins frais, soit de raisins conservés, ou même avec des ferments provenant d'une plante différente, des sucres obtenus par la distillation d'une matière végétale quelconque, betterave, canne à sucre, ou des glucoses, vous obtiendrez, dans des conditions de chaleur et d'acidité connues par l'expérience, de l'alcool.

Une foule de combinaisons peuvent être envisagées, et ces combinaisons, pareilles quant à l'origine, identiques quant au procédé, semblables quant au résultat, constituent les unes la loi, les autres la fraude, ce qui donne à notre législation un cachet vraiment arbitraire.

Nulle loi ne défend d'ensemencer un moût avec des ferments étrangers, ce qui est identique au fait de plonger dans un moût en fermentation du sucre étranger. En analysant la formation des liquides, on en conclut que la division entre les vins naturels et les vins artificiels est une division conventionnelle; tout vin provient d'un acte physiologique, d'une fermentation; les conditions de cet acte physiologique peuvent varier, mais ils n'ent ont pas moins une origine et des résultats identiques. Dans l'état actuel de l'œnologie, on peut distinguer dans le sucrage trois modes différents.

a) L'introduction de sucre dans des moûts dans le seul but de présenter à leurs ferments une masse plus grande d'éléments à convertir en alcool.

b) Le dépôt sur des marcs encore fermentescibles d'eau et de sucre dans des proportions telles que les ferments de ces marcs puissent attaquer le sucre, se répandre dans l'eau colorée à leur contact et donner des vins de deuxième cuvée.

c) La fabrication de vins avec des éléments étrangers à la vigne nationale; l'exemple le plus typique est la mise en fermentation de raisins secs qui, une fois en évolution, sont mis en contact avec des masses plus ou moins importantes de sucres et transforment toutes ces matières en alcool, puis en vin ayant la composition physiologique d'abord, chimique ensuite du vin naturel.

La chimie vient ici corroborer la bactériologie, puisqu'il est impossible de distinguer par l'analyse un vin naturel d'un vin artificiel établi dans les conditions ci-dessus. Les prix du commerce et le goût des consommateurs ratifient cette assimilation du vin artificiel au vin naturel en préférant les vins améliorés aux vins naturels du Midi.

La composition chimique des vins artificiels est complétée par des opérations coïncidant avec la fermentation; l'acidité est résolue par l'introduction d'acide tartrique, d'acide citrique, ou mieux encore d'acide malique, le plus similaire à l'acidité naturelle du raisin; combiné avec la glycérine, il facilite la production des éthers; la couleur et l'extrait sec peuvent se fabriquer à peu près par synthèse. Le meilleur colorant est l'œnocianine; cette substance est formée d'extraits des parties colorées des raisins et même des feuilles; on prend des peaux des raisins les plus foncés et des feuilles d'hybrides parvenues à la couleur vive de l'automne; ces extraits forment une poudre; cette poudre possède un pouvoir colorant élevé; mais son prix est lui aussi très fort, dans les 50 francs le kilo; tel quel il est encore beaucoup plus économique que les solutions colorantes, vendues facilement 6 à 8 francs le litre; car il paraît qu'un kilo d'œnocianine suffirait à la fabrication de 30 à 40 litres de la solution. La couleur peut aussi être donnée par les baies de sureau, très employées en Espagne et Portugal. Le tannin contribue à fixer la couleur et à former l'extrait sec; on peut employer indifféremment les tannins à l'éther et les tannins à l'alcool; les meilleurs sont formés d'écorces de chêne, d'autres de pépins; l'extrait sec a été décomposé par l'analyse, ce qui permet, en mélangeant les corps constitutifs dans des proportions voulues, de le reconstituer par synthèse; la fermentation artificielle se rapprochant physiologiquement de la fermentation naturelle, la combinaison des éléments destinés à l'extrait sec se réalise dans des conditions assez voisines des conditions naturelles.

Ces données me semblent utiles pour étudier, en connaissance de cause, le rôle respectif du vin et du sucre.

II.

Historique de la législation antérieure du sucrage.

Le sucrage, c'est-à-dire le fait de jeter dans le vin, ou plutôt dans le moût en fermentation, du sucre de betterave plus ou moins raffiné, était une pratique courante dans les régions froides ou humides, dont la rigueur des saisons s'oppose à une complète maturité des raisins. En Beaujolais, en Mâconnais, en Lorraine, en Limousin, dans l'Ain et dans le Jura, les vignerons remontent le degré de leurs crus, même les plus réputés, avec du sucre; la Champagne, Saumur, Limoux mettent du sucre dans les moûts non fermentés pour obtenir par des procédés spéciaux des dégagements d'acide carbonique qui rendent leurs vins mousseux et pétillants; ainsi, le sucrage était depuis longtemps dans les mœurs viticoles lorsque survint la crise phylloxérique.

Devant un rendement diminué facilement de moitié, ne dépassant pas 25 à 30 millions d'hectolitres, alors que la consommation totale, taxée ou non taxée, en absorbe de 45 à 50, la viticulture demanda à employer du sucre, autant pour relever le degré des vins de première cuvée que pour former avec ceux des cuvées subséquentes des vins plus ou moins mouillés, mais qui trouvaient preneurs.

Le gouvernement fit droit à ses besoins réels et accorda en faveur des sucres employés en viticulture une détaxe de 25 francs, par la loi du 29 juillet 1884, qui autorisa le sucrage à prix réduits. Il en fut fait un très large usage; le sucre, en additionnant les droits et la valeur intrinsèque, permettait d'établir le degré alcoolique entre 1 franc et 1 fr. 15 c.; or, la moyenne des vins du Midi se vendait 2 francs le degré. Dans le Nord, le Centre et l'Est, le degré, mis en rapport avec le prix ferme à l'hectolitre, revenait entre 3 et 5 francs; le bénéfice du sucrage représentait du double au quintuple de la somme employée pour l'opérer.

Aux termes de la loi du 29 juillet 1884, complétée par le décret du 22 juillet 1885, la quantité de sucre à employer en vue de relever le degré alcoolique des vins ne peut dépasser 20 kilogrammes par 3 hectolitres de vendange. La quantité à employer pour la fabrication des vins de sucre ou de marc ne peut être supérieure à 50 kilos par 3 hectolitres de vendange. L'habitude du sucrage se prolongea bien au delà des besoins de la consommation. A mesure que la reconstitution phylloxérique ramenait les anciens rendements, le sucrage paraissait de plus en plus inutile. Dès 1887, le parlement restreignit la détaxe en imposant une surtaxe temporaire de 20 % aux sucres spécifiés par la loi du 29 juillet 1884. Cette surtaxe fut maintenue par la loi du 24 juillet 1888 et rendue définitive par la loi du 5 août 1890. La loi du 14 août 1889 prescrivit l'indication de la nature des vins; on devait spécifier s'ils étaient des vins de sucre; la loi du 11 juillet 1891, relative à la répression de la fraude dans la vente des vins, déclarait (art. 4) que les vins de sucre et de raisins secs seraient suivis chez les marchands au moyen de comptes distincts : la loi du 24 juillet 1894 leur appliquait les pénalités prévues pour le mouillage. La pression de l'opinion publique amena la loi du 6 avril 1897, qui interdit la fabrication et la circulation des vins de sucre en vue de la vente.

Il est très curieux de constater l'importance du sucrage d'après les statistiques se référant aux années qui précédèrent ou qui suivirent immédiatement la loi de 1897; ainsi, nous trouvons :

En 1896, nombre de demandeurs : 199.000.

Quantité employée pour relever le degré..	12.053.000 kil.
— pour vin de seconde cuvée.............	17.800.000 —
Total......	29.853.000 kil.

Après la loi du 6 avril 1897, nous trouvons :

En 1898, nombre de demandeurs : 290.000.

Quantité employée pour relever le degré..	12.220.000 kil.
— pour vin de seconde cuvée.............	24.300.000 —
Total......	36.500.000 kil.

En 1899, nombre de demandeurs : 316.000.

Quantité employée pour relever le degré..	12.383.000 kil.
— pour vin de seconde cuvée.............	26.693.000 —
Total......	39.076.000 kil.

Depuis 1884, il fallait établir une demande à la régie pour bénéficier du droit réduit de 24 francs; l'écart entre les sucres à plein droit et les sucres à détaxes étaient de 36 francs par 100 kilos; le degré d'alcool à plein droit revenait en moyenne à 1 fr. 75 c., et avec la détaxe, entre 1 franc et 1 fr. 10 c.

Le *meilleur obstacle contre le sucrage était l'obligation de la déclaration*, car cette déclaration prouvait que le récoltant avait sucré son vin; il en résultait pour lui une dépréciation vis-à-vis du commerce et une défaveur dans l'estime publique, qui doivent entrer en ligne de compte. Mais le récoltant ne s'astreignait à la déclaration que s'il y avait profit; le profit était la détaxe. Aujourd'hui, l'abaissement du sucre normal à un prix inférieur à l'ancienne détaxe rend la déclaration inutile. Le sucre employé dans les vendanges revient actuellement entre 50 et 60 francs (25 francs de valeur réelle, 25 francs de droit, 5 à 10 francs de frais ou bénéfices commerciaux). De ce fait, le sucrage est libre, malgré des dispositions restrictives qui peuvent être imposées par des lois diverses, puisque ces lois n'ont aucune sanction pratique.

Telles étaient les traditions viticoles d'une part, la législation d'autre part, les habitudes du commerce et le goût des consommateurs en troisième lieu, lorsque la culture intensive de la betterave en France, sa transformation en sucre, la reconnaissance par les hygiénistes de la valeur nutritive du sucre contribuèrent à donner à ce produit une extension des plus considérables et à le faire reconnaître comme un aliment de première nécessité.

III.

Utilisations diverses de la betterave.

La betterave peut être consommée sous trois formes :

a) Sous sa forme naturelle;

b) Sous forme de sucre;

c) Sous forme d'alcool.

Sous sa forme naturelle, elle est destinée à l'alimentation des hommes et des animaux. Elle est alors consommée fraîche ou en cossettes ou en tourteaux.

Pour être consommée fraîche, la betterave est arrachée des champs au fur et à mesure des besoins, ou bien elle est conservée en silos pendant de longs mois d'hiver. Pour être consommée en cossettes, elle est coupée en fractions qui sont ren-rendues anhydres; ces cossettes sont des morceaux de betterave séchés par des appareils spéciaux; l'eau de la betterave est évaporée, ses principes sucrés et azotés sont seuls retenus. Les cossettes ont une valeur sucrière et nutritive considérable sous un petit volume; elles sont légères, d'une manipulation facile, d'une consommation commode pourvu qu'elles soient à l'abri de l'humidité, et elles sont susceptibles de trois destinations différentes : ou être mangées par les animaux, chevaux, vaches laitières, bœufs de travail, moutons à l'engraissement; ou bien être envoyées dans des sucreries pour être converties en sucre avec plus de facilité que les betteraves fraîches; ou enfin être converties en tourteaux qui, par leurs mélanges avec des éléments divers, présentent une alimentation complète et rationnelle du bétail, surtout pendant l'hiver. En second lieu, la betterave sert à la fabrication du sucre; c'est là, évidemment, son emploi le plus répandu ; nous n'y insistons pas, car nous le traiterons d'une façon plus complète. Enfin, en troisième lieu, la betterave, généralement sous fourme de sous-produits de l'industrie sucrière, est distillée, et l'alcool résultant de cette distillation compose la majeure partie des alcools d'industrie.

IV.

Culture de la betterave. — Sa surproduction.

La culture de la betterave est aussi intensive que celle de la vigne; les agriculteurs sèment des betteraves fourragères, demisucrières et sucrières, suivant l'objet qu'ils se proposent ; les rendements sont tr s importants, grâce à des ensemencements de graines sélectionnées fournies souvent par les sucriers acheteurs, grâce à des fumures abondantes réglées de façon à donner à la betterave beaucoup de sucre sans nuire au goût, ce qui a amené des prescriptions concernant l'azote ; il ne doit pas être fourni par l'engrais humain ou par des fumiers de bergerie purs, mais par des matières organiques courantes ou minérales. La betterave exige surtout des apports considérables de superphosphate ; elle vient dans des sols même pauvres pourvu qu'ils soient profondément défoncés ; les charruages à vapeur sont indispensables dans une production intensive. La betterave, étant à racines pivotantes, émet des radicelles très profondes qui parviennent, dit-on, jusqu'à 1m 50, et ainsi elle utilise les éléments du sol sous une couche beaucoup plus considérable même que la vigne. Par suite de ce système radiculaire, la betterave supporte mal d'être repiquée ; il faut planter beaucoup de graines sur place, puis supprimer un grand nombre de plants par des sarclages ; les travaux d'été de la betterave rappellent singulièrement ceux du maïs. En résumé, la betterave s'accommode de tous les sols et de tous les climats, mais elle prospère surtout dans les terres ameublies qui sont très fumées et, si c'est possible, arrosées ; elle ne craint pas les climats chauds et sa puissance saccharine est en proportion de la chaleur du climat. L'Egypte produit des betteraves riches ; l'industrie du sucre est une sorte de monopole du gouvernement khédival ; Fives-Lille a organisé le matériel ; les actions, en 1905, étaient cotées 180 francs et rapportaient 10 francs. Cet exemple prouve que le Midi de la France, dans ses bons sols, pourrait devenir un concurrent très sérieux des régions du Nord ; cette fameuse opposition que des politiques ignorants de la vie agricole ne cessent de faire ressortir entre nos provinces et celles de la Champagne, de la Picardie, de l'Artois et des Flandres peut cesser le jour où l'agriculteur languedocien se décidera à une évolution rationnelle, brisant la monoculture viticole au profit de quelques autres plantes, parmi lesquelles la betterave est une des plus rémunératrices.

On a souvent dit que le paysan ou le propriétaire exploitant, producteurs de betteraves, étaient à la merci des sucriers; ceux-ci imposaient les prix qui leur plaisaient; les sucriers eux-mêmes étaient à la discrétion des raffineurs; ces derniers formaient une oligarchie capitaliste et industrielle souverainement puissante. Il y a dans cette opinion du vrai et du faux; les raffineurs sont au nombre de dix à douze pour la France entière; ce sont les Say, les Lebaudy, les Jaluzot et quelques sociétés anonymes; ils forment un syndicat très jaloux de son indépendance et capable de ruiner méthodiquement des concurrents qui voudraient se soustraire à son action, mais les cours des sucres sont loin de dépendre entièrement des raffineurs : ces cours relèvent bien davantage du marché international et de la législation fiscale propre à chaque Etat et qui régit à l'égard de chaque nation le régime des sucres indigènes et celui des sucres étrangers.

En France, la situation de l'industrie betteravière offrait plus d'un point d'analogie avec la culture de la vigne. Industrie récente constituée dans les provinces du Nord et de l'Est par des avances considérables faites au sol en capitaux, soutenue par des procédés coûteux de culture intensive, elle était considérée par les agriculteurs comme constituant la meilleure utilisation de leurs terres. La production dépassa rapidement la consommation de bouche; il fallait ou la restreindre ou lui donner de nouveaux débouchés; la restreindre, le Nord ne consentait pas plus à s'y résigner que le Midi ne le faisait pour la vigne; créer de nouveaux débouchés, c'était chose impossible par l'exportation, car l'Europe entière du Nord et du Centre la cultivait à moins de frais que ne le faisait la France, tout comme l'Europe du Sud et l'Afrique méditerranéenne s'orientaient pour la vigne. Le Nord comprit que la consommation ne s'augmenterait qu'à l'intérieur; la consommation de bouche se dévelepperait par la diminution des droits; c'était un débouché; on pouvait, en s'ingéniant, en créer d'autres; on en prévit trois : le sucrage des vins, l'alimentation du bétail, la fabrication de la bière; aussi, dès que la situation mondiale se fut transformée par la convention de Bruxelles, les sucriers poursuivirent l'extension de la consommation intérieure dont le sucrage des vins est un des éléments les plus importants.

V.

Situation économique française et mondiale de l'industrie betteravière.

La situation des producteurs de betteraves est par conséquent une *situation artificielle*, dépendant surtout des conceptions économiques et financières des Parlements concernant le régime financier intérieur et le régime douanier extérieur. Le sucre, comme l'alcool, paie les besoins plus ou moins urgents du Trésor de chaque nation. Jusqu'à ces dernières années, le sucre supportait en France des droits intérieurs très élevés, qui se montaient à 64 francs par 100 kilogrammes et qui représentaient environ deux fois sa valeur intrinsèque. Comme dans d'autres pays, tel que l'Angleterre, le sucre n'était pas frappé de droits aussi élevés, il en résultait que bien des produits sucrés, tels que les confitures, avaient profit à être fabriqués à l'étranger avec des sucres français et à revenir ensuite se faire consommer en France. La situation financière du sucre en France se présentait donc sous la forme suivante : consommation intérieure, frappée de taxes très élevées, exportation favorisée par des primes, protection par des droits de douane grevant fortement les produits sucrés étrangers.

Les droits intérieurs produisaient une recette importante. L'exportation était favorisée par un système de primes permettant aux raffineurs de vendre à l'étranger, et notamment en Angleterre, le sucre français dans des conditions susceptibles de lutter avec les offres de l'étranger. Le Trésor payait ces primes au moyen d'une partie des fonds provenant des taxes perçues sur la consommation intérieure. Pour empêcher le sucre étranger de venir lutter contre le sucre indigène, on établit des droits douaniers protecteurs très élevés sur le sucre même et sur tous les produits sucrés à leur introduction en France. Il fallait en même temps tenir compte des justes revendications des colonies françaises et combiner un système fiscal d'entente entre notre sucre continental de betterave et notre sucre colonial de canne, et frapper les sucres de canne provenant des régions tropicales ne faisant pas partie des colonies françaises.

Ce système artificiel de la culture de la betterave pesait sur d'autres États européens aussi bien que sur la France; le temps semblait donc venu de le modifier complètement par une entente internationale; cette entente eut pour expression la convention de Bruxelles, signée en 1902, qui provoqua la réorganisation intégrale de notre législation intérieure.

VI.

Législation actuelle du régime des sucres.

En France, la convention eut pour effet de provoquer un remaniement complet; il fut traduit par la loi du 28 janvier 1903 relative au régime des sucres :

« Article premier. — A partir du 1er septembre 1903, les droits sur les sucres de toute origine livrés à la consommation sont ramenés aux taux ci-après fixés, décimes compris :

« Sucres bruts et raffinés, 25 francs par 100 kilogrammes de sucre raffiné.

« Sucre candi, 26 fr. 75 c. par 100 kilogrammes de poids effectif.

« A partir de la même date, le droit de fabrication de 1 franc par 100 kilogrammes institué par l'article 4 de la loi du

7 avril 1897 est supprimé; le droit de raffinage établi par ledit article est ramené de 4 francs à 2 francs. »

La loi supprimait le système des primes; elle établissait un droit de douane suffisant pour défendre le sucre indigène contre le sucre étranger; le marché français fut entièrement acquis à la betterave française, mais le marché étranger et l'Angleterre spécialement lui fut fermé, non en droit mais en fait, parce que le sucre coûte plus à produire en France qu'en Allemagne ou en Belgique et que les sucres de canne purent le rivaliser même; il fallait à tout prix trouver un débouché en France à notre industrie betteravière nationale, sans quoi elle aurait subi une crise profonde. Ce fut un moment critique pour l'agriculture française : il fallut choisir entre la betterave et la vigne. Le Midi ne se douta que vaguement de ce qui se tramait; nos députés, eux du moins, n'y comprirent rien. Une entente tacite, que l'on peut nier mais qui est confirmée par toutes les mesures législatives et fiscales postérieures, intervint alors entre les betteraviers et le gouvernement, aux termes de laquelle le gouvernement autoriserait en fait la production indéfinie des vins de sucre; ainsi l'industrie viticole deviendrait pour le Nord le débouché destiné à absorber la consommation naguère faite par le marché anglais.

A peine remise par les années déficitaires de 1902 et 1903 d'une mévente due à une surproduction naturelle, la viticulture est frappée par la concurrence permanente de vins artificiellement fabriqués á vil prix au moyen du sucre.

VII.

Ligne de conduite que devaient tenir les représentants du Midi dans la discussion du régime des sucres.

La convention de Bruxelles entraînait logiquement une modification de la législation sucrière intérieure de chaque Etat participant.

Mais en créant un régime entièrement nouveau pour les sucres, rien n'empêchait la Chambre de faire que ce régime ne demeurât étranger à la viticulture.

L'abaissement des droits sur le sucre, joint à l'abaissement de son prix de revient, permettait de lui assurer un débouché considérable sous forme d'alimentation directe; la chimie physiologique et la médecine prouvaient que le sucre était, sous un petit volume, un excellent réparateur de forces, un élément d'énergie et d'activité, de travail et de chaleur, en un mot un aliment de première nécessité, tel que le pain ou la viande. On comprend dès lors que l'abaissement du prix du sucre soit une réforme exigée non pas seulement par les intérêts démocratiques, terme que l'on emploie pour flatter les passions de certaines réunions électorales, mais par un intérêt humain; le sucre trouvait dans son emploi sous sa forme même de sucre un vaste débouché par un emploi hygiénique.

En le mêlant à la viticulture on était certain de deux perturbations : l'une concernant le régime des vins, la seconde le régime des alcools. La première consistait à compliquer la production naturelle par une production artificielle : la production artificielle se diviserait en production légale, sucrage accompli avec les formalités et dans les limites autorisées, et production illégale, sucrage accompli en dehors et au-delà de ces prescriptions; la production illégale sera d'autant plus dangereuse qu'elle serait défendue par des lois tellement sévères qu'on renoncerait en fait à les appliquer. La seconde perturbation consistait à donner au sucre toute facilité pour être transformé en alcool par la distillation des vins de sucre; il abaisserait encore le prix des alcools de fruits.

En face du sucrage, l'attitude de la viticulture était tout indiquée, non seulement par les circonstances économiques, mais par l'esprit même de la législation la plus récente; cette législation était d'un caractère nettement répressif; la loi du 6 avril 1897 avait interdit la fabrication des vins de sucre en vue de la vente; la loi du 14 août 1899, dite loi Griffe, portait dans son article premier : « Nul ne pourra expédier, vendre ou mettre en vente sous la dénomination de vins un produit autre que celui de la fermentation des raisins frais. » L'esprit de ces lois avait encore été précisé par les prohibitions d'introduire dans le vin même des matières inoffensives et propres à le conserver, tels que le plâtrage ou des matières colorantes quelconques. L'article 2 de la loi du 11 juillet 1891 dispose que « constitue la falsification de denrées alimentaires prévue et réprimée par la loi du 27 mars 1851, toute addition au vin :

« De matières colorantes quelconques ;

« De produits tels que les acides sulfurique, nitrique, chlorhydrique, salicylique, borique ou autres analogues ;

« De chlorure de sodium (sel marin), au-dessus de 1 gramme par litre.

« Art. 3. — Il est défendu de mettre en vente, de vendre ou de livrer des vins *plâtrés* contenant plus de 2 grammes de sulfate de potasse ou de soude par litre. »

Nous avons vu, en traitant du vinage, que l'addition d'alcool de vin au vin était prohibée, et cependant, remarquons encore une fois que si une matière devait être tolérée dans du vin, c'était bien de l'alcool de vin, qui possède la même origine, la même composition, les mêmes qualités, améliorées par la distillation qui a detruit l'eau inutile et les ferments nuisibles au profit des éléments constitutifs des raisins ; l'alcool naturel s'incorpore au vin de façon à ce qu'il ne fasse qu'un avec lui. Le législateur a cependant défendu de les mêler.

La discussion de la loi relative au régime des sucres était donc une occasion excellente pour affirmer que le vin est et demeure le produit de la fermentation des raisins secs.

Nul corps étranger ne doit y être mêlé ; le sucre est un corps étranger.

Il fallait donc non seulement s'opposer à toute extension du sucrage, mais demander son interdiction absolue. Il fallait réclamer l'alcoolisation des vins faibles par l'alcool de vin. La prohibition du sucrage, objectera-t-on, n'aurait pas eu de sanction, puisqu'il est scientifiquement impossible de déterminer si un vin est sucré lorsque le sucre se trouve au-dessous d'une proportion déterminée, qui est assez forte. La même objection s'applique au vinage et au mouillage, qui cependant sont prohibés ; il eût donc été tout aussi logique de frapper le sucrage.

Les régions de la France qui ont absolument besoin de sucrer auraient été amenées à abandonner la culture de la vigne ; c'eût été une crise toute passagère, suivie d'un bien-être général, partagé même par les anciens vignerons, qui auraient remplacé la vigne par une culture plus en rapport avec leur climat.

Pour les contrées où la fermentation se produit par les seuls ferments de la vendange, mais où elle n'est pas suffisante pour donner au vin une force alcoolique susceptible d'en faire un breuvage agréable et de bonne conservation, il eût fallu instituer un système de vinage au moyen duquel chaque récoltant eût pu remonter, avec les alcools qu'il avait distillés, sa propre récolte, ou lui donner la faculté de la remonter avec des alcools de vin achetés, mais voyageant sous la surveillance et le contrôle de la régie ; celle-ci aurait eu à créer des titres de mouvements s'opposant à la substitution en cours de route d'alcool d'industrie aux alcools de vin.

Prohiber le sucrage et rétablir le vinage était la condition que les députés et sénateurs du Midi devaient mettre à leur vote approuvant la loi sur les sucres du 28 janvier 1903 ; ils ne le firent pas, par incompétence, par défaut d'union et par peur.

Par incompétence, car ils ne se doutèrent en aucune façon des effets économiques de la loi, dont l'application les stupéfia ; par manque d'union, parce qu'ils ne surent pas faire comprendre aux représentants de certaines régions, telles que la Champagne, la Bourgogne, les Hauts-Plateaux de la Loire, que le vinage pourrait leur remplacer le sucrage et que la concurrence des vins de sucre fabriqués sur les lieux de consommation serait bien plus redoutable pour ces régions froides que la concurrence des vins naturels du Midi; par peur, parce qu'ils n'osèrent priver de leurs voix, sur une question économique, un gouvernement qui avait toute leur sympathie sur le terrain de la politique générale, qui leur accordait toutes les faveurs particulières qu'ils lui demandaient pour eux et pour leurs électeurs, et qui assurait leur réélection.

VIII.

Divers systèmes préconisés pour défendre la viticulture contre l'industrie betteravière et sucrière.

Surpris par des débats parlementaires auxquels ils ne semblaient pas entièrement préparés, les hommes politiques du Midi s'agitèrent, mais ne surent pas faire insérer dans des textes de loi les mesures que le projet du gouvernement et que le vote de la loi en première lecture par la Chambre devait provoquer. Cependant, les avertissements ne manquèrent ni à nos députés ni à nos sénateurs; ils furent formulés en termes très nets par les vieilles Sociétés d'agriculture de l'Hérault, de l'Aude, du Gard, du Vaucluse et par les divers Congrès des Associations agricoles soit du Sud-Est, soit du Sud-Ouest, soit du Midi tout entier, tenus à Montpellier, à Carcassonne, à Nîmes, à Avignon, à Toulouse. Les projets rédigés pour modifier la loi de 1903 peuvent se ramener à un certain nombre de types : 1° interdiction absolue du sucrage des vins mis en vente; 2° maintien intégral des droits actuels sur les sucres destinés aux vendanges, en laissant les sucres de consommation bénéficier, sous formes de détaxes, de l'abaissement total fixé par la Chambre à 25 francs; 3° abaissement des droits jusqu'à 40 francs par 100 kilogrammes de sucre de toute destination; 4° création d'un droit différentiel ou d'une surtaxe frappant exclusivement les sucres destinés à la vinification; par exemple, le sucre serait frappé d'une taxe de 10, 15 ou 20 francs, qui porterait sa taxe générale entre 35 et 45 francs.

Du moment que la viticulture admettait l'addition du sucre à la vendange, elle entrait dans une voie de demi-mesures et de protestations vaines qui se heurteraient contre des faits impossibles à réprimer et qui aboutiraient finalement, malgré tout l'appareil extérieur des défenses et tout le simulacre des lois répressives, à remplacer les éléments du vin par ceux du sucre toutes les fois que ces derniers seraient meilleur marché. Le Congrès de Toulouse précisa chacune des quatre solutions que nous avons indiquées. L'opinion la plus logique fut l'interdiction absolue du sucrage pour les vins mis en vente; cette opinion fut soutenue par M. le Dr de Lapeyrouse : le vin est le produit de la fermentation des raisins frais, il doit rester tel; l'introduction de sucre étranger deviendrait un délit pénal et serait puni par des peines personnelles en dehors des peines fiscales. Ce système a un mérite indiscutable, la simplicité; il fait suite à la législation existante, aux lois Brousse, Griffe et autres, qui interdisent l'addition au vin de toute matière étrangère. Dès lors, la question sucrière devient indépendante de la question viticole; l'antagonisme existant entre les intérêts spéciaux des viticulteurs et les intérêts généraux des consommateurs de sucre n'a plus de raison d'être. L'abaissement des droits à 25 francs devient bien une détaxe démocratique, permettant une plus large consommation du sucre naturel par les classes pauvres, et non l'achat à bon compte par des spéculateurs d'un produit destiné à être employé contrairement aux lois.

Par l'interdiction de la mise en vente des vins de sucre, les viticulteurs demeurent étrangers en tant que producteurs aux effets de l'abaissement des droits sur le sucre, et ils profitent, au contraire, de cet abaissement en qualité de consommateurs de sucre; ils s'associent à l'évolution économique, dont le terme est la réalisation de la vie au meilleur marché possible, et dont ils ont déjà bénéficié par la diminution des droits sur les boissons hygiéniques. La séparation complète des sucres et des vins par l'interdiction du sucrage éloignerait la régie de nos caves, puisqu'elle lui enlèverait toute occasion de venir vérifier des déclarations, assister à la dénaturation du sucre et à la mise en œuvre de ce produit. L'interdiction absolue du sucrage entraînerait-elle la suppression de l'emploi du sucre pour la composition des boissons familiales ? C'est une question secondaire qui ne saurait entraîner le rejet du principe. Cette question de la consommation familiale est agitée chaque fois qu'une loi économique est en discussion, et elle permet généralement à ses adversaires d'obtenir le moyen de la tourner plus ou moins complètement, non pas au profit des familles, mais bien de fraudeurs dont le texte législatif gêne les affaires. Il est à remarquer qu'étant donné le très faible prix de revient du vin naturel et la complication très grande des boissons artificielles, l'écart est si faible que bien peu de familles trouvent un bénéfice véritable à y recourir; d'autant plus que ces vins artificiels, fabriqués en petites quantités et sans l'habileté professionnelle, sont généralement très mauvais, ne donnent aucune force et aucun soutien dans le travail.

M. Poubelle, président de la Société centrale de l'agriculture de l'Aude, émit la formule suivante : Le sucre destiné à la vinification demeurerait soumis aux droits antérieurs, et le sucre destiné à tout emploi autre que la vinification au régime nouveau. Subsidiairement, le vinage par l'alcool de vin serait accordé en franchise dans les proportions fixées pour le vinage indirect par le sucre. Les sucres destinés aux vendanges demeureraient soumis aux taxes de 60 à 64 francs, les frappant suivant leur catégorie; les sucres de consommation bénéficieraient de l'abaissement intégral à 25 francs. L'emploi de ces derniers sucres pour la vinification constituerait une fraude fiscale et la régie serait intéressée à la réprimer pour sauvegarder les recettes du Trésor. Les vins pourraient être relevés de 3 degrés d'alcool de vin en première cuvée, dans la proportion admise par le relèvement de leur teneur alcoolique par le sucre.

M. le Dr Cot, ancien député de Béziers, proposa d'établir *un droit général de 40 francs sur tous les sucres*. Cette mesure lui semble seule efficace, car le sucrage ne dépendrait plus de la surveillance plus au moins active de la régie, ni de sa complaisance variable en raison des opinions politiques des propriétaires, surtout au cours des périodes électorales. Ce droit général de 40 francs assure l'équilibre du budget, attendu que l'impôt intérieur, défalcation faite du payement des primes à l'exportation, donnait en moyenne 40 francs par 100 kilos, qui représentaient le gain net pour le Trésor. Ainsi, il n'existerait aucun motif d'aggraver la situation des bouilleurs de cru pour compenser le déficit créé par l'abaissement du sucre.

Enfin, on a proposé *des surtaxes* variant depuis 10 francs par 100 kilogrammes de sucre jusqu'à 25, surtaxes qui s'ajouteraient au droit général et seraient spéciales aux sucres destinés à la vinification. On relèverait le prix du vin artificiel par rapport au vin naturel et on atténuerait ainsi les bénéfices de cette concurrence.

Ces divers projets ont été et sont encore repris, sous des formes aussi variables que l'imagination personnelle de chaque orateur, dans les Syndicats, dans les Sociétés d'agriculture et dans les Congrès. Il est à remarquer que plus le Congrès est nombreux, plus le Congrès est démocratique, plus la formule votée est simple. Le Congrès de Béziers, où les Syndicats ouvriers furent l'objet incessant des flatteries des divers orateurs et imposèrent leurs conceptions dictées d'avance, adopta une formule de six mots : « Plus de vinage, plus de sucrage ».

Ni ces discussions académiques, ni ces manifestations populaires ne modifièrent les lois d'affaires au sujet desquelles les hommes silencieux et pondérés du Nord s'allièrent avec les ministères Valdeck-Rousseau, Combes et Rouvier pour faire triompher une politique économique favorable à la fois et aux débouchés de l'industrie betteravière et sucrière et aux intérêts du Trésor. La concurrence du vin naturel par le vin artificiel est proportionnelle à l'écart entre les prix de revient de ces deux boissons rendues sur les lieux de consommation.

IX.

Prix de revient du vin de sucre d'après les débats parlementaires. — Amendement Cheigne. — Sa discussion.

Avec 1.700 grammes de sucre on obtient un litre d'alcool pur ; 100 kilogrammes de sucre de troisième catégorie, habituellement employée dans la vinification, coûtent à produire en France de 25 à 35 francs. Prenons ce chiffre de 25 francs, qui fut pratiqué en 1903. Ces 100 kilogrammes supportent une taxe de 25 francs, tout juste égale à leur valeur intrinsèque. Ainsi pour 50 francs ils seront rendus dans le chai ; mettons 60, avec les bénéfices des revendeurs, les déchets dus à la défectuosité des procédés et l'impureté relative du sucre ; si cette quantité de sucre est plongée dans du moût sans qu'il soit nécessaire d'acheter ni des matières fermentescibles, ni des acides, ni des colorants, le prix de l'alcool de sucre reviendra entre 85 centimes et 1 franc le degré pour les vins de première cuvée. Il sera de 10 centimes plus cher, soit de 95 centimes à 1 fr. 05 c., pour les vins de deuxième cuvée, par suite de l'introduction d'acide tartrique ou citrique, de tannin et quelquefois de colorant.

Cette évaluation prise du prix commercial des matières s'accorde à peu près avec les instructions données à la Chambre.

Dans une discussion parlementaire, M. Pams, député des Pyrénées-Orientales, présentait l'observation suivante :

« Le projet de loi voté par la Chambre comprend deux articles qui regardent la viticulture :

« L'article 1er qui abaisse le droit à 25 francs par 100 kilogramme de sucre raffiné à partir du 1er septembre 1903.

« L'article 7 qui réglemente l'emploi du sucre.

« Le sucre cristallisé vaut de 22 à 24 francs les 100 kilogrammes; mettons 25 francs en y comprenant tous les frais, achats, transports; nous avons donc :

Achat	25f »
Droits	25 »
Total, les 100 kilogrammes	50f »

A ce compte, le degré d'alcool, à raison de 1.700 grammes par degré, revient à 0 fr. 85 c. Un vin de 7 degrés coûtera rendu $7^{o} \times 0,85 = 5,95$.

« Un vin de 8 degrés coûtera rendu $8^{o} \times 0,85 = 6,80$.

« J'insiste sur ce point : c'est le prix du vin *rendu* sur le lieu même de consommation. »

M. Pams était dans le vrai en signalant ce prix de revient du vin artificiel et en insistant sur ce que ce prix se comprenait d'un vin établi sur les lieux même de sa consommation. Le plus grave danger de la possibilité chimique de fabriquer des vins artificiels consiste précisément à ce que ces vins peuvent se diviser en deux catégories d'après leur origine et leur fabrication. La première est formée de vins fabriqués dans les pays de production, en relevant les vins de première cuvée et en les mouillant, puis en créant des vins de seconde cuvée dans les chais, en remettant trois ou quatre fois en fermentation les marcs; ainsi on fabrique des vins au vignoble qui circulent avec des titres de régie réguliers. La seconde catégorie est formée des liquides fabriqués à l'intérieur des villes, suivant des procédés dont nous étudierons plus loin quelques-uns en détail; signalons immédiatement la fabrication au moyen des vendanges fraîches et des moûts dont la fermentation a été artificiellement retardée, des raisins secs, des mistelles, des lies, ou même de matières étrangères à la vigne tel que des grains, des fruits sucrés secs, du riz, etc.

Le vin artificiel peut donc être fabriqué en tout temps et en tout lieu, à la volonté du fabricant, et par conséquent suivant les demandes du commerce et proportionnellement aux besoins de la consommation. Ainsi la production des vins artificiels annihile l'effet que les intempéries ou toute autre cause de dépérissement ou d'amoindrissement de la récolte exerce sur la production naturelle. Il s'ensuit que le vigneron n'a aucune chance de compenser les faibles prix d'une année d'abondance par les prix plus ou moins élevés d'une année de disette et qu'il n'a aucun intérêt à garder son vin en cave dans l'attente d'un relèvement des prix. La périodicité des années d'abondance alternant avec des années de disette, qui exerçait une influence salutaire décisive sur les cours des vins, est annulée par la production artificielle faite à volonté.

Ces considérations n'empêchèrent point la Chambre ni le Sénat de voter la loi relative au régime des sucres, telle qu'elle leur était présentée par le gouvernement, avec une modification, autour de laquelle le monde viticole s'agite depuis trois ans et qui est intitulée l'amendement Cheignes. M. Cheignes est député de la Gironde. Cet amendement Cheignes est devenu la doctrine même du Gouvernement. Elle est exprimée par l'article 7 de la loi du 28 juillet 1903 et il est la base du régime de vinification artificielle; il est ainsi conçu :

« Quiconque voudra ajouter du sucre à la vendange est tenu d'en faire la déclaration trois jours au moins à l'avance à la recette buraliste des contributions indirectes. La quantité de sucre ajoutée ne pourra être supérieure à 10 kilogrammes par trois hectolitres de vendange (trois hectolitres de vendange sont l'équivalent légal de deux hectolitres de vin; ils représentent à peu près 150 kilogrammes.)

« Quiconque voudra se livrer à la fabrication du vin de sucre pour sa consommation familiale est tenu d'en faire la déclaration dans le même délai. La quantité de sucre employée ne pourra pas être supérieure à 40 kilogrammes par membre de la famille et par domestique attaché à la personne, ni à 40 kilogrammes par 3 hectolitres de vendange récoltée.

« Toute personne qui, en même temps que des vendanges, moûts ou marcs de raisins, désire avoir en sa possession une quantité de sucre supérieure à 50 kilogrammes, est tenue d'en faire préalablement la déclaration et de fournir des justifications d'emploi. »

Le reste de l'article précise les attributions conférées au service des contributions indirectes, prévoit des réglements d'administration publique qui détermineront les conditions d'application de cet article et fixe les contraventions, qui sont punies par les peines édictées par l'article 4 de la loi du 6 avril 1897. Ces peines sont doublées dans le cas de fabrication, de circulation ou de détention de vin de sucre en vue de la vente. S'il y a récidive, les contrevenants encourront, indépendamment de l'amende, une peine d'emprisonnement de 6 jours à 6 mois; les mêmes peines sont applicables aux complices des contrevenants.

La critique de cet amendement fut présentée au cours même des débats par M. Pams, qui s'exprimait ainsi : « Le paragraphe 1er permet l'emploi de 5 kilogrammes de sucre par hectolitre, pour relever de 3 degrés la teneur alcoolique des vins. A ce compte-là certains domaines, tels que la Compagnie des Salins, aurait droit à 5 ou 600.000 kilogrammes. Le département de l'Hérault pourrait, année moyenne, en absorber également 50 millions de kilogrammes, pour relever seulement le degré. Une fois le sucre noyé dans la vendange, sous la surveillance des employés de la régie, où est la garantie contre le mouillage qui pourra se faire ? Avec la même facilité qu'on aura porté un vin de 8 à 11 degrés, on pourra le ramener de 11 à 8 degrés. La récolte se trouvera ainsi augmentée d'un tiers sans aucun risque, puisque, lorsque le vin de sucre est mélangé au vin naturel dans une proportion qui ne dépasse pas 40 %, l'analyse est impuissante à le reconnaître. »

La fabrication des vins artificiels était donc largement autorisée; mais si l'on voulait dépasser les proportions légales ou agir dans ces proportions sans s'astreindre aux déclarations préalables, il était très facile d'éviter de tomber sous le coup de la loi; la preuve en est fournie par la discussion même qui s'engagea à la Chambre entre M. Rouvier, ministre des finances, et plusieurs députés. Parlant de l'obligation imposée à toute personne qui désire avoir une quantité de sucre supérieure à 50 kilogrammes d'en faire préalablement la déclaration et de fournir des justifications d'emploi, M. Rouvier déclarait que l'accumulation des sucres, au moment des vendanges, laisse présumer qu'on veut sucrer le vin ; si le détenteur établit que le sucre est destiné à faire des confitures, il sera dégagé ; mais si, en réalité, le sucre est destiné à être additionné au vin, l'attention de la régie est mise en éveil, et quand les vins sortiront, on les appréciera, on les surveillera, on prélèvera des échantillons, et les tribunaux apprécieront.

M. Rouvier suppose que celui qui voudra frauder sera assez naïf pour se dénoncer en faisant la déclaration préalable ; je crois que M. Rouvier est infiniment trop sceptique pour avoir pris au sérieux sa réponse, mais il avait la certitude que tout vin artificiel produit au Trésor, comme impôt : 17 kilogrammes à 25 francs de droits, soit 4 fr. 25 c. Voici une première somme de 4 fr. 25 c. que l'Etat touche pour sa complicité à fabriquer des vins artificiels et 1 fr. 50 de droit de circulation que payera ce liquide dès sa mise en vente, ce qui donne un bénéfice total de 5 fr. 75 par hectolitre. Le vin artificiel est donc excellent pour équilibrer le budget, en payant des droits plus élevés que ceux dont l'abandon avait été consenti par la loi du 29 décembre 1900 sur le régime des boissons au profit du vin naturel. De plus, la boisson artificielle donnait satisfaction aux betteraviers au préjudice des vignerons, dont la cause devenait bien peu intéressante puisqu'ils avaient confié la défense de leurs intérêts à des politiciens qui votaient constamment avec le ministère. Si les départements du Midi n'eussent pas été ruinés, sept départements du Nord auraient souffert, et, d'un côté ou de l'autre, le gouvernement eût été ennuyé. Les criailleries du Midi, plus violentes que celles du Nord, étaient moins dangereuses. La suite des débats le prouve. M. Augé, député de l'Hérault, présenta quelques observations dont le vague atteste bien l'état d'esprit des députés méridionaux ; il faut lire ces observations à l'*Officiel*, ainsi que les répliques qu'elles soulevèrent; c'est bien le type de la discussion sans précision et sans conclusion.

M. Lauraine s'exprimait ainsi sur l'amendement Cheignes, qui était devenu l'amendement du gouvernement : « Je comprends admirablement que tous les viticulteurs le votent, parce qu'il leur rapporte, en effigie tout au moins, une consolation; il est et demeurera inutile et inoffensif; je tiens à dire que je ne suis pas dupe de la portée de cet amendement; je considère qu'il constitue un texte qui s'ajoutera dans nos codes à d'autres textes, condamnés par destination à rester éternellement sans application. Si les dispositions de la loi de 1900 sur le sucrage des vendanges pouvaient avoir une sanction à cette époque, c'est parce qu'il y avait à ce moment une différence de taxe entre le sucre livré à la consommation ordinaire et le sucre employé dans les vendanges. On comprend à merveille que, dans ces conditions, la déclaration faite par le viticulteur était une garantie, parce qu'elle était obligatoire, fatale, sous peine de privation du bénéfice de la détaxe demandée; mais maintenant que le sucre sera taxé uniformément à 25 francs, je vous demande quel fonds vous faites en toute sincérité sur la déclaration hypothétique du viticulteur, qui aurait l'intention d'atteindre à la fois et le fisc et la santé publique; vous faites œuvre vaine parce que vous n'avez aucune sanction. »

M. Decker-David, visant la déclaration du ministre relative au mouillage, en montrait l'inanité dans les termes suivants : « Vous dites qu'il y a fraude lorsqu'on mélange de l'eau-de-vie et que l'on augmente la teneur en degré au moyen de sucre; vous savez qu'à l'heure actuelle il n'est pas possible d'analyser ces vins mélangés au vin de sucre; vos menaces sont des épouvantails enfantins. »

Ainsi fut jugée la loi par le monde parlementaire, avant même son application. Lorsque le texte en fut connu, elle fut appréciée par les Sociétés d'agriculture des départements intéressés et jugée non plus par des théoriciens, mais par des hommes pratiques ; la réprobation fut à peu près unanime et les faits vinrent prouver qu'elle était en tous points justifiée ; des projets très précis furent présentés, notamment par les Sociétés d'agriculture de l'Hérault et de l'Aude ; nous les exposerons lorsque nous reproduirons les vœux les mieux étudiés de la région méridionale, qui répondent à chacune de ces difficultés et qui forment un tout gagnant à être apprécié dans son ensemble.

X.

Effet de la loi sur l'industrie betteravière.

La production des sucres passa de 371.119 tonnes, pendant l'exercice 1902-1903, à 694.000 tonnes pendant l'exercice 1903-1904, d'après les chiffres d'un journal *la Sucrerie Indigène*, organe des betteraviers, qui ajoutait que « le produit de l'impôt, à raison de 25 francs par 100 kilogrammes, donnerait près de 174 millions de francs ».

« On voit par ces chiffres que la réduction des droits sur les sucres a eu pour effet de doubler la consommation moyenne annuelle. On est fondé à croire d'après cela qu'un nouvel abaissement de la taxe suffirait pour que toute la production française trouvât un débouché dans le pays, et cela sans imposer au Trésor de grands sacrifices. »

En prenant les déclarations de *la Sucrerie Indigène* on constate que l'augmentation de la consommation du sucre a donc doublé par la loi de 1903, puisqu'elle a passé de 371.000 tonnes à 694.000, soit une augmentation de 323.000 tonnes. En admettant que dans cette augmentation la consommation directe se soit élevée de 100.000 tonnes, ce qui est supérieur à la réalité, il reste 223.000 tonnes de sucre dont on ne peut justifier l'emploi et qui ont donc servi à faire du vin. Ces 223.000 tonnes représentent, à raison de 1.800 grammes de sucre par degré d'alcool, 1.238.000 degrés, ayant fourni 15 millions 470.000 hectolitres de vin à 8 degrés.

XI.

Effet de la loi sur la viticulture : 1° au vignoble, c'est-à-dire au lieu de la production; 2° dans les villes, c'est-à-dire sur les lieux de consommation; 3° comparaison des prix de revient du vin de sucre et du vin naturel suivant ces deux lieux de fabrication.

Effet de la loi sur la viticulture. — La récolte de 1903 fut déficitaire à la suite des gelées, qui abîmèrent au mois d'avril les départements producteurs les plus féconds. Pour ma part, je constate que la récolte de Violet passe de 3.000 hectolitres en 1902 à 600 hectolitres en 1903 ; dès le début de la campagne des ventes sur couches se conclurent sur la base de 2 fr. 60 c. le degré ; au moment même de la récolte, en septembre et octobre, les rendements furent encore moindres qu'on ne le supposait, et le commerce maintint pendant un mois environ sur les places de Carcassonne et de Béziers le cours de 3 francs le degré, ce qui correspondait à des cours de 35 à 40 francs pour les vins de la Garonne, de la Loire et du Centre.

Or, dès la mise en pratique du régime des sucres établi par la loi de 1903, on constate ce fait invraisemblable au point de vue économique : la baisse de prix d'un produit au fur et à mesure que ce produit devient plus rare. Une baisse de 10 à 12 francs par hectolitre se produisit de mars à septembre 1904, et les vins vieux de 1903 qui avaient valu au début de 25 à 30 francs ne trouvèrent plus acheteurs qu'entre 15 et 18 francs ; la production naturelle abondante de 1904 trouva un marché encombré de vins artificiels ; elle donna lieu en avril à des offres sur souches qui débutèrent à 1 fr. 50 c. le degré, pour tomber par une progression décroissante constante à 1 fr. 25 c., à 1 fr. 10 c., à 1 franc le degré. Après la récolte, pendant tout l'automne et tout l'hiver 1904-1905, les prix tombèrent de 1 franc à 0 fr. 50 c. le degré ; beaucoup de vins de plaine de 8 à 9 degrés se sont vendus pendant l'été de 1905 entre

3 fr. 50 c. et 5 francs, et de bons vins de 10 degrés purent être acquis entre 5 et 7 francs.

Sucrage à la propriété. — Les obligations de la loi n'ont donc pas été respectées, comme on l'avait très bien prévu à la Chambre et dans nos Associations agricoles; les sucreurs n'ont fait aucune déclaration préalable. Le sucre a été employé, conformément à la loi, à alcooliser des vins de première cuvée, qui sont ensuite mouillés, et il a été un instrument de falsification beaucoup plus efficace que le vinage pratiqué avec des alcools de vin; ensuite il a été employé, contrairement à la loi, par conséquent en fraude, pour fabriquer des vins de cuvées successives obtenues en inondant les marcs d'eau et en provoquant des fermentations indéfinies; ces piquettes ont doublé, triplé, quadruplé les vendanges de quelques récoltants audacieux. Dans les arrondissements du Bas-Languedoc les électeurs influents se faisaient rémunérer de leur action politique en obtenant que les maires, les conseillers généraux, les députés priassent la régie de détourner son attention de leur chai, et quand par hasard cette même régie, devant des faits trop patents, était obligée de verbaliser, l'électeur obligeait l'élu à intervenir et à arrêter les poursuites; nous pourrions citer des noms en surabondance et même indiquer des employés des contributions indirectes qui payèrent de leur déplacement, de leur mise à la retraite anticipée ou de beaucoup de petites vexations, leur zèle à appliquer la loi à ceux qui étaient, de par leurs opinions, au-dessus de la loi; la tolérance du sucrage était la monnaie courante des complaisances électorales; on en usa, et des wagons entiers s'arrêtaient aux petites gares de Colomiers et autres des environs de Béziers.

Mais la loi de 1903 permet un emploi légal du sucre suffisant pour déprécier complétement les cours des vins naturels; si l'on admet, conformément à l'article 7, que le récoltant peut introduire la valeur en sucre de 3 degrés d'alcool par hectolitre pour les vins de première cuvée, on constate qu'en raison de la production moyenne du seul vignoble méditerranéen, qui est facilement de 18 millions d'hectolitres, la loi permet l'introduction légale dans nos cuvées d'une quantité de sucre évaluée par le calcul suivant :

Production moyenne du vignoble méditerranéen	18.000.000 d'hectol.
Par hectolitre, 3 degrés ou 3 fois 1.700 grammes, chaque degré exigeant 1.700 grammes de sucre, 1.700 × 3..	5.100 gr. sucre.
Ce qui donne un total *théorique* de 18.000.000 × 5.100................	91.800.000 kilos.

Pour les vins de deuxième cuvée, la quantité est absolument indéfinie, si l'on se réfère à la proportion de 40 kilos par 3 hectolitres de vendange. On doit la combiner avec le nombre des membres de la famille ou des domestiques attachés à la personne ; mais il a été démontré par les discussions de la Chambre que l'Administration ne tenait pas toujours compte de cet élément de limitation. Ainsi, le sucrage, opéré dans les proportions légales, permet de créer une production artificielle en degrés alcooliques égale au tiers de la récolte naturelle.

Mais le sucrage s'opère sur les lieux de consommation, à l'intérieur des villes, dans des proportions plus considérables que dans les pays vignobles. Ce sucrage est prohibé, et la viticulture a intérêt à donner à l'Etat des lois spéciales propres à en assurer la répression ; les lois existantes sont suffisantes ; si elles ne sont pas appliquées, il est présumable que des lois nouvelles ne le seront pas davantage.

Pour avoir une compréhension exacte de la situation de fait et des propositions destinées à la faire cesser, rappelons brièvement les principaux procédés de la fabrication artificielle.

L'achat de vendanges fraîches et de lies permet de transporter dans des cuves à l'intérieur des villes des matières produisant un grand nombre de fermentations successives et, par conséquent, des vins de première, deuxième, troisième cuvées, etc. ; l'emploi de moûts concentrés et de mistelles, dont la fermentation est retardée par le sulfitage et par l'addition d'alcools, l'emploi des raisins secs, trempés dans une eau tiède, sont des moyens naturels de produire le vin artificiel; l'emploi de grains avariés, de riz et de plusieurs fruits ayant de la richesse saccharine et la faculté de fermenter permet de réaliser des boissons, vendues sous le nom de vin et n'ayant plus rien de commun avec la vigne. L'addition d'alcools d'industrie à ces diverses mixtures achève de leur donner un développement ruineux pour le producteur naturel.

Ces opérations se masquent facilement par des acquits. Les fabricants portent sur leurs livres des entrées majorées, obtenues par une majoration des quantités provenant de l'extérieur, proprieté ou achat au commerce, et qui balancent les sorties, sorties réelles de boisson fabriquée. Il est utile, avant de se livrer à ce commerce, de s'assurer les moyens indirects de rendre la régie complaisante. Quand un négociant retirera d'une cave 300 hectolitres, il fera un acquit de 500, 600 ou 1.000 hectolitres, suivant son audace et sa sécurité; ces acquits portés sur les registres d'entrée lui permettront de faire sortir de son chai 1.000 hectolitres, alors qu'il n'en aura introduit que 300, et ainsi d'écouler 700 hectolitres de vin artificiel. Cette combinaison est poursuivie par la législation au moyen des prescriptions contenues dans diverses lois, notamment dans les lois de décembre 1900 et de juillet 1904. Cette législation, qui paraît excellente quand on la lit, doit bien peu correspondre aux nécessités de la situation actuelle, puisque la fabrication artificielle n'en subit pas le moindre ralentissement.

Pour les particuliers non négociants, la fabrication des vins artificiels est encore plus aisée; ils n'ont pas à tenir compte d'entrée ni de sortie; si un propriétaire récoltant veut fabriquer des vins artificiels dans une maison qu'il a en ville, il peut se délivrer à lui-même des laissez-passer pour des quantités fictives; s'il a obtenu une patente gratuite de négociant, donnée à celui qui vend sa récolte, il doit frauder en se délivrant des acquits-à-caution pour des quantités plus importantes que celles qu'il s'expédie. La situation est encore bien préférable pour tout fraudeur qui s'intitule débitant en vin : il ne doit compte à la régie que du vin qu'il reçoit, mais non du vin qu'il fait sortir de chez lui, puisqu'il est exonéré de l'exercice.

Comparaison des prix de revient des vins de sucre et des vins naturels. — Les prix des vins payés à la propriété par le commerce sont la conséquence logique du prix de revient du vin artificiel sur les lieux mêmes de consommation ; nous avons indiqué les estimations qui ont été présentées du prix de revient des vins artificiels à la Chambre et dans divers rapports ; rappelons un devis estimatif de vin fabriqué à Paris, qui permet d'établir exactement les conditions de sa concurrence avec les vins naturels du Languedoc.

Prix de revient des vins d'eau sucrée, calcul approximatif pour un vin de 8 degrés. — Pour produire un degré d'alcool, il faut, en chiffres ronds, 1.700 grammes de sucre, soit, pour 8 degrés, 13 kil. 600, mettons 14 kilogrammes à cause de l'impureté relative du sucre.

Ces 14 kilogrammes doivent être ajoutés à 92 litres d'eau ; 92 litres d'eau × 8 litres d'alcools produits par le sucre = 100 litres. Pour intervertir le sucre et le rendre fermentescible, il faut y ajouter 1 % de son poids d'acide tartrique, soit 140 grammes par 14 kilogrammes de sucre ; nous trouvons ainsi comme

Dépenses d'achat :

14 kilogrammes de sucre à 57 francs, rendus......	8f »
140 grammes acide tartrique à 3 fr. 50 le kilogramme.	0 50
Matière fermentescible (raisins secs, grains), levure pour bouquet, glycérine........................	0 50
Colorant, tannin et autres produits................	0 50
Total d'achat...............	9f 50
Frais généraux de manutention..................	0 50
Total général du prix des vins d'eau sucrée...	10f »

Ce prix sera légèrement augmenté parce qu'il faut, en général, couper ce vin artificiel par 15 à 18 litres d'un vin naturel très coloré, très alcoolique, ayant beaucoup d'extrait sec, tels que les vins du Roussillon, quelques types d'Espagne ou d'Algérie, qui valent, rendus à Paris, entre 25 et 30 francs, ce qui représente pour 15 litres une dépense de 3 fr. 70 à 4 fr. 35; mais ce mélange n'est fait que pour des vins artificiels que l'on pourrait qualifier de supérieurs.

En regard du prix du vin artificiel, il faut mettre le prix du vin naturel rendu sur le lieu de consommation où le vin artificiel se trouve déjà *franco*. Suivant une appréciation de la Société d'agriculture des Pyrénées-Orientales, un vin naturel est grevé, par hectolitre, des frais suivants :

Droits de circulation........................	1f 50
Transports par chemins de fer.....................	4 50
Charrois de la propriété, entonnage, courtage, creux de route, coulage, déchet......................	1 50
Camionnage à Paris, mise en magasin............	0 75
Ce qui fait déjà..............	8f 25

pour un vin livré immédiatement; mais si ce vin entre dans un magasin ou dans un entrepôt, il subit des frais généraux :

Rémunération du personnel, logement, location de futailles ou amortissement de la futaille, intérêt du capital engagé, bénéfices des intermédiaires...	4 »
Ce qui donne un total de........	12f 25

rien que pour les frais.

Il en résulte donc que les frais du vin naturel sont largement égaux aux seuls frais de fabrication du vin artificiel. Dès lors, que devient la valeur du vin naturel ? En 1900, mon vin avait un prix de revient *net* de 10 fr. 50; pour le vendre à ce prix, il fallait le livrer, à Paris, à 10 fr. 50 + 12 fr. 25 = 22 fr. 75; en 1903-1904, le prix de revient net étant de

42 fr. 55, il fallait le vendre 42 fr. 55 + 12 fr. 25 = 54 fr. 80. Si on voulait couvrir seulement le prix de revient *brut*, qui était de 22 fr. 65, il aurait encore fallu le vendre 22 fr. 65 + 12 fr. 25 = 34 fr. 90. On voit le bénéfice du vin artificiel revendu à 15 francs. Celui-ci payera les droits de 1 fr. 50 au moment de sa vente, tandis que le récoltant a souvent été obligé de les payer au moment de l'envoi. Le vin artificiel échappe quelquefois au droit de consommation, quand il est livré au public par un détaillant affranchi de l'exercice; il est toujours libre de tous droits d'octroi, ce qui augmente très sensiblement son avantage sur le vin naturel à l'intérieur de villes qui ont conservé des droits d'octroi pouvant s'élever en droit simple jusqu'à 2 fr. 25, et en double droit à un chiffre beaucoup plus élevé. Enfin, toute diminution des taxes du sucre, toute diminution de son prix de revient abaissera encore celui du vin artificiel. Supposons l'exonération complète et l'introduction du sucre allemand, qui revient à 20 francs les 100 kilogrammes, le degré d'alcool reviendrait à 34 centimes; c'est l'avenir possible.

Puisque les seuls frais du vin naturel dépassent le prix de revient du vin artificiel, quelle valeur reste-t-il dans cette lutte de concurrence à accorder par l'acheteur au vin pris à la propriété? D'après la rigueur des chiffres, cette valeur se chiffrerait par moins, elle serait négative; s'il n'en est point tout à fait ainsi, c'est qu'il reste malgré tout une nécessité de faire appel au vin naturel pour véhiculer le vin artificiel, et que la fermentation naturelle donne un bouquet, une saveur que la science humaine est impuissante à reconstituer, même lorsqu'elle a décomposé, par des calculs poussés jusqu'aux dernières limites, le corps vivant des vins et qu'elle a créé les matières similaires.

Mais il n'en reste pas moins que la production artificielle devient très rémunératrice lorsque ce vin dépasse de 4 à 5 francs le prix du vin naturel; par exemple, un vin naturel peut se vendre 20 francs, quand un vin artificiel se vendra 15 francs.

On paiera facilement l'écart de 5 francs. Mais si le vin naturel se vend 25 francs, beaucoup de consommateurs reculeront devant un écart de 10 francs et achèteront de l'artificiel; dès lors, la valeur du vin naturel pris à la propriété est égale à l'écart que le consommateur consent entre ces deux boissons.

En 1900-1901, nous avons vu que cet écart, grâce à une production clandestine bien plus difficile qu'avec la loi de 1903, avait amené un effondrement des cours pendant lequel certains vins du Midi se sont vendus jusqu'à 30 sous l'hectolitre. Pendant la campagne 1903-1904 la fabrication artificielle a amené une perte de 50 % sur les prix prévus par le commerce et en vue desquels il s'était approvisionné. Cette année même, en 1905, les prix des vins naturels varient entre 4 et 6 francs, ce qui représente bien l'écart que nous avons signalé.

Un des effets les plus désastreux pour la viticulture de la loi de 1903 fut la perte que le sucrage a causé au commerce et la modification des habitudes commerciales qui en est résulté. Les négociants qui avaient acheté sur la base de 2 fr. 50 et qui revendirent sur la base de 1 fr. 50 perdirent donc les deux cinquièmes des capitaux engagés dans leurs opérations; cette perte modifia les habitudes commerciales. Pour éviter à l'avenir des pertes résultant de ces imprévus, les négociants renoncèrent à faire leurs approvisionnements généraux dans les deux mois qui suivaient les vendanges; ils n'achetèrent plus la totalité des caves des domaines importants; ils se bornèrent à des achats mensuels uniquement déterminés par les demandes de leurs clients; cette nouvelle méthode eut le double inconvénient de laisser le récoltant dans l'incertitude de ses ressources et d'enlever aux cours tout motif de stabilité, puisque les négociants n'avaient plus aucun intérêt à s'opposer à leur baisse pour éviter la dépréciation de stocks qu'ils n'avaient pas acquis.

XII.

Le sucre suivi d'acquits.

Le seul moyen de limiter le sucrage était d'établir un titre de régie qui indiquerait où allait le sucre; ce titre le suivrait depuis sa sortie de la raffinerie jusque chez le consommateur : c'est le moins inefficace des palliatifs.

Une opposition absolue de la part des représentants du Nord fut faite au Parlement contre l'assujettissement du sucre à la régie; le gouvernement était au moins indifférent, pour ne pas dire hostile à cette mesure. Aussi des systèmes nombreux furent préconisés pour concilier les intérêts opposés.

M. le Dr Gauthier, sénateur de l'Aude, est l'auteur d'une proposition de loi ainsi conçue : « Le sucre circulant par quantités supérieures à 25 kilos sera accompagné d'un acquit-à-caution et frappé d'une taxe de 0 fr. 25 c. par 100 kilos, à titre de frais de surveillance. »

M. Cazeaux-Cazalet est également auteur d'une proposition qui fit sensation quelque temps; en voici des extraits :

« Article 1er. Chaque année, *la période du sucrage* des vendanges sera déterminée part un décret... — Art. 2. En dehors de la période déterminée, l'addition de sucre est interdite dans toute boisson autre que les cidres et poirés. — Art. 5. Les récoltants de vins son tenus de faire à la Recette buraliste la déclaration de leur récolte, au plus tard le 30 novembre. — Art. 7. Les marchands de sucre en gros et en détail qui opèrent des ventes par quantités de 50 kilos à un même acheteur devront tenir un registre d'entrées et de sorties des sucres... — Art. 8. Les acheteurs de sucre par quantités de 50 kilos et au-dessus, prises en une ou plusieurs fois, devront demander à la Recette buraliste un carnet à souche d'où ils détacheront les bons. Ces mesures seront exécutoires dans les arrondissements où la vigne est cultivée en vue de la vente du vin. La proposition prévoit l'emploi de produits œnologiques destinés à masquer l'alcoolisation ou le mouillage des vins. »

Cette proposition qui, à la lecture, paraît séduisante, ne résiste pas à un examen approfondi, si l'on lit les critiques qui en ont été faites. Elle est compliquée et elle établit une présomption de sucrage qui entrave la circulation du sucre en inquiétant celui qui achète cette denrée pour la consommer en nature. Le sucreur peut expliquer son achat en lui donnant une autre justification d'emploi. Ces objections peuvent s'élever contre tout assujettissement du sucre.

Il fallait reprendre les mêmes idées sous une autre forme. C'est ce que fit M. Doumergue, député du Gard, en présentant un amendement dont le rejet exaspère, à juste raison, le Midi. Il demandait que les sucres, circulant par quantités supérieures à 50 kilos, fussent soumis à un acquit. Cet acquit permettrait de savoir où allait le sucre, et la régie surveillerait les caves des vignerons qui ont acheté des sucres; après des débats où intervinrent MM. Sarraut, Aldy, Lafferre, l'amendement fut repoussé, et le Parlement décida que seraient seuls suivis d'acquits les sucres achetés par les particuliers, mais que les sucres achetés par des revendeurs, tels que les épiciers, circuleraient librement; quelques compensations étaient offertes aux viticulteurs par une organisation plus efficace de la surveillance de la régie. Ces dispositions furent hâtivement rédigées et forment un texte intitulé : *Loi relative à ta répression de la fraude sur les vins et au régime des spiritueux.* La promulgation en fut retardée parce que le Président du Sénat avait lu et le Sénat avait adopté par inadvertance un texte qui, au lieu d'être le texte adopté par la Chambre, était celui d'amendements rejetés; cette méprise, constatée par les journaux, prouve à elle senle, mieux que toute argumentation, l'attention de nos deux Chambres pour les viticulteurs. Finalement, la loi porte la date du 6 août 1905. En voici le résumé très succinct :

Le sucrage ne pourra s'opérer que pendant une période déterminée de l'année; les syndicats pourront, en s'ingéniant, signaler les fraudes et se porter partie civile.

Voici d'ailleurs quelques extraits du texte officiel de la loi de juillet 1905 : « L'emploi du sucre ne pourra avoir lieu que durant la période des vendanges. Toute personne qui, en même temps que des vins destinés à la vente, désire avoir en sa possession une quantité de sucre supérieure à 50 kilos, est tenue d'en faire préalablement la déclaration et de fournir des justifications d'emploi. Les dispositions de l'article 2 ne sont pas applicables aux détaillants... Tout négociant qui aura été convaincu d'avoir, en violation des dispositions de l'article précédent, livré sans acquit-à-caution du sucre par quantité supérieure à 50 kilos sera assujetti, pendant la campagne en cours et pendant la campagne suivante, aux vérifications de la régie. Les noms des producteurs qui se seront livrés à l'opération du sucrage en première cuvée seront relevés sur un registre spécial à la Recette buraliste; les receveurs buralistes sont tenus de délivrer un papier libre aux personnes qui en font la demande des extraits de leurs registres dans lesquels ces personnes sont nominativement désignées. A partir du 1er janvier 1906, toute personne exerçant dans Paris la vente de vins en gros sera tenu de placer dans les entrepôts publics les boissons destinées à ce commerce; les négociants seront admis à jouir des installations affectées à leur commerce jusqu'à l'expiration des baux en cours et, au plus tard, jusqu'au 1er janvier 1916. Est interdite dans la ville de Paris toute préparation de liquides fermentés autres que les bières. En conséquence, l'introduction des raisins de vendanges dans la ville de Paris est prohibée. »

Un mouvement unanime de protestation accueillit cette loi dans le Midi; les Conseils généranx des Pyrénées-Orientales, Aude, Hérault et autres départements signalèrent leur réprobation en refusant, de donner leur avis sur la durée de la période des vendanges pendant laquelle le vinage était autorisé.

CHAPITRE VI.

RAISINS SECS.

Le régime des raisins secs a fait l'objet d'un rapport présenté, au nom de la Commission des douanes chargée d'examiner le projet de loi portant modification du tarif des fruits secs ou tapés (raisins, figues, dattes), par M. Sarraut, député; en voici des extraits :

« Le projet de loi qui vous est soumis a pour unique objet de soumettre strictement au régime établi pour les fruits secs par la loi du 14 novembre 1894 une catégorie de produits qui, par des moyens frauduleux, ont pu jusqu'à présent éluder l'application de cette loi et causer ainsi, par la concurrence déloyale qu'ils apportent sur notre marché français, un préjudice considérable à notre industrie viticole.

« La loi de 1894 établissait une distinction fiscale entre les fruits secs, suivant qu'ils étaient destinés à la consommation de table ou qu'ils allaient à la distillerie et à la fabrication du vin. Les fruits secs destinés à la consommation de table supportaient les droits établis par la loi de 1892, de 25 francs, tarif général, et de 15 francs, tarif minimum, et les fruits destinés à la distillerie et à la fabrication du vin étaient frappés d'un droit de 40 francs, tarif général, à 25 francs, tarif minimum.

« La rédaction défectueuse de cette loi devait la rendre et l'a rendue à peu près inefficace; la douane ne pouvait vérifier les déclarations des importateurs lorsqu'elle se trouvait en présence de raisins secs susceptibles par leur nature d'un *usage mixte*, pouvant être indifféremment employés pour la consommation de table ou pour la fabricaton du vin; il est, sans doute, des qualités de raisins secs sur la destination réelle desquels aucune hésitation n'est possible. Les raisins du genre Malaga, Smyrne, Denia, dont le prix élevé atteint jusqu'à 100 francs par 100 kilogrammes, écartent toute hypothèse d'emploi pour la vinification; les raisins dits Thyra et Tchesme, de qualité vulgaire, impropres à la consommation de table, de valeur très modeste, 12 à 15 francs les 100 kilogrammes, sont des raisins destinés aux officines des distillateurs ou fabricants de vin. Le raisin de Corinthe est, à raison de son caractère mixte, le principal élément de la fraude. Le raisin de Corinthe, valant, en effet, à la frontière, 27 francs les 100 kilogrammes et ne supportant qu'un droit de 15 francs, est vendu à l'intérieur $27 + 15 = 42$ francs; le Thyra, d'une valeur de 15 francs les 100 kilogrammes, étant passible du droit de 25 francs, est vendu à l'intérieur $15 + 25 = 40$ francs. La différence de ce prix, qui est presque insignifiante, disparaît complètement en raison du rendement en vin du raisin de Corinthe et du Thyra; les 100 kilogrammes de Corinthe donnent 30 litres d'alcool ou 3 hectolitres de vin à 10 degrés; les 100 kilogrammes de Thyra ne donnent que 24 litres d'alcool, soit 3 hectolitres de vin à 8 degrés seulement. En outre, et c'est là un point essentiel, le Thyra, étant considéré comme raisin à boisson, est soumis de ce chef au régime intérieur déterminé par la loi du 6 avril 1897, qui frappe les raisins à boisson du droit général de consommation sur l'alcool, à raison de 30 litres d'alcool pour 100 kilogrammes de raisins, en sorte que le Thyra supporte un impôt de $30 \times 2,20 = 66$ francs par 100 kilogrammes, dont le Corinthe est entièrement exempt en sa qualité de raisin d'usage mixte; c'est ce qui explique la fraude énorme et persistante dont les raisins de qualité mixte, tel que le Corinthe, fournissent l'élément à des importateurs peu scrupuleux. Ces importations varient en raison de l'abondance de nos récoltes naturelles, et il semble indispensable que le nouveau tarif n'admette au droit faible que les raisins exclusivement propres à la table; toutes les autres variétés deviendraient passibles du droit élevé; le même régime serait appliqué aux figues et aux dattes. »

Le rapport se termine par le projet de loi ainsi libellé :

« Article 1er. Le numéro 85 du tableau A annexé à la loi du 11 janvier 1892 est modifié comme suit en ce qui concerne les raisins, les figues et les dattes.

« Les raisins secs compris dans cette catégorie sont soumis au régime intérieur déterminé par les lois des 17 juillet 1889, 26 juillet 1890, 11 janvier 1892 et 6 avril 1897.

« L'article 1er de la loi du 6 avril 1897 est ainsi libellé : « La « fabrication industrielle, la circulation et la vente des vins de « raisins secs ou autres vins artificiels, à l'exception des vins de « liqueur et mousseux et des vins de marcs et de sucre régis « par l'article 3, sont exclus du régime fiscal des vins et sou- « mis aux droits et régime de l'alcool pour leur richesse totale « alcoolique acquise ou en puissance. »

Art. 2. — « Les raisins secs à boisson ne pourront circuler qu'en vertu d'acquits-à-caution garantissant le paiement du droit général de consommation à raison de 20 litres d'alcool par 100 kilogrammes, s'ils sont à destination des particuliers pour leur consommation de famille. »

CHAPITRE VII.

LES MISTELLES.

Les mistelles ont fait beaucoup moins parler d'elles que les raisins secs, et cependant elles constituent un moyen de créer des vins artificiels à l'abri des lois en vigueur qui est beaucoup plus efficace et donne des résultats infiniment plus importants.

La mistelle est un moût additionné d'alcool dans une proportion qui retarde sa fermentation normale, ou un moût concentré par évaporation partielle de l'eau des raisins.

Le moût du raisin, c'est-à-dire tout le liquide qui sort du

raisin à la première pression des fouloirs, destinée à en déchirer la peau sans écraser la masse des vendanges, ou bien qui sort d'un pressoir qui a écrasé la vendange fraîche, forme un liquide plus ou moins sucré ; il renferme de l'alcool en puissance proportionnelle à sa richesse en sucre. La science œnologique permet aujourd'hui de retarder très longtemps la fermentation ; en ajoutant à ce moût de l'alcool pur en proportion assez élevée, on obtient un mélange qui forme la mistelle. On peut aussi mettre de l'alcool dans des vendanges fraîches, et ce système permet d'introduire des alcools en laissant au produit son caractère ou de moût ou de vendange ; ce qui lui assure le bénéfice fiscal de la législation sur les vins au lieu de l'exposer à la législation fiscale des alcools, bénéfice qui se traduit en pratique en payant 1 fr. 50 de droit de consommation par hectolitre au lieu de 220 francs pour ce qui concerne l'intérieur, et en profitant des dispositions douanières en ce qui concerne leur importation de pays étrangers. Ces mélanges ont de plus l'avantage de circuler sans attirer l'attention spéciale que doit avoir la régie pour les spiritueux.

J'avoue ne pas connaître bien intimement les procédés employés pour retirer des mistelles tous les avantages frauduleux qu'ils comportent. Nous savons que dans les pays chauds, tel que l'Algérie, les négociants désirent obtenir des récoltants la disposition de leur chai au moment des vendanges pour former des mistelles en versant de l'alcool dans ces moûts à haute teneur sucrée. Ceci fait, ils enlèvent ces mistelles comme vin, les mènent dans leurs chais à l'intérieur des villes, les dédoublent, les font fermenter et obtiennent ainsi par ce liquide concentré beaucoup d'hectolitres de vin normal.

Cette spéculation était surtout pratiquée au moyen des mistelles étrangères, qui sont composées des moûts très alcooliques des raisins de Sicile, de Calabre, de Grèce, de Turquie, d'Asie-Mineure. Ces vins entraient en France comme vins et servaient à véhiculer des alcools de toute provenance, principalement des alcools de l'Allemagne et du Nord de l'Europe, dont le bas prix de revient permettait des frais de transport d'ailleurs assez peu élevés, grâce à la modicité des frets de la marine commerciale; ces alcools, protégés par l'aspect du moût, évitaient non seulement les prohibitions douanières, mais encore tout notre système fiscal intérieur; souvent ces mistelles n'étaient point dédoublées en vue de produire des vins, mais après fermentation elles étaient distillées et produisaient des spiritueux.

Citte situation s'aggravait chaque jour; aussi le Parlement adopta une loi présentée par M. Caillaux, ministre des finances, et par M. Millerand, ministre du commerce, qui est connue dans notre législation fiscale sous la dénomination de « loi sur les mistelles du 15 mars 1902 »; en voici le texte très court :

« Article unique. — Les mistelles étrangères acquitteront à leur rentrée en France et en Algérie :

« 1° Le droit sur l'alcool;

« 2° Le droit sur le moût du raisin frais calculé sur le degré aérométrique que posséderait ce produit privé d'alcool.

« Au point de vue du régime intérieur, les mistelles qui n'auront pas été prises en charge à un compte spécial pour la fabrication des vins, des liqueurs, ou des vermouths seront soumises aux droits pleins de l'alcool. »

CHAPITRE VIII.

TITRES DE RÉGIE.

La multiplicité des lois est un signe de la décadence des empires, a dit Montesquieu. Si cet axiome était vrai, les employés des Contributions indirectes devraient songer à changer de carrière, car la fin de la régie serait bien proche. Il n'est pas de matière plus ennuyeuse que la procédure de la régie, et il n'en est pas non plus de plus embrouillée. Les lois, les règlements d'administration, les décrets se succèdent, et plus il y en a, mieux la marchandise file au travers. Notez que beaucoup d'agents de la régie sont, même dans leurs services, des gens très affables, et la majorité est d'une scrupuleuse honnêteté professionnelle. Seulement, on les charge d'appliquer des lois contre le public en général, en les dispensant de le faire contre les individus en particulier.

Les titres de la régie sont actuellement de deux sortes : les congés et les acquits. Les congés sont délivrés quand l'expéditeur paie les droits au comptant ; les acquits suivent les marchandises dont les destinataires jouissent du crédit des droits. Les règlements de la régie sont épars un peu dans toutes les lois depuis la loi du 28 avril 1816. Les plus récentes sont celles du 29 décembre 1900, du 31 mars 1903, du 18 juillet 1904 et du 6 août 1905.

La loi du 29 décembre 1900 dispose par son article 2 que « les vins, cidres, poirés et hydromels continueront à circuler sous acquit lorsqu'ils sont à destination de personnes jouissant du crédit des droits ».

« Ces personnes sont les négociants en gros, les débitants dans les villes de moins de quatre mille habitants et les récoltants, propriétaires exploitants, fermiers et métayers ayant des caves différentes dans le même canton ou dans des communes limitrophes.

« En dehors des cas prévus aux paragraphes précédents, ces vins ne pourront circuler qu'accompagnés d'un congé constatant le payement des droits. »

« Art. 3. — Pour les spiritueux (alcools) - l'obligation de l'acquit-à-caution est étendu à tous les transports à destination des villes d'une population agglomérée de quatre mille habitants et au-dessus et des localités ou il existe des taxes d'octroi sur l'alcool. »

Ces dispositions n'entravèrent point les fraudes ni sur les

vins, ni sur les alcools. La fraude sur les alcools, la plus préjudiciable non seulement au fisc mais à la viticulture, consiste à acheter des alcools industriels, qui sont exonérés de tous droits, et à les mélanger soit aux vins, soit aux mistelles. La loi de finances du 31 mars 1903, modifiant l'article 8 de la loi du 2 août 1892, a eu pour objet d'authentiquer les *alcools* de vins et de fruits et de leur conserver leur réputation, de façon à ce qu'ils conservent un prix de vente plus élevé que les alcools d'industrie. La loi leur devait bien cette protection, puisqu'elle les grevait, d'autre part, de droits qui leur étaient absolument spéciaux.

« Il est délivré par la régie, pour le transport des alcools, des titres de mouvement (acquits au congé) sur papier de deux couleurs différentes : les uns, libellés sur papier rose, sont applicables à la généralité des spiritueux, quelle qu'en soit la provenance; les autres, établis sur papier blanc, s'appliquent exclusivement :

1° Aux eaux-de-vie et alcools naturels provenant uniquement de la distillation des vins, cidres, poirés, marcs, cerises et prunes;

2° Aux rhums et aux tafias naturels;

3° Aux genièvres.

« Ces titres de mouvement indiquent la substance avec laquelle les spiritueux auront été fabriqués; les acquits en couleur comportent un bulletin qui constitue un certificat d'origine.

« Peuvent seuls obtenir la délivrance des expéditions, c'est-à-dire la faculté de recevoir des titres : *a*) les bouilleurs et distillateurs qui produisent exclusivement, sous le contrôle de la régie, les eaux-de-vie et alcools naturels ou genièvres; *b*) les importateurs de rhums et tafias; *c*) les négociants ayant reçu, sous la garantie d'acquits-à-caution, les spiritueux placés dans un local distinct, suivis d'un compte spécial pour leur volume et la quantité d'alcool pur ».

Cette loi règle les mouvements des alcools; quant aux vins,

on chercha à y porter remède par *la loi du 18 juillet 1904, tendant à réprimer les fraudes commerciales sur les vins.* L'article 1er porte que l'acquit-à-caution délivré pour accompagner les chargements de vin de plus de 20 hectolitres sera visé en cours de route.

« Art. 2. — Pour les enlèvements de vin de plus de 20 hectolitres, lorsque la déclaration n'est pas faite par le détenteur actuel des boissons, elle doit être accompagnée d'une attestation de ce dernier confirmant la réalité de l'opération.

« L'auteur de l'attestation reconnue fausse ou inexacte et celui qui en aura fait usage sciemment seront punis des peines prévues à l'article 4 de la loi du 6 août 1897.

« Art. 3. — Est interdite dans la ville de Paris toute préparation de liquide fermenté autres que les bières et les cidres provenant exclusivement de la mise en œuvre de pommes ou poires fraîches. »

La loi du 18 juillet 1904 fut précisée par la circulaire administrative du 19 juillet 1904, laquelle n'est que la reproduction de l'exposé des motifs faits par M. Rouvier, à la Chambre, lors du dépôt de son projet Ces mesures concernent, d'une part, les acquits fictifs, et, d'autre part, l'interdiction de la fabrication dans Paris des liquides fermentés autres que le cidre et la bière.

Acquits fictifs. — La fabrication en grand des vins artificiels ne peut se pratiquer impunément qu'autant que les industriels qui s'y livrent parviennent à masquer leurs opérations au moyen d'acquits fictifs. Déjà la loi du 6 avril 1897 avait édicté certaines prescriptions en vue de mettre obstacle à ces pratiques en frappant des peines spécifiées par la loi du 26 février 1872 *toute déclaration d'enlèvement faite sous un nom supposé* ou sous *le nom d'un tiers sans son consentement,* et *toute déclaration ayant pour but de simuler un enlèvement non effectivement réalisé.* La circulaire reconnaît que ces prescriptions n'avaient pas eu tout l'effet qu'on en attendait, parce que le producteur ignorait souvent l'abus qui avait été fait de son nom, et que, d'autre part, des ententes frauduleuses s'établissaient parfois entre récoltants et industriels. Alors, aux termes de l'article 1er, les règlements concernant les piritueux deviennent applicables aux chargements de vins de plus de 20 hectolitres; leurs titres seront visés en cours de transport; les déclarations d'enlèvement doivent (art. 2) être accompagnées d'une attestation du détenteur actuel, confirmant la réalité de l'opération; par détenteur actuel, il faut entendre la personne qui, au moment même de la déclaration, détient la boisson dans des locaux lui appartenant ou pris en location par elle; le receveur buraliste admettra d'office l'attestation, s'il connaît personnellement l'attestant; sinon, il n'acceptera l'attestation écrite qu'autant que la signature de l'attestant sera légalisée par l'autorité municipale.

Enfin, la réglementation la plus récente est contenue dans la loi du 6 août 1905 intitulée loi relative à la répression de la fraude sur les vins et au régime des spiritueux. Nous en avons signalé, au chapitre du Sucrage, les dispositions relatives à l'addition du sucre à la vendange.

L'article 6 dispose que la délivrance aux bouilleurs de l'acquit blanc portant certificat d'origine sera subordonnée à la justification que les producteurs ne se sont livrés à aucune opération de sucrage en première cuvée. Cette justification sera fournie sous la forme d'attestation délivrée par le service des contributions indirectes. — Article 12 : « Les dispositions du premier paragraphe de l'article 8 de la loi du 16 décembre 1897 sont étendues aux chargements de vins de plus de 10 hectolitres. »

L'article 15, très important, doit retenir l'attention des récoltants; il règle le droit de visite de la régie; les formalités, les désignations des fonctionnaires qui doivent y assister; les procédés à employer sont indiqués avec précision.

CHAPITRE IX.

LES IMPÔTS.

Les impôts aggravent singulièrement la crise viticole, soit sous forme d'impôt foncier qui grève la terre d'une façon disproportionnée à ses ressources, soit sous forme de droit de circulation et de droits d'octroi qui frappent les vins et les spiritueux. Les impôts forment la base de l'intervention effective de la législation dans le domaine économique de la viticulture. En les modifiant, l'Etat possède le pouvoir d'augmenter ou d'alléger les charges de nos exploitations dans des limites qui varient depuis la ruine jusqu'à la prospérité.

Part de l'État. — L'impôt foncier doit, en principe, être égal pour toute la France; mais, en conséquence de cette égalité même, les contribuables ne doivent l'acquitter que dans la mesure de leurs facultés respectives. Par suite de la crise viticole, ces facultés ont été modifiées profondément dans la région méditerranéenne : l'Hérault, l'Aude, les Pyrénées-Orientales, certains arrondissements du Gard, du Vaucluse, des Bouches-du-Rhône et du Var sont devenus des territoires *pauvres*. Ils sont dans la situation d'une terre qui, inscrite il y a un siècle à la première classe du cadastre en raison de sa fécondité, justifierait par son revenu réel présent de son droit d'être portée à la troisième classe. Nos représentants au Parlement auraient dû, depuis les premiers symptômes de la mévente, en 1900, faire modifier la quote-part de leurs départements au moment de la répartition de l'impôt entre l'ensemble des départements français, ainsi qu'ils en ont le droit au moment de la discussion annuelle du budget; si le total des contributions directes ne peut être diminué, il faut obtenir que l'on charge davantage les départements en période ascendante de prospérité, en diminuant la part des régions qui sont en période décroissante.

Part des départements et des communes. — Mais dans l'impôt foncier il existe une part qui dépend presque exclusivement des conseils municipaux et généraux ; ce sont les centimes additionnels. Depuis la mévente, ces centimes additionnels, dans la plupart des communes, augmentent au lieu de diminuer. L'exemple le plus récent et le plus typique est fourni par la municipalité de Narbonne : pour l'exercice 1905, cette ville, où l'on proclame la grève de l'impôt, s'est grevée elle-même d'une augmentation de 10 % de centimes additionnels. Devant cette aggravation facultative, n'est-il pas illogique de demander au Gouvernement de diminuer la part de l'Etat? On serait également mal fondé à prétendre que si les municipalités augmentent les centimes additionnels, c'est que les contribuables sont capables de les acquitter.

Les municipalités qui augmentent ainsi les centimes additionnels sont des assemblées radicales-socialistes qui appliquent les théories économiques de leur parti. Augmenter indéfiniment les contributions directes est une destruction lente et légale de la propriété individuelle. Les contribuables ne s'entendront jamais pour refuser les impôts ; par définition, ils ont des biens sur lesquels repose l'assiette même de leurs contributions ; ils acquitteront ces dernières en abandonnant une part énorme et souvent la totalité de leur revenu et en faisant même l'appoint par l'aliénation d'une part de leur capital. Cette aliénation s'opère par une vente directe ou par un emprunt, ce qui revient au même en regard de la diminution de la fortune. L'année suivante ramène les mêmes commandements du percepteur, une nouvelle aliénation du capital, et ainsi de suite.

Un sursaut dans l'opinion, qui amènerait au pouvoir des

municipalités honnêtes, est seul à redouter. Aussi on use de certains ménagements; les poursuites ne sont jamais dirigées contre les amis politiques, si riches et si nombreux soient-ils; ainsi on crée des catégories de privilégiés et de poursuivis, et ces catégories ont l'avantage de briser toute union de résistance. Pendant les périodes électorales les poursuites sont presque totalement suspendues; on ne s'en fait une arme, mais alors vraiment efficace, que contre des personnalités signalées comme des adversaires irréconciliables. D'ailleurs, dans les congrès, quelques municipalités rouge vif ne craignent pas de suivre les impulsions violentes et passagères de la réunion en demandant l'exonération des contributions ou même en adoptant le principe de la grève de l'impôt. Mais deux mois après, une saisie dûment autorisée prouve au contribuable qu'entre le principe et son application existe l'hypocrisie de tout un parti. En regardant les divers papiers envoyés par le percepteur, chacun pourra reconnaître la vérité de ce que j'avance.

Mais il existe de ces procédés une raison péremptoire. Les centimes additionnels permettent d'organiser des chantiers qui donnent du travail à beaucoup d'ouvriers, ce qui les incite à réélire les socialistes; or, comme les ouvriers sont plus nombreux que les contribuables, l'augmentation des impôts est finalement une bonne manœuvre politique.

La preuve de la réalité des difficultés éprouvées par les contribuables à acquitter leurs impositions est la spontanéité et l'universalité du mouvement de résistance organisé pour le refus du paiement de l'impôt. Aux divers congrès de Béziers et de Montpellier, en 1905, aux réunions des associations, même ouvrières, cette résolution a toujours été adoptée à une majorité voisine de l'unanimité. La preuve de la volonté arrêtée des municipalités gouvernementales et des divers représentants liés au ministère, *des fils à la patte*, selon le terme consacré à Béziers, de rendre vaines ces résolutions, est leur souci constant de donner le change à l'opinion. Ils présentent cette résolution comme une manœuvre antirépublicaine, et ils ne s'opposent pas d'une façon effective, par les moyens que la loi met en leur pouvoir, aux poursuites en recouvrement d'impôts.

Or, la charge de l'impôt foncier actuel est hors de proportion avec les revenus du sol. Chacun peut s'en convaincre en examinant son budget personnel; car, les résultats des exploitations sont les mêmes pour tous les récoltants. Les lois économiques, conséquences elles-mêmes de lois naturelles inéluctables, régissent les ressources de tous les propriétaires.

Un exemple exprimé en chiffres sera plus éloquent que tous les raisonnements. Mon domaine de Violet supporte 1,840 francs d'impôt en 1905. Reportez-vous aux deux tableaux de mon exploitation, pages 52 et 53.

En 1900, la perte, 16,750 francs, a empêché de prélever l'intérêt du capital et a causé une diminution de ce dernier. L'impôt, 1,840 francs, n'est donc pas payé sur le revenu puisqu'il n'existe pas, et cependant, d'après la loi, non seulement il ne devrait être payé que par le revenu, mais il ne devrait en absorber qu'une faible partie. En 1901, l'intérêt est de 13,420 francs, ce qui, en regard de 1,800 francs d'impôts, donne une proportion de 14 %; en 1902, la meilleure année au cours de la crise, la proportion est de 11 %; en 1903, le revenu net est de 1,804 francs et l'impôt de même somme; donc les contributions représentent 100 pour 100 du revenu des terres. Avec quoi la famille peut-elle vivre, et où trouver des ressources pour payer les ouvriers ? Tout refus n'est-il pas légitime ? Quand le budget d'une exploitation est réduit à ce minimum, on ne vit pas sur le revenu brut, mais sur le revenu net.

Charges fiscales du vin. — Le vin supporte des taxes qui, modiques en elles-mêmes, deviennent disproportionnées à sa valeur quand les cours s'effondrent. Un vin acheté 6 francs coûtera, pour entrer à Toulouse, 1 fr. 50 de droit de circulation et 2 fr. 25 de droit d'octroi, soit : 3 fr. 75, ce qui représente 60 % de sa valeur; c'est beaucoup. Il est impossible de déterminer qui supporte les droits, en définitive, si ce sont les producteurs ou les consommateurs, mais leur grand inconvénient réside en ce que ces droits constituent des primes à la fabrication artificielle locale; ils sont une gêne pour le producteur désireux de vendre directement, ils frappent une denrée de première nécessité. Pour ces motifs principaux et pour d'autres, que nous rappelons dans diverses parties de cet ouvrage, des esprits judicieux demandent la *libération du vin;* ils familiarisent les esprits avec ces idées.

Nous ne pouvons donner à cette thèse le développement qu'elle mérite. Remarquons que la liberté du vin serait plus avantageuse au récoltant que sa réglementation fiscale ; cependant, le contrôle de la régie, si défectueux soit-il, entraîne une certaine surveillance de la fraude ; si la régie n'est point intéressée par la perception d'un droit à la surveillance des vins, elle ne veillera plus à l'application de la législation viticole générale. Cette législation serait de fait inexistante ; peut-être serait-ce finalement un bien, mais c'est en tout cas un inconnu gros d'aléa.

Enfin, ces taxes seraient remplacées par d'autres. Quelles seraient-elles ? Assurément, on chercherait à frapper davantage la richesse acquise, terme bien impropre puisqu'elle disparaît. L'équilibre financier d'une nation exige que les ressources d'un budget général soient fournies par les contributions indirectes autant que par les directes. La libération du vin ne sera bonne qu'autant que la suppression des droits n'entraînera pas la rupture de cet équilibre.

QUATRIÈME PARTIE.

Exposé des solutions partielles ou générales de la crise de la mévente qui ont été présentées de 1900 à 1905.

CHAPITRE PREMIER.

MOUVEMENTS DIVERS D'OPINION DANS LE MIDI VITICOLE. — ÉTATISTES ET LIBÉRAUX. — LEURS CONCEPTIONS DIFFÉRENTES.

Nous venons de voir à peu près toute la législation fiscale qui à des titres divers peut influencer la mévente des vins. Les lois générales du 29 décembre 1900 sur le régime des boissons, de mars 1903 sur les bouilleurs de cru, de janvier 1903 sur les sucres, et les lois spéciales, décrets et circulaires rendus pour appliquer leurs principes essentiels, composent à la viticulture méridionale une situation purement factice.

Les vins continuent à se vendre moins cher qu'ils ne coûtent à produire; la misère s'aggrave sans cesse; des mouvements opposés d'opinions se manifestent dans le Midi, et tous ceux qui sont intéressés à la viticulture se groupent en deux camps bien tranchés, alors même qu'aucun d'eux n'ose carrément se définir, et que nous appellerons les Etatistes et les Libéraux. Ils poursuivent la solution de la mévente par des voies opposées.

Les Etalistes voient le salut dans l'intervention de plus en plus directe, de plus en plus permanente des Pouvoirs publics et de l'Etat. Ils croient que le mal vient surtout de la fraude; par fraude ils entendent l'emploi au-delà des limites légales de matières susceptibles de produire des boissons artificielles, ou l'accomplissement de tout acte contraire à la loi. Ils préconisent une série ininterrompue de mesures législatives de plus en plus rigoureuses, pénétrant dans les détails les plus intimes non seulement de la viticulture, mais encore de toutes les industries qui s'y rapportent à un titre quelconque.

Ils ont pour programme de demander sans cesse au Parlement de nouvelles lois à mesure que la continuation de la mévente leur prouve l'inefficacité des textes même les plus récents. Ils légifèrent sans interruption mais sans introduire des dispositions précises et peu nombreuses. Le Parlement ne cesse de retentir de leurs doléances, mais ils se gardent de reconnaître que la législation existante serait suffisante pour arrêter la mise en vente des boissons frelatées, si cette législation était appliquée.

Ils sont partisans des monopoles en général; ils veulent réaliser d'abord le monopole des alcools, et ensuite le monopole des vins; puis celui des sucres, et même celui des pétroles; car toute matière dépendant d'une autre, la création d'un monopole amène fatalement à s'occuper d'organiser le monopole de la matière qui lui fait le plus concurrence. Ils s'efforcent de réaliser ces monopoles au profit de l'Etat par une série de prohibitions : prohibition de la distillation par l'abolition du privilège des bouilleurs; prohibition du vinage; prohibition du mouillage et du sucrage. Ils veulent imposer une série d'obligations : déclaration de la récolte par le producteur sous le contrôle de la régie ; création d'acquits suivant le vin au volume et au degré à travers les divers intermédiaires; organisation des dénonciations, et autres mesures attentatoires à la liberté individuelle.

Les Libéraux, confiants dans le travail et l'intelligence des particuliers et dans les qualités intrinsèques du vin, cherchent le salut dans l'accomplissement sans entrave de l'*effort personnel*, *individuel* ou *collectif*; ils pensent que le vin se fera sa place de lui-même sur le marché de la concurrence mondiale. Ils constatent que la manie de légiférer sans trêve n'amène aucune amélioration économique ; ils en concluent que la législation ne répond point aux besoins réels de la viticulture ou que l'Etat n'a ni l'intention, ni les moyens pratiques de faire appliquer la réglementation existante.

Les libéraux, indépendants par caractère et par raison, poursuivent l'exonération fiscale du vin, denrée de première nécessité qui a autant de droit à circuler que le pain et la viande ; ils tendent vers cet idéal en réclamant l'abolition successive des droits encore existants; ils pensent que l'industrie viticole atteindra son développement normal quand la distillation et le vinage seront libres, quand l'Etat se bornera à exiger que le liquide vendu comme vin ne provienne que de la fermentation des raisins relevée par l'alcool de vin. Ils ne redoutent pas la concurrence des autres boissons hygiéniques et ils admettent pour elles la même liberté que pour le vin; ils souhaitent que le régime français se rapproche du régime américain dans lequel l'Etat se désintéresse du sort financier de tous les produits, pourvu qu'ils ne soient pas nuisibles à la santé, et leur laisse toute liberté de s'imposer au public de par leur seule valeur.

Le parti étatiste est aujourd'hui le parti officiel. C'est à lui qu'incombe la responsabilité de la mévente. Les représentants des départements méridionaux sont presque tous étatistes; le Gouvernement les soutient, car ils lui sont liés par leur politique générale. Pour ces étatistes, les professeurs d'agriculture, les instituteurs, les fonctionnaires, les maires créent les sociétés démocratiques d'agriculture, les syndicats de propriétaires, les syndicats ouvriers, les fédérations. Pour eux, ces associations, que nous étudierons en détail au sujet de la mutualité, rédigent des vœux, demandant des monopoles, de nouvelles réglementations, de nouvelles prohibitions, de nouvelles répressions.

Beaucoup de récoltants qui sont englobés dans ces syndicats et dans ces sociétés démocratiques d'agriculture sont loin de désirer cette omnipotence de l'Etat, mais ils votent, sous la pression plus ou moins publique des professeurs d'agriculture, des instituteurs et des représentants politiques de la doctrine socialiste, des mesures successives dont le but final est de mettre entre les mains de l'Etat d'abord les produits et ensuite le moyen de les produire.

Au contraire, les vieilles Sociétés d'agriculture, les anciens Syndicats agricoles purement professionnels, comprennent que le salut est dans la simplification de la législation existante. Si elle était poursuivie par des agents zélés et nombreux, par un personnel suffisant et intelligent, elle permettrait très bien de ne livrer à la consommation que le vin naturel. En laissant pleine liberté aux récoltants de disposer à leur gré des produits de leur exploitation on arriverait à conjurer la crise générale, car l'intérêt personnel est certainement le meilleur guide et le meilleur instrument de défense.

Il y a un point sur lequel les étatistes et les libéraux peuvent être d'accord, c'est celui de fournir au gouvernement, par des lois complémentaires ou peut-être même par de simples décrets, les moyens pratiques d'appliquer les bonnes lois de principe.

Ainsi, la répression des fraudes réside tout entière dans une réglementation intelligente des titres de régie. Les lois existantes rendent mathématiquement impossible la circulation de toute quantité de vins inférieure ou supérieure à la quantité réelle, à la seule condition que les chiffres portés sur les déclarations soient exacts. L'administration des contributions indirectes a tous les moyens pratiques de vérifier cette exactitude matérielle; elle est donc bien suffisamment armée. Ses pouvoirs sont assez étendus; c'est à elle à recruter un personnel suffisamment nombreux et à exiger de ce personnel la dépense de temps, d'attention, d'énergie et d'intelligence nécessaire pour remplir sa fonction.

Au fond, si cette fonction est trop étendue, c'est que les lois sont mal conçues et mal interprétées. Ces erreurs de principes amènent des impossibilités d'exécution. Les lois sur la distillation exigeraient à elles seules un personnel des plus nombreux; si on voulait empêcher efficacement les vins de sucre, il faudrait d'abord un personnel nombreux et ensuite que le pouvoir lui-même ne l'entrave pas, ce qu'il fait souvent en l'obligeant à arrêter des poursuites. Les étatistes, ne voulant pas reconnaître leurs erreurs de principes, rejettent la responsabilité de la situation actuelle sur l'imperfection de la législation et demandent à la compléter par de nouveaux textes au lieu d'organiser des moyens plus pratiques d'exécution des lois.

D'ailleurs, les députés sont les premiers à entremettre leur influence auprès des fonctionnaires et des ministres eux-mêmes pour demander la suspension, au profit de tel ou tel de leurs amis, des mesures qu'ils ont votées. A quoi bon poursuivre théoriquement la fraude en général quand chaque élu du peuple la couvre en son particulier ?

Sous ces réserves, reprenons l'examen des moyens destinés à restreindre la fraude.

Ils pourraient être complétés par les mesures suivantes : soumission des débitants à l'exercice tant à Paris que dans les autres grandes villes, mesures qui entraîneraient l'abrogation de l'article 5 de la loi du 29 décembre 1900 et qui rétabliraient, au moins pour la province, un régime de surveillance qui a déjà existé.

Cependant les dénonciations des Syndicats ne doivent être admises par l'Administration qu'avec circonspection. Certains syndicats, en 1905, avaient introduit des dénonciations qui furent reconnues erronées et qui aboutirent à des visites domiciliaires rappelant les mesures contre les suspects. J'en connais des exemples concluants.

L'exercice chez les débitants serait efficace s'il était possible. Pour qu'il soit possible, il faut que le débitant justifie aussi bien de ses sorties que de ses entrées et qu'il inscrive sur un registre officiel les quantités qu'il reçoit, ainsi que leur degré. La régie doit jouir du droit de vérifier en tout temps ces registres, par la comparaison des écritures avec les quantités qui sont en magasin, et de prélever les échantillons pour en connaître le degré; quant aux sorties, elles ne sont évidemment qu'à titre de renseignement, car si le débitant pratique du mouillage, il ne sera pas assez naïf pour donner des arguments contre lui à la régie par ses propres écritures. Nous avons vu en étudiant le vinage et le mouillage que la grande multiplication des vins se faisait chez le débitant exonéré; pour Paris, notamment, on a signalé que la consommation réelle s'était élevée à 8 millions d'hectolitres, alors que les entrées n'en constataient que 5 millions; le mouillage avait donc augmenté la consommation de la capitale de 3 millions, c'est-à-dire, en l'espèce, de 3 huitièmes.

Il serait utile de demander l'affichage à la porte des recettes buralistes des déclarations des quantités enlevées de chez les récoltants, et de combiner cette mesure avec le droit pour les syndicats de déposer des plaintes en matière de fraude, plaintes examinées avec la plus grande circonspection, qui seraient destinées à saisir l'action publique et à les porter partie civile contre le délinquant. M. Duport a fait très judicieusement remarquer, à la session générale de la Société des Agriculteurs de France de mars 1905, qu'en l'état actuel de l'opinion, le parquet ne se décidait pas facilement à intenter les poursuites, même quand les présomptions semblaient concluantes, mais qu'il était obligé par ce même courant de l'opinion publique de se décider à agir sous la pression morale des collectivités; donc, les plaintes déposées par un syndicat, et qui seraient soutenues par des preuves réelles, auraient chance de produire un résultat utile. Pour qu'un syndicat puisse agir avec certitude, il lui est utile de surveiller les enlèvements des récoltes de chez les exploitants, c'est pourquoi l'affichage public des déclarations d'enlèvement serait une mesure sage.

Hantés par les dangers de la fraude, les vignerons un peu

simples et très violents de certains syndicats ont imaginé de l'enrayer par une double déclaration : 1° en obligeant tous les récoltants à déclarer la quantité annuelle de leur vendange (c'est la déclaration obligatoire de la récolte à la propriété qui fut un des grands sujets de conflit du Congrès tenu à Béziers, en février 1905, sous la présidence de M. Palazy); 2° en faisant suivre les vins par des titres de régie relatant leur volume et leurs degrés.

Cette seconde obligation visait surtout les négociants. Celle-ci consistait en ce que les vins fussent suivis non plus seulement au volume, mais encore au degré, et en ce que ces titres les accompagnassent de magasin en magasin jusque chez le débitant lui-même, exercé, ainsi que nous l'avons indiqué.

CHAPITRE II.

THÉORIE DE LA DÉCLARATION OBLIGATOIRE DE LA RÉCOLTE PAR LE RÉCOLTANT.

Les partisans de ce système veulent créer une loi ou peut-être un décret, ce qui serait plus dangereux encore, aux termes duquel tous les récoltants seraient astreints à déclarer à la régie la quantité de vin qui aurait été récoltée. Cette déclaration aurait, dans l'esprit de ses promoteurs, pour effet d'empêcher la fabrication des vins de sucre à la propriété, soit par le récoltant lui-même, soit, ce qui est plus fréquent, par un négociant qui opère dans les cuves du propriétaire en rémunérant sa complaisance.

Dans quel délai devrait être faite la déclaration ? Question capitale, car, s'il est trop court, il entravera les opérations du décuvage, qui doivent être terminées avant son expiration ; s'il est trop long, il laissera fabriquer indéfiniment des vins artificiels, en remettant deux ou trois fois de suite les cuvées en fermentation.

Quelle en serait la sanction? Les vins seraient-ils pris en charge ou la régie n'exercerait-elle qu'un droit de statistique, le parquet demeurant seul chargé des poursuites? Ces questions n'ont jamais été encore nettement tranchées ni par les syndicats ouvriers ni par les sociétés agricoles démocratiques, ni par les congrès qui sont partisans de la réforme.

Séduisante *a priori*, la théorie de la déclaration ne résiste pas à un examen sérieux. Le Premier Empire avait établi par la loi du 27 février 1804, qui fut rapportée dès 1809 sur la demande unanime des vignerons français, un régime analogue à celui qu'on projette.

Impossible alors, il serait matériellement irréalisable en 1905, puisque l'on compte environ dix-sept cent mille récoltants, qui deviendraient dix-sept cent mille assujettis, et que le nombre des hectolitres à évaluer, et peut-être même à prendre en charge, varierait entre 50 et 60 millions; il faudrait suivre cette quantité non seulement en consommation taxée, telle qu'elle existe aujourd'hui, mais encore en consommation non taxée; on devrait également tenir compte de toutes les quantités converties à d'autres usages que le vin, par exemple, converties en alcool, en vinaigre ou tombées en déchets.

Si la surveillance n'est point universelle, elle devient arbitraire et accessible aux influences politiques ou financières; incapable de vérifier toutes les déclarations, la régie authentiquera des vins artificiels et ainsi ses titres deviendront le meilleur garant des fraudeurs à la propriété. Elle soumettra à une comptabilité compliquée tous les vignerons; les propriétaires, les récoltants, deviendront négociants au point de vue fiscal, et le plus modeste détenteur d'un jardinet, qui cultive en amateur, pour sa consommation, trois ou quatre cents pieds de vigne, apprendra le chemin du bureau des contributions indirectes, qu'il ignore heureusement aujourd'hui.

La déclaration serait la ruine de la consommation familiale

et non taxée; elle formera une base excellente, pour les socialistes, d'impôt sur le revenu, car ce sera une base facile à constater au point de vue matériel et ne pouvant être estimée qu'arbitrairement quant à sa valeur, ce qui sera la joie des répartiteurs. Aussi, depuis les dernières années de la mévente, le parti au pouvoir fait une campagne acharnée en faveur de la déclaration, excellent moyen de pression et de vindicte électorale. Les propriétaires ont vaillamment défendu, à la Société d'agriculture de l'Aude et dans celles de la Haute-Garonne, de l'Hérault et du Var, la cause du bon sens et de la liberté; ils ont montré que la répression de la fraude n'avait rien à gagner à la déclaration obligatoire de la récolte; que cette mesure, au contraire, favoriserait la production clandestine au vignoble, puisqu'il serait facile à un propriétaire de déclarer une quantité supérieure du quart au tiers à son rendement effectif sans que l'administration ait les moyens matériels en temps et en personnel de la contrôler; il suffirait d'être en bons termes avec la mairie pour jouir d'une parfaite tranquillité en fait.

Les propriétaires ont montré que la répression réelle de la fraude consistait dans la surveillance des titres de régie qui accompagnent le mouvement des vins, notamment dans la punition effective des auteurs d'acquits fictifs. Au Congrès de Béziers, cette thèse a été soutenue éloquemment par MM. Degrully, Despetits, Coste-Floret, Valadier et beaucoup d'anciens députés et hommes politiques, et ils ont été approuvés par l'immense majorité des propriétaires.

Ce qui achève de préciser le but réel cherché par les défenseurs de la déclaration, c'est que son orateur attitré fut un négociant, M. Fabre, et qu'elle n'eut la majorité que grâce au vote des délégués ouvriers. Le commerce se servira des statistiques fournies par les déclarations pour établir à coup plus sûr ses mouvements de hausse et de baisse; de plus, le commerce serait heureux que la régie divisât son personnel entre les opérations des négociants et ceux des propriétaires, car alors il lui serait peut-être plus facile de frauder lui-même sur une plus vaste échelle. Les ouvriers, eux, pouvaient être de bonne foi ; dans le Bas-Languedoc, ils ont vu employer tant et tant de sucre qu'ils se figurent que les récoltants sont tous fraudeurs, effet déplorable mais logique de la loi de 1903 et de l'usage qui en a été fait sur le conseil même des agents de l'Etat. Les ouvriers veulent briser la fraude, cause réelle de la diminution de leurs salaires et de la mauvaise qualité des boissons vendues souvent très cher à leurs camarades des villes ; ils frappent où ils la voient. Ils ont certainement cru rendre service au vin naturel et ils ne comprenaient pas qu'ils faisaient fausse route, car la fabrication artificielle au vignoble représente seulement de la quinzième à la dixième partie de la totalité des vins de sucre fabriqués en France, au moins pendant l'année 1904. Les instigateurs des votes des ouvriers voyaient plus loin ; la déclaration était une nouvelle bataille offerte au capital, bataille dans laquelle l'Etat serait contre le capital du côté des socialistes ; la déclaration serait un acheminement au monopole des vins, car le principe, une fois admis, on substituerait bientôt à la déclaration volontaire la prise en charge avec l'exercice.

CHAPITRE III.

THÉORIE DU MONOPOLE DE L'ALCOOL.

Les députés radicaux-socialistes insèrent presque tous dans leurs professions de foi le monopole de l'alcool. Est-ce une promesse ou est-ce une menace ? C'est plutôt une tactique permettant, d'une part, une application partielle de la théorie collectiviste en général, imposée de gré ou de force, et d'autre part une flatterie à l'adresse de beaucoup de propriétaires, qui croient au soulagement de leur gêne par le mot magique du monopole, avec une ténacité bien explicable par l'affolement de la crise actuelle.

Tout monopole est une expropriation au profit théorique de l'Etat. C'est une part enlevée à l'initiative et à la fortune privée pour augmenter le fonctionnarisme et la propriété sans maître, dite propriété de l'Etat. Le monopole de l'alcool, en retirant de la libre circulation un groupe de produits des plus importants, en enlevant aux producteurs individuels la disposition et la mise en valeur d'une partie de leurs biens pour en accroître les services de l'Etat, entre dans le plan général d'expropriation appelé collectivisme, au même titre que le monopole des mines ou des chemins de fer.

Ce monopole est, à un autre point de vue, une flatterie à l'adresse d'un grand nombre d'électeurs. Beaucoup de propriétaires viticulteurs, qui ne peuvent vendre l'hectolitre d'alcool à 90 degrés, franc de goût, plus de 45 francs, à l'heure actuelle ; beaucoup d'ouvriers qui, en réglant leurs consommations, au café, se rendent compte qu'ils paient leurs petits verres sur la base de 4 à 500 francs l'hectolitre; beaucoup de syndicats, comices, congrès d'honnêtes gens, frappés des ravages de l'alcoolisme, croient à l'efficacité du monopole.

Aucune question n'a eu la bonne fortune d'être traitée par tant de maîtres. Sous la plume académique de M. Alglave, le monopole est devenu une question sociale. Sa réalisation devait se répercuter sur la phtisie et sur la prostitution, sur la criminalité et sur la fortune de l'Etat, dont elle augmentait le budget annuel des recettes de plus d'un milliard. Leroy-Beaulieu, principalement, dans l'*Economiste français*, montrait dans le monopole une atteinte aux principes les plus fondamentaux de la fortune publique et privée, une ruine imminente, une duperie gigantesque; financiers, docteurs, corps savants ne parlent que du monopole des alcools. La question, soutenue et combattue par des arguments de spéculation pure, est demeurée à l'état de dispute de savants, de querelle d'instituts. Comme les faits seuls permettront de la juger, que les faits impliquent l'application positive d'un système, et qu'encore aucun système n'a été mis en pratique, il est impossible de décider lequel a raison entre ces groupes de savants ; mais il est de notre devoir de préciser quels sont les systèmes dont la Chambre de demain peut ordonner par une loi l'application. La question du monopole ne sortira pas des Académies, elle sortira des urnes avec toute la violence de la politique.

Voici donc les principaux projets du monopole de l'alcool :

Dans un premier système, l'Etat aurait simplement le monopole de la vente des alcools; cette vente serait indépendante de toute autre opération. Les propriétaires, les distillateurs particuliers, fabriqueraient de l'alcool à leur guise, seulement ils ne pourraient le vendre qu'à l'Etat. Pourraient-ils en faire une quantité plus grande que celle achetée par l'Etat, à charge de le conserver chez eux ? Question importante en cas de surabondance occasionnelle et qui n'est point résolue. L'Etat le revendrait, soit à un prix dépendant des circonstances, soit à un prix fixe, comme la régie des tabacs nous en offre des exemples; cette question subsidiaire du prix de vente et de revente est susceptible de discussions à l'infini.

Mais la difficulté pour l'Etat d'obtenir des alcools similaires, la similitude des produits étant la condition essentielle de l'uniformité des prix, amène bon gré mal gré les partisans du simple monopole de la vente à exiger la rectification, qui peut seule permettre d'obtenir des produits uniformes. La rectification des alcools est une opération de fabrication : l'Etat n'est plus seulement commerçant, mais, par la force des choses, il devient industriel. Il doit s'outiller pour mettre au point réglementaire la matière brute, c'est-à-dire l'alcool tel qu'il lui est vendu à des titres divers, avec des bouquets différents, par les particuliers.

Devant les frais énormes que coûteront les usines de rectification, beaucoup de partisans logiques du monopole ont été amenés à préconiser le monopole intégral de la fabrication totale, qui serait probablement plus économique. La faculté de fabriquer des alcools serait interdite par la loi sur toute l'étendue du territoire français; l'Etat seul achèterait la matière première sous forme brute.

Voyons les résultats matériels immédiats d'un monopole intégral de l'alcool. D'abord, l'Etat devra verser des indemnités aux distillateurs professionnels, car tout droit exproprié, toute industrie arrêtée dans son essor par un acte arbitraire, oblige l'Etat au payement d'une juste et préalable indemnité.

Cette indemnité immédiate sera énorme. Nous le conjecturons des sommes considérables payées par l'Etat aux fabricants d'allumettes lors de la création relativement récente de ce monopole; chiffres en mains, l'opération fut financièrement mauvaise pour l'Etat. Cette année, on a discuté le monopole des pétroles, industrie destinée à diminuer, et la Chambre, malgré la pression socialiste, a rejeté le principe du monopole à cause des indemnités à payer, hors de proportion avec les bénéfices aléatoires que la vente donnerait au Trésor. Ces indemnités seraient infiniment plus considérables pour l'alcool, car les distilleries industrielles ont des établissements plus nombreux et plus considérables que les fabriques d'allumettes ou les raffineries de pétrole. Les indemnités absorbèrent le bénéfice de la régie des allumettes pendant de nombreux exercices; pour l'alcool, il faudrait un emprunt de centaines de millions; les évaluations sont difficilement contrôlables et donneront lieu à de gigantesques pots-de-vins, que l'on agitait déjà au sujet des pétroles.

Vis-à-vis des agriculteurs fabricants d'alcool (et je dis avec préméditation agriculteurs et non viticulteurs, car les alcools sont produits par beaucoup d'autres fruits que celui de la vigne), vis-à-vis des agriculteurs, le monopole sera une privation, sans compensation pécuniaire, d'un droit naturel, celui de disposer à son gré des produits de sa culture, droit dont l'exercice était rémunérateur; ce droit naturel qui, exercé par des vignerons, s'appelle privilège des bouilleurs de cru, fait vivre des populations entières dans les pays produisant des eaux-de-vie fines, tels le Gers ou les Charentes.

Retirer ce droit, c'est probablement ruiner certaines de ces populations, car le monopole n'entraînera pas obligation pour l'État d'acheter les vins qui formaient ces alcools de luxe. On prévoit la création de récipients qui authentiqueraient les grandes marques. C'est parce que la loi des boissons de décembre 1900, aggravée par la loi de finances de 1903 et par des circulaires administratives, gêne l'exercice de ce droit naturel, que la mévente est si grave ; et c'est parce qu'aucune entrave ne fut apportée à la fabrication des eaux-de-vie pendant les périodes précédentes de surabondance de vins que les prix des vins ne fléchirent pas en proportion de leur quantité et que les années d'abondance devinrent des causes d'enrichissement au lieu de se transformer, comme nous le voyons aujourd'hui, en cause d'appauvrissement. — A mesure que la liberté est entravée, la gêne économique augmente. — Les symptômes actuels amènent à penser que le monopole de l'alcool serait un mal permanent pour les viticulteurs.

L'Etat n'achètera que la quantité de matière première nécessaire à la fabrication de l'alcool ; cette quantité sera déterminée par l'écoulement de l'alcool. Si cette matière est surabondante, l'Etat laissera chez le propriétaire des quantités de vins défectueux qui continueront à avilir les cours. Les disponibilités du Trésor ne seront pas employées à réaliser des achats supérieurs aux besoins de la consommation, sous prétexte que la matière première étant à vil prix, il est sage d'en faire de grosses provisions.

Il est puéril de penser que l'Etat n'achètera pour faire de l'alcool que des vins. Au point de vue hygiénique, il est constant qu'on fait d'excellents alcools avec des prunes, avec tous les fruits sucrés en général, et même avec la betterave et ses déchets. Au point de vue politique, il faut remarquer que le cultivateur de prunes d'Agen, de pommes de Normandie, de betteraves de l'Artois, est électeur comme le viticulteur du Narbonnais; il fera agir ses corps élus sur l'Etat pour avoir sa part des achats; qui sait même si ce ne seront pas les betteraviers, gens d'affaires de premier ordre, sachant mieux que nos députés sur quel ton on parle pour être écouté d'un ministre, qui profiteront le plus du fameux monopole. Au point de vue économique enfin, l'Etat achètera la matière première au plus bas prix possible : si c'est le vin on achètera le vin, mais si c'est la pomme ou le riz, on achètera la pomme ou le riz. L'Académie de médecine dira peut-être que le meilleur alcool est l'alcool de vin; la régie fera grise mine à l'Académie, et ce sera tout.

L'exemple nous en est donné par les procédés en matière de tabac.

Donc, viticulteurs, ne croyez pas que l'Etat vous achètera tous vos vins invendables, il ne prendra que ce qu'il lui faut, tant du vin que de toute autre matière; vous n'aurez plus le droit de le brûler pour votre compte, et s'il casse, il ira à la rivière. Et comme l'Etat sera seul acheteur, il vous imposera la baisse de façon plus indiscutable que le syndicat de négociants le plus uni. Remarquez, en outre, que le vinage est prohibé; vous n'aurez plus aucun alcool pour le faire en fraude, ce qui pouvait être illégal, mais ce qui était certainement un bien.

L'Etat devra s'outiller, et ses installations seront chères, aussi chères que les indemnités qu'il paiera aux distillateurs expropriés. Puis l'Etat fabrique à chers deniers; aucun particulier n'échapperait à la faillite s'il grevait son exploitation de frais généraux et d'un coulage similaires à ceux de l'Etat. En plus, les produits sortis des ateliers de l'Etat sont généralement mauvais, bien inférieurs à ceux que l'industrie privée, stimulée par la concurrence, aurait obtenu de la même matière première et par des manipulations souvent plus simples.

Nous supposons gratuitement, à l'honneur de l'Etat, qu'il ne fabriquera aucun alcool industriel nocif; mais pour les soustraire dès demain à la consommation, il n'a qu'à tenir la main à ce que les alcools de vins ou de fruits soient seuls consommés; la science et la régie ont déjà fait la distinction entre les bons et les mauvais alcools; elle est réalisée en pratique par l'article 8 de la loi de 1872 sur les acquits de couleurs, complétée par les lois récentes que nous avons analysées au chapitre des titres de régie.

CHAPITRE IV.

RECHERCHE DES DÉBOUCHÉS.

I.

La consommation. — Commerce et propriété. — Vente directe par le récoltant. — Foires aux vins et marchés officiels.

Le meilleur débouché est la consommation directe, qui augmente en proportion de l'abaissement du prix de vente du vin. Nous ne croyons pas cependant que cette consommation puisse se développer sans limites. Dans les classes ouvrières, les hommes boivent facilement deux litres par jour, les femmes et les enfants un demi-litre; mais un tiers de la France préfère, même par goût, le cidre ou la bière; dans les cités industrielles, l'alcool, même le plus frelaté, est préféré au vin. Dans les milieux bourgeois le vin est souvent écarté au profit du thé, du café, des eaux minérales et du lait; en qualité de consommation hors de table, le vin n'a de chances d'être agréé que sous des qualificatifs étrangers, vin d'Espagne ou de Sicile; il est incapable de se mesurer avec les absinthes, avec les produits artificiels, tels que les byrrhs, les pernod, les alcools : fine champagne, cognac et la série indéfinie des liqueurs. Si donc la consommation peut atteindre 200 litres par habitant et par an, soit à 2 hectolitres par chaque habitant, ce qui donnerait 2 × 36.000.000 = 72.000.000, ce sera heureux; la viticulture sera satisfaite si elle maintient cet écoulement.

Cette base étant donnée, étudions les débouchés préconisés sous l'influence de la mévente, en distinguant ceux qui se recommandent par leur côté pratique.

Pour assurer un profit réciproque au producteur et au consommateur, on a pensé que le producteur devrait être rapproché du consommateur par l'élimination totale ou partielle des intermédiaires. Cette question est d'une importance capitale, car elle tend à la transformation, sinon à la suppression du commerce des vins, ou plutôt à l'éviction des gens qui vivent de ce commerce; elle amène à apprécier le rôle social du commerce et à rechercher son influence sur la production et sur la consommation. Pour faciliter la mise en rapport des producteurs et des consommateurs, on s'est efforcé de créer des occasions de contact, soit entre individus agissant seuls, soit entre collectivités et individus, soit des collectivités entre elles. Ainsi on a créé des foires au vin; les comités, syndicats et coopératives de vente s'abouchent quelquefois avec des sociétés, institutions, coopérations de consommation; on s'est efforcé d'autre part d'encourager la fabrication de vins mousseux et de vins blancs susceptibles de figurer avec honneur parmi les consommations des cafés; le Parlement a été saisi de demandes tendant à ce que le vin entrât dans l'alimentation réglementaire de l'armée; enfin, la science s'est efforcée de diminuer le volume des vins par la concentration des moûts et des vins.

Étudions quelques-uns de ces débouchés qui, nous devons le reconnaître, ont tous été peu efficaces jusqu'à ce jour; mais quelques-uns pourraient devenir pratiques par une réclame intelligente ou par l'intervention d'un procédé scientifique encore à rendre pratique.

Commerce et propriété. — Quelle doit être l'attitude de la propriété vis-à-vis du commerce? Y a-t-il intérêt pour le producteur et le consommateur à restreindre le nombre des intermédiaires qui existent entre eux ou même à s'en priver?

Il est bien entendu que je ne veux ici léser la réputation de qui que ce soit et que je rends hommage non seulement à l'honnêteté scrupuleuse, mais encore à la délicatesse de nombreux négociants qui, individuellement, souffrent de la mévente autant que les propriétaires et qui cherchent même, par toutes les mesures en leur pouvoir, à aider ces derniers. Ceci compris, voyons la situation.

Les intérêts de la propriété et du commerce sont inconciliables; je le dis sans passion aucune et après mûre réflexion. Le propriétaire a intérêt à vendre cher; le commerce doit s'efforcer d'acheter bon marché : voilà la vérité fondamentale. Maintenant, il peut y avoir des causes secondaires qui amènent des rapprochements temporaires; par exemple, le commerce ayant acheté les 8/10es de la récolte peut désirer provoquer une hausse des prix d'achat à la propriété pour justifier vis-à-vis du consommateur une augmentation des prix de vente, dont profitera le stock alors détenu par le commerce; le commerce et la propriété gagneront dans la proportion de leur stocks respectifs; si le stock du commerce représente les 4/5es du stock total, le commerce bénéficiera de la hausse pour les 4/5es et la propriété pour 1/5e. Le commerce peut redouter un avilissement des prix payés par les consommateurs quand cet avilissement survient après ses achats; l'abondante sortie des raisins, au printemps de 1904, a contribué en partie à la dépréciation des vins achetés en 1903; donc le commerce aurait eu intérêt à maintenir des cours élevés; il ne l'a pas fait; constatons ou son impuissance ou une nouvelle divergence de ses intérêts et de ceux des récoltants. Mais, en général, le bénéfice du commerce réside dans *la différence* entre le prix d'achat et le prix de vente, et non dans l'importance réciproque de ses prix. Un commerçant achètera 100.000 hectolitres à 3 francs et les revendra à 5 francs, il gagnera 200,000 francs avec une mise de fonds de 300,000 francs. Le même négociant achètera 10.000 hectolitres à 30 francs et les revendra 35 francs, il gagnera 50,000 francs avec la même mise de fonds de 300,000 francs. Dans les bas cours il gagne 200,000 francs, dans les hauts cours 50,000 francs avec le même capital. Ajoutons que, dans le premier cas, il existe des chances d'une hausse susceptible de procurer des bénéfices énormes, et, dans le second cas, il y a de grandes possibilités de baisse. comme les exercices 1901-1902 d'une part, 1903-1904 de l'autre en ont été de récents exemples. Devant ces résultats, devons-nous croire à la sincérité des protestations des négociants disant que leurs bénéfices sont liés aux nôtres?

Le commerce des vins bénéficie autant des manipulations sur les marchandises que de l'écart sur les prix; il gagne à viner, mouiller, couper, combiner des introductions d'alcools, de boissons artificielles, autant qu'aux opérations d'achat et de vente. Ces intérêts sont ici encore contraires à ceux de la viticulture. Le commerce, dira-t-on, gagnerait à être honnête; c'est possible, si tout le commerce était honnête simultanément; mais la preuve qu'il gagne à frauder, c'est qu'il fraude. Le commerce honnête saurait écouler normalement la production naturelle, mais il est lié malgré lui à la production artificielle. La seule production artificielle qui soit lucrative est celle qui s'opère sur les lieux de consommation. Elle fait bénéficier le fabricant de l'ensemble des frais divers qui grèvent un hectolitre de vin naturel transporté du chai chez le détaillant urbain, frais évalués pour nos vins rendus à Paris à 10 francs. Si le négociant achète ce vin 8 francs, il lui revient à 18 francs. Le prix de la même quantité de vin de sucre revient entre 12 et 14 francs; le bénéfice du fraudeur sur le négociant honnête ressort entre 6 et 4 francs. Donc, tout négociant est lié : 1° par les opérations de l'ensemble des négociants honnêtes opérant sur les vins naturels, qui forment un trust de fait par une entente formelle ou tacite; 2° par la concurrence des fabricants de boissons artificielles établissant avec les premiers une connivence involontaire mais inéluctable.

Presque toutes les grandes maisons se bornent à un rôle de plus en plus semblable à celui des courtiers : un négociant ne vous achète deux ou trois foudres qu'après avoir fait circuler vos échantillons chez ses propres clients et en avoir obtenu une commande ferme.

C'est une bien grande puissance que le commerce des boissons. M. Ruau, parlant avec l'autorité que comportent, théoriquement au moins, les fonctions de Ministre de l'Agriculture, déclarait, à une séance de la Chambre, en 1905, que le *commerce* des vins employait *quinze cent mille personnes;* c'est beaucoup quinze cent mille intermédiaires, même en y comprenant tout le personnel depuis le négociant jusqu'au camionneur. Il opposait ce chiffre à celui des récoltants qu'il évaluait à dix-sept cent mille. Pour être juste, il faut augmenter le total des récoltants des diverses catégories d'hommes qui participent à la viticulture, les uns en qualité de travailleurs viticoles, les autres comme patrons et ouvriers d'industries annexes. Or, le vin, en passant du producteur au consommateur, doit assurer l'existence de ces quinze cent mille intermédiaires et leur procurer des bénéfices et des salaires; tel est l'état actuel. Est-il modifiable? Oui, mais dans une certaine mesure et par voie de lente évolution, en substituant progressivement l'organisation de la circulation par les producteurs à l'organisation du commerce professionnel. Cette masse d'individus qui ne relèvent que du commerce trouveront à s'employer, les uns dans les nouveaux rouages, les autres en demeurant dans les maisons de commerce subsistantes et les derniers en trouvant des emplois différents qui seront plus utiles à la prospérité générale. Mais la disparition du commerce libre n'est pas souhaitable, surtout s'il était remplacé par les services d'un monopole d'Etat. Le bien général exige simplement que le commerce professionnel puisse être *concurrencé* par les transactions directes entre une partie des producteurs et des consommateurs; par cette concurrence, le commerce aura chance de devenir plus honnête, et la puissance qu'il exerce souverainement en étant le seul détenteur des capitaux destinés à rémunérer la viticulture serait entamée et dès lors perdrait la plus grande partie de son influence.

C'est surtout par les capitaux dont il dispose que le commerce tient la propriété à sa merci ; s'il ne veut pas acheter au-dessus de tel cours donné, le propriétaire n'a aucun moyen de se procurer des ressources ; alors il déplore la monoculture et il cherche à se procurer des facultés par des moyens divers qui font partie des œuvres de mutualité, crédit agricole, coopérative de vente, trust des vins.

Enfin, il existe une raison péremptoire qui empêche le commerce de conserver sa mission sociale d'intermédiaire entre le producteur et le consommateur.

C'est le manque de probité professionnelle. Le commerce non seulement des vins et spiritueux, mais des boissons en général, peut difficilement subsister s'il demeure honnête ; nous faisons abstraction des boissons de luxe, dont la sincérité est au contraire le plus important facteur de réussite. La sophistication des produits devient presque une nécessité par suite d'influences diverses qui peuvent se ramener à trois groupes : la législation fiscale, la concurrence, la chimie industrielle. La législation fiscale, grevant les vins et plus encore les spiritueux des droits disproportionnés à la valeur marchande de ces produits, offre, de par l'importance même des droits, une prime aux boissons qui peuvent être constituées dans des conditions qui permettent de les soustraire aux taxes. La concurrence des négociants entre eux, et du commerce vis-à-vis des récoltants qui essaient de vendre directement, incite à falsifier les boissons dans la lutte à outrance vers le bon marché, car le consommateur se décide par le bon marché plus que par toute autre raison ; enfin les applications de plus en plus habiles et économiques de la chimie forment des produits moins coûteux que les produits naturels et souvent plus appréciés des consommateurs.

Un négociant qui voudrait demeurer un fournisseur de vin exclusivement naturel acheté et vendu avec un bénéfice légitime trouverait difficilement l'équilibre de son budget commercial. Les événements qui se sont passés en 1903-1904 en sont la preuve péremptoire. Par l'application du dégrèvement des sucres, consécutif à la loi de janvier 1903, le commerce des vins naturels s'est vu enlever par le commerce des vins de fabrication de 300 à 400 millions, représentant environ les deux cinquièmes du capital total du commerce des vins. La fraude est une nécessité d'existence avec laquelle tout négociant doit composer, s'il ne veut courir le risque d'être ruiné par la concurrence anonyme de ses collègues.

Depuis l'extension de la viticulture, depuis les gros rendements de 60 millions d'hectolitres en moyenne produits par la France et l'Algérie, intimement liés au point de vue commercial, le commerce n'a plus ni les capitaux, ni les débouchés suffisants, ni même l'outillage indispensable pour faire face au maniement de quantités aussi considérables. Le commerce, heureusement pour lui d'ailleurs, ne s'est pas développé en proportion de la culture de la vigne. Cette situation permettrait donc aux récoltants d'agir en commerçants sans nuire au commerce professionnel et sans se nuire à eux-mêmes si l'on pouvait créer des organes rationnels de vente des vins.

Conditions que doit remplir un récoltant qui se livre à la vente directe. — Les transactions des vins prennent une orientation nouvelle en restreignant petit à petit la part du commerce professionnel et en lui substituant l'action du producteur. Cette action se manifeste soit par l'effort individuel, soit par l'effort collectif. Par l'effort individuel, le producteur cherche à se créer une clientèle bourgeoise et des débits pour la clientèle populaire, avec des entrepôts d'où il fait rayonner ses livraisons. Par l'effort collectif, les producteurs se groupent, et ces groupements prennent des formes diverses de coopératives, de comités, de syndicats, de trusts pour la vente des vins.

Examinons, dans ce chapitre, la situation du producteur agissant seul ; nous spécifierons les institutions collectives de vente dans les chapitres concernant les œuvres de mutualité.

Le récoltant qui essaie d'écouler par lui-même ses vins tente une œuvre souvent décevante et toujours pénible.

Il aura de grandes difficultés à être son propre négociant, soit qu'il organise des débits dans les villes de consommation pour vendre à la clientèle ouvrière litre par litre, soit qu'il se crée une clientèle bourgeoise, c'est-à-dire achetant par fûts, soit qu'il fasse le demi-gros en vendant de première main sa récolte à des revendeurs, à des épiciers, à des détaillants.

Le récoltant manque généralement de quatre éléments indispensables pour être commerçant : *A*, de temps ; *B*, d'expérience commerciale ; *C*, de moyens d'information et d'entregent ; *D*, d'argent. On peut grouper autour de ces quatre points les difficultés que rencontre tout propriétaire à écouler lui-même son vin.

Il manque d'abord *de temps*. Si sa propriété est importante, elle exige une surveillance qui sera souvent plus rémunératrice en étant concentrée sur les détails de son exploitation qu'en étant dispersée sur les multiples sujets de son commerce. Le propriétaire qui veut être son propre commerçant doit s'astreindre à des voyages perpétuels, et ces déplacements seront d'autant moins profitables qu'ils seront accomplis avec moins de goût.

Le propriétaire récoltant manque par définition d'*expérience commerciale*. L'expérience commerciale ne s'apprend point par la seule bonne volonté et par le seul besoin de se créer des ressources.

Le producteur et le consommateur ne se comprennent pas. Le consommateur est généralement ignorant en matière de vin ; il a un goût qui n'est pas du tout celui du récoltant. Celui-ci, par habitude, sait reconnaître dans un vin les qualités qui en font la finesse et la valeur, il est d'ailleurs souvent disposé par un sentiment de fierté bien compréhensible à croire son produit supérieur. Le goût des consommateurs est conventionnel. L'ouvrier aimera un vin très noir avec un arrière-goût d'acidité et, si c'est possible, donnant une impression de chaleur immédiate et au bout de quelques instants ce commencement de griserie qui stimule la force pour le travail musculaire.

Le propriétaire ne saura se faire fabricant de vin. Le commerçant en vin, et particulièrement le petit détaillant, connaît les goûts de sa clientèle ; il crée sans scrupule un liquide coloré soit par des coupages de vins naturels et de vins étrangers, soit par des mixtures de matières végétales ; il lui donnera de l'acidité avec quelques grammes d'un produit chimique quelconque ; il saura lui fournir de la chaleur en y versant tel alcool que l'occasion lui fournira à meilleur marché. Dans le mélange, l'alcool d'industrie remplira d'ailleurs le même effet que l'alcool naturel ; enfin, par le mouillage, ce commerçant ultra-professionnel rentrera dans ses frais. Ces opérations ne sont avantageuses que faites sur les lieux même de consommation ; elles constituent le profit le plus clair du commerce.

En réalité, ce propriétaire renoncera à tous ces petits avantages du commerçant de métier et il se dira que son vin fera prime précisément parce qu'on le saura naturel ; son honnêteté fera sa valeur. En tenant ce raisonnement il sera dans le vrai ; la seule chance qu'il puisse avoir de vendre un peu son vin est de le présenter *nature*, mais qu'il ne s'illusionne pas, le vin naturel n'a pas comme amateur la grosse masse du public et son débouché sera restreint à une clientèle de familles, de restaurants ou d'établissements divers.

Le propriétaire récoltant n'a aucun *moyen d'information* pour connaître la solvabilité de ces acheteurs et le crédit qu'on peut leur ouvrir ; le négociant agit par ces courtiers qui vont offrir la marchandise et par son banquier qui lui donne des renseignements ; le détaillant attire son monde par son bagout et, sans en avoir l'air, sait faire l'article à tout le quartier qu'il connaît sur le bout du doigt; le propriétaire n'aura, ni par habileté professionnelle ni par tempérammment, le moyen de se renseigner sur la valeur de ses clients et il n'aura généralement pas le courage d'aller les ennuyer à domicile pour leur imposer, à force d'obsession, quelques litres de vin. Je sais par mon expérience personnelle que dès que l'on apprend dans une ville qu'un récoltant veut ouvrir boutique, tous les filous, femmes et hommes, se présentent à lui, munis des plus sérieuses références, pour composer son personnel. Il est encore plus volé par ses employés que par ses clients. Il en résultera qu'il aura des difficultés pour se créer les débouchés, et qu'une fois son vin vendu, il se trouvera en présence de gens insolvables ou de mauvaise foi, qui profiteront de son inexpérience et de sa générosité naturelle pour ne pas le payer en le laissant s'embrouiller au besoin dans des poursuites judiciaires.

En quatrième lieu, le *propriétaire manque d'argent;* or, tout commerce de détail exige des frais d'installation au début, achat de futaille, payement de courtage et de personnel. Ces frais ne causent aucune gêne à un négociant qui, habitué à fournir des traites sur ses clients, se forme par son crédit en banque des disponibilités permanentes. Un grand nombre de propriétaires ont été étonnés de voir combien ces charges dépassaient leurs prévisions et étaient disproportionnées avec leurs bénéfices, et ils se trouvent souvent en plus grande perte que s'ils étaient restés chez eux.

Ces inconvénients diminueraient-ils par l'association? Nous étudierons cette question en traitant des œuvres de Mutualité, question qui est loin d'être aussi simple, aussi pratique qu'on pourrait le croire de prime abord et qui, si elle a l'avenir pour elle, possède quelques mécomptes à son actif.

Mais il existe des organes de vente directe qui ont été récemment institués aussi bien à l'usage du récoltant agissant isolément qu'à celui des associations : ce sont les foires et marchés au vin, la fourniture du vin à l'armée et aux administrations publiques; l'organisation de la distillation et de la concentration des vins, faites par des particuliers ou par des coopératives, sont également des débouchés, car elles sont des diminutions de la quantité des vins.

Foires et marchés aux vins. — Les Associations agricoles ont pensé faire œuvre utile en demandant à quelques villes importantes d'organiser des foires et des marchés aux vins; ils se tiendraient dans des locaux publics à des dates fixes. Les céréales, les animaux de toute destination, les produits maraîchers et presque toutes les denrées agricoles se vendent dans des halles aux grains, des foirails, des marchés aux bestiaux et à la volaille; ces marchés publics sont les moyens les plus propres de faciliter les transactions. Cette organisation manque pour les vins : sa création s'impose; les producteurs et les acheteurs auraient occasion de se réunir et pourraient traiter sans en passer par les courtiers dont les offices semblent se transformer en un monopole.

Ce manque de marchés des vins est inexplicable ; il existe des cours officiels dans les Bourses de commerce pour les alcools, les cafés, les sucres, les farines, au comptant et à terme ; chaque jour, le vendeur et l'acheteur voient sur les journaux la valeur des denrées en disponible et à des échéances fixes. Les blés, les seigles, les avoines, les huiles de diverses espèces, les œufs figurent au bulletin quotidien des Bourses de commerce ; le marché de la Villette indique les prix des divers animaux de boucherie : bœufs, vaches, taureaux, veaux, moutons, porcs ; ces cours régularisent le marché de la France continentale et même de nos possessions africaines. Il n'existe rien de pareil pour les vins.

Je suis allé plusieurs fois à Bercy et à l'Entrepôt d'Ivry; je n'ai jamais rencontré un négociant auquel je puisse dire : Je vous vends mon Minervois tel prix, puisque le cours est à ce prix. Je vois dans des revues techniques, notamment dans *le Progrès agricole*, des cotes officielles de la dernière récolte à Paris, à Lyon, à Alger ; ces cours ne correspondent pas avec les prix réels et aucun contrôle officiel n'est fait des transactions.

Il existe des raisons à cet état de choses. Les commerçants en vins se trouvant en face d'un produit de conditions indéfiniment variables, puisque l'alcoolisation, la couleur, le bouquet, l'état sanitaire des vins se combinent et par conséquent varient dans des proportions illimitées, ne veulent point être liés par des prix généraux qui s'appliqueraient à des catégories ne correspondant pas à la réalité. Connaissant les goûts de leur clientèle d'acheteurs, ils chargent des courtiers de leur procurer les vins demandés au plus bas prix possible; le grand courtier agit par une multitude d'intermédiaires qui le renseignent sur la situation de chaque récoltant et lui font des offres dépendant autant des besoins d'argent qu'on lui suppose que de la qualité de sa cave.

Le régime actuel des transactions est tout entier favorable au commerçant et préjudiciable au propriétaire. Aussi les viticulteurs cherchent-ils à organiser un marché officiel. Le Syndicat agricole du Minervois a, dans une de ses réunions plénières, émis un vœu dont les considérants résument assez bien les intentions des viticulteurs du Languedoc :

« Attendu que le marché aux vins de Carcassonne, qui pourrait avoir une grande importance, n'a pas l'ampleur qu'il pourrait avoir si la municipalité carcassonnaise lui consacrait un emplacement spécial, large et indépendant, où propriétaires et négociants pourraient se voir librement et sans témoins gênants ;

« Attendu que dans plusieurs villes du Centre et de l'Est, notamment à Limoges, il y a des foires aux vins qui attirent beaucoup de négociants et de propriétaires qui se rencontrent pour traiter des affaires considérables,

« Le Syndicat agricole du Minervois émet le vœu que la municipalité de Carcassonne soit priée de faire choix d'un emplacement convenable, afin qu'un marché aux vins sérieux puisse s'y tenir, et d'étudier la question de savoir si une foire aux vins tenue fin octobre ou au commencement de novembre à Carcassonne n'offrirait pas des avantages aux propriétaires du Midi qui ont tant de peine à vendre leurs vins. »

La Société d'agriculture appuya les vœux du Syndicat du Minervois et les autres associations du département intervinrent auprès de la municipalité qui institua une foire aux vins. Un très beau local fut aménagé, des placards furent disposés pour recevoir des échantillons. Malheureusement, la politique se mêla de l'affaire; la municipalité fit trop savoir que cette foire était son œuvre, la présentant comme un bienfait dépendant de sa présence au pouvoir. Dès lors, les producteurs en majorité s'abstinrent d'envoyer des échantillons; les commerçants, voyant que le mouvement était manqué, ne se dérangèrent pas. L'idée cependant répond à un besoin réel. Un grand marché périodique dans chaque centre du Midi attirerait les négociants des régions éloignées en leur assurant la possibilité d'examiner un très grand choix d'échantillons provenant directement des caves des producteurs. Ce marché serait le moniteur officiel des cours et le régulateur des prix de toute la région. Il contribuerait à assurer l'écoulement normal de la récolte et à atténuer les écarts en hausse et en baisse, signalés quelquefois malencontreusement par les journaux; ces écarts, dus généralement à l'habileté de quelques courtiers, sont publiés par une entente des négociants locaux, qui exploitent la gêne de certains détenteurs de vins; ce sont des éléments tirés des transactions individuelles, qui deviennent ainsi capables de peser sur les cours d'un marché général, réunissant des produits en quantité presque illimitée.

Pour que les cours représentent la valeur réelle des vins telle qu'elle se déduit de leurs qualités intrinsèques et des rapports généraux entre la production et la consommation, il faut que ce marché réunisse des échantillons très nombreux; leur examen permettra de former une appréciation bien nette de la qualité moyenne des différents crus; l'évaluation de leur quantité sera nécessairement plus approximative.

On pourrait utilement afficher dans ces marchés des statistiques consciencieuses relatant les rendements par cantons ou par communes, les additionner en totaux par région et, si c'était possible, les subdiviser par crus. De ces renseignements, rapprochés des statistiques générales de la récolte et des stocks en France et dans nos colonies, et mis en regard des besoins et des disponibilités des consommateurs, ressortirait la valeur logique des vins. Alors notre marché fonctionnerait dans des conditions normales, analogues à celles des Bourses de commerce qui se tiennent dans les grands centres, tels que Paris, Marseille, Lyon, Le Havre, Roubaix pour les farines, les cafés, les alcools, les laines et généralement pour les matières premières.

Toulouse a organisé un marché aux vins qui se tient un jour de chaque mois à la halle aux grains. Toulon, Auxerre, Dijon ont essayé des marchés périodiques ; le succès n'a pas encore répondu à leurs efforts, car le commerce est encore le seul organe de nos transactions viticoles, et nous avons expliqué qu'il redoutait de changer ses procédés.

II.

Le Vin au soldat.

La distribution du vin aux soldats était une question intéressante au double point de vue de l'amélioration réelle du bien-être des troupes et de l'aide efficace que ce débouché procurerait aux viticulteurs.

Le vin au soldat répond à un besoin réel ; c'est une nécessité du bien-être des troupes. Les hommes le désirent, les officiers le comprennent, et la preuve en est qu'ils lui réservent presque tout l'excédent que laissent les crédits affectés à l'ordinaire ; la majorité des médecins et des hygiénistes le prescrivent.

Le soldat aime le vin ; il lui en faut, comme il en faut à tout ouvrier qui vient d'accomplir un effort physique et qui renouvelle cet effort tous les jours.

Dès que les gradés, et en plus forte proportion les simples soldats, ont quelques sous provenant soit de leur prêt, soit des subsides de la famille, ils courent boire un litre ou un verre à la cantine : le vin est le plus clair bénéfice du cantinier. La cantine le vend très cher et le donne de mauvaise qualité ; son privilège lui permet d'agir ainsi. Les abords des casernes fourmillent de débits de vins : preuve que le vin est recherché, preuve que le prix du vin vendu par le cantinier est une exploitation du soldat.

Dans les régiments, les officiers membres de la commission des vivres économisent sur tous les chapitres des denrées réglementaires et organisent des adjudications ou s'entendent à l'amiable avec des négociants, en dehors de la cantine, pour procurer quelques litres de bon vin naturel aux hommes.

Les médecins militaires estiment que le vin réconforte et permet de soutenir les marches, qu'il est indispensable en manœuvres ; son efficacité est reconnue au point que les troupes des colonies et les corps en expédition ont des crédits ouverts pour le vin. Sa composition en fait un aliment, moins complet que la viande ou que le pain, mais qui est un réparateur des déperditions de l'organisme en même temps qu'un stimulant, tout comme le café qui est réglementaire et comme le cognac, qui fait souvent l'objet de rations d'ordonnance. Son action physiologique est aussi caractérisée que son action physique. Il donne de l'entrain, du courage, de la gaieté, état d'esprit dont il faut tenir compte à l'égal des services nutritifs.

Les bas prix actuels du vin étaient une occasion de tenter son introduction dans les meilleures conditions possibles pour l'Etat. M. Caillaux, ministre des finances en 1901, a opposé un refus, se basant sur le prix du vin auquel il donnait une valeur moyenne de 24 centimes : cette assertion est contraire au prix de 15 et 20 centimes auxquels le débitant patenté livre au détail à Paris même et dans les trois quarts de la France. Par le système des soumissions, le vin serait à très bon marché ; ainsi, à Toulon, le vin serait à 15 centimes le litre, quand le cantinier vend le même à 25 centimes aux hommes. Les analyses de laboratoire et la concurrence des soumissionnaires sont garants de la bonne qualité de vins.

En temps normal, un député qui aurait proposé de relever certains crédits pour distribuer des rations régulières de vin aux troupes aurait vu sa motion approuvée par l'unanimité de la Chambre. Le Gouvernement l'aurait soutenu, sûr de soutenir une œuvre utile, une œuvre humanitaire, une œuvre populaire, une œuvre bonne et au soldat qui boit et au paysan qui vendange.

M. Narbonne, député de l'Aude, avait soutenu, au cours de la discussion du budget de l'année 1901, un amendement à l'effet d'ouvrir un petit crédit (un crédit exactement de 317,000 francs) destiné à distribuer des rations de vin aux troupes. La Chambre adopta ; le Sénat refusa parce que ce crédit était vraiment trop faible. Il remarqua qu'on aurait alloué 0 fr. 80 c. par an à chaque homme pour son vin ; quatre bouteilles par an, autant valait ne pas boire du tout.

En 1902, M. Narbonne reprit son amendement et il proposa d'augmenter le chapitre 25 du budget du ministère de la guerre d'une somme de 4,533,804 francs à l'effet de distribuer des *boissons hygiéniques* aux soldats. Ces boissons comprenaient en outre du vin, le cidre et la bière.

M. Caillaux repoussa l'amendement et fit une réponse longuement motivée dans la séance du 17 février 1902. Malgré le Gouvernement, l'amendement fut adopté par 311 voix contre 167.

Voici le résumé de quelques-uns des arguments du ministre : Si on veut améliorer l'ordinaire du soldat, il faut augmenter le crédit des vivres en général, en laissant aux autorités militaires le soin d'acheter un surcroît d'aliments qui leur semblent les plus appropriés au bien des hommes. Si l'on spécifie l'emploi à un produit déterminé, c'est qu'on veut non le bien du soldat, mais l'intérêt exclusif d'une catégorie de producteurs ; dans cet ordre d'idées, les fournisseurs de viande, de sardines, de fromage demanderaient ultérieurement des augmentations de crédit. Le budget ne doit pas être un instrument de hausse des cours ; le crédit, d'autre part, trop lourd pour le budget, est insuffisant pour produire un résultat appréciable. Avec 4,600,000 francs, on achèterait 234.000 hectolitres environ qui permettraient de distribuer entre un cinquième et un quart de litre à chaque homme un jour sur deux. Pour distribuer deux quarts par jour à la totalité de l'effectif, il faudrait 21 millions.

La majorité de la Chambre n'accorda aucune valeur à ces raisonnements ; mais devant le Sénat la lutte fut défavorable : la Commission des finances et le Gouvernement tombèrent sur le malheureux amendement, et, malgré la défense de M. Delcros, le Sénat rejeta, dans sa séance du 24 mars, le crédit par 180 voix contre 99.

Dans la séance du 28 mars 1902, le vin réapparaît à la Chambre. M. Bourrat le couvre de sa protection, et il adjure ses collègues de rétablir le crédit, en ajoutant que la dépense serait minime car on la compensait en partie par une économie de 2,389,000 francs en supprimant une partie des crédits accordés au service des treize jours. La Chambre lui donna raison malgré le Gouvernement et elle rendit le vin aux soldats par 297 voix contre 201.

Le Sénat, dans la même nuit du 28 mars, le supprima encore, et finalement les députés, pressés de rentrer dans leurs circonscriptions, acceptèrent le rejet du Sénat.

Donc, le budget voté le 29 mars 1902 ne contient aucun crédit spécialement affecté à acheter du vin aux soldats.

A titre transactionnel, le Sénat et la Chambre se sont mis d'accord pour augmenter d'un million le chapitre général des vivres, laissant liberté aux chefs de corps de l'employer à l'achat des denrées qui paraîtront le plus utile ; le vin en aura sa part.

III.

Concentration des moûts et des vins.

Il existe deux procédés de diminuer la quantité de nos vins et d'en relever indirectement les cours en supprimant une partie de nos récoltes. Ces moyens sont la distillation et la concentration.

Nous avons précédemment étudié la distillation, qui est une solution déjà entrée dans la pratique; voyons maintenant ce que l'on pourrait faire par la concentration, qui est encore presque exclusivement du domaine théorique.

M. Roos, directeur de la Station œnologique de Montpellier, a présenté à la Société des viticulteurs de France un rapport sur la concentration des moûts et des vins : il préconise la concentration du vin pour le bonifier et le mettre à l'abri des maladies. En concentrant les récoltes par *évaporation partielle* de l'eau renfermée dans le vin, on doublera, on triplera, suivant la qualité évaporée, les proportions de tannin et d'alcool; les vins seront non seulement sauvés, mais améliorés. La concentration des moûts de la vendange et des vins constitue des débouchés nouveaux, permettant d'absorber l'excédent de la surproduction naturelle, et même, il faut bien en tenir compte, artificielle.

Elle serait le moyen de développer notre exportation et de prendre dans les pays du Nord, tel que l'Allemagne, une place qui est actuellement occupée par l'Italie, la Sicile surtout, et l'Espagne. Les vins de ces pays remplissent naturellement les conditions requises pour y être introduits aux droits réduits de 10 marks par 100 kilogrammes, sous la condition de titrer 12 degrés d'alcool et 28 grammes d'extrait sec par litre au minimum. La concentration permettrait de donner à une grande partie de nos vins méridionaux les conditions requises pour concurrencer les vins italiens ou espagnols.

La méthode consiste à enlever aux raisins une partie plus ou moins importante de l'eau qu'ils contiennent. On peut aboutir à ce résultat de diverses manières :

1° Par la dessiccation du raisin lui-même immédiatement après la cueillette;

2° Par la concentration du moût de raisin isolé des parties solides du fruit;

3° Par la concentration appliquée à la vendange totale;

4° Par la concentration des vins faits.

M. Paul, ingénieur vinicole, a appliqué aux raisins les méthodes de dessiccation rapides employées pour d'autres fruits.

La concentration appliquée aux moûts de raisins et même à la vendange complète a déjà son histoire. On lit dans *Palladius*, agronome latin : « Il y a des peuples grecs qui, pour frelater le vin, y ajoutent du moût cuit jusqu'à diminution de moitié ou des deux tiers; les vignerons ordonnent de faire cuire le moût jusqu'à évaporation du vingtième; les Lacédémoniens le font cuire jusqu'à diminution d'un cinquième.

Depuis de longues années, les malagas sont obtenus par concentration du moût. On obtient de petites quantités de vin de haute couleur, mais le sucre se caramélise, la vendange et le vin prennent le goût de cuit, incompatible avec un vin de consommation courante. Pour éviter cette caramélisation, M. Spunghult a appliqué l'ébullition dans le vide à la concentration du moût des raisins. En Californie, on a essayé de faire un véritable extrait de moût, une pâte qu'il suffisait ensuite de délayer dans de l'eau et de mettre en fermentation pour avoir du vin. Par suite de défaut d'appareils ou d'altération de la matière au cours des diverses manipulations, on n'aboutissait qu'à des vins de saveur dénaturée.

On a renoncé à faire des vins fermentés après une concentration préalable du moût; l'industrie spéciale n'a eu pour objectif que de produire des vins doux par mûtage à l'alcool ou de simple sirop de raisin. En Asie-Mineure, on dénaturait les raisins secs sur place et on faisait des macérations qui, après concentration dans le vide, étaient importées sous le nom de vins mûtés à l'alcool et de mistelles, tels le Smyrne, le Samos; grâce à ce démarquage, un hectolitre de ces liquides présentait le même pouvoir que 100 kilogrammes de raisins secs, et permettait de réaliser une différence importante sur les droits de douane payés par ces derniers. En Algérie, puis en France, principalement dans l'Hérault, à Marseillan, on produit des mistelles à haut titre par la concentration de moûts mûtés au soufre; ce sont des mistelles dont nous nous sommes déjà occupés.

On a enfin déterminé récemment la concentration des vins faits; divers appareils ont été créés pour cet objet. Le premier est dû à MM. Beaudoin et Schribaux; il fut construit par la maison Fouché, à Paris : il concentre réellement tous les principes constitutifs du vin; l'autre est dû à MM. Vidal frères, constructeurs à Mèze (Hérault) : il n'accroît que le dégré alcoolique, il est intéressant par suite du faible coût de l'opération. M. Martinan a imaginé un appareil qui évapore à air libre : grâce au renouvellement incessant du liquide, la concentration est obtenue sans la caramélisation; l'appareil est très simple et paraît peu coûteux en raison même de sa simplicité.

Les appareils de concentration ne sont certainement point parvenus à leur perfection dernière. Jusqu'à présent, la concentration est un débouché restreint, les expériences sont du domaine des laboratoires et la concentration est loin de rendre à la viticulture les services qu'elle retirait de la distillation; le seul intérêt actuel de la concentration est qu'elle réalise un vinage rapproché de celui obtenu par la distillation quant aux résultats, mais différent quant aux moyens; la distillation est une évaporation totale, la concentration une évaporation partielle de l'eau du vin : la première le détient, la seconde le modifie; mais, par le vinage, le résultat revenait au même. La concentration produit un vinage légal, c'est son seul mérite. Si le vinage était autorisé, la distillation rendrait assez inutile les perfectionnements de la concentration. Or, la concentration a bien besoin d'être perfectionnée pour devenir pratique.

Les expériences les plus intéressantes sur le vin concentré ont été faites par M. le Dr Garrigou, professeur à la Faculté de médecine et de pharmacie de Toulouse. Nous donnons des extraits *textuels* de la conférence qu'il a faite à la Société centrale d'agriculture de l'Aude.

Le Dr Garrigou définit le vin un liquide provenant de l'expression des raisins, apportant avec lui, à l'état de solution aqueuse, les substances organiques et minérales que les racines de la vigne ont puisées dans le sol, ainsi qu'un ferment spécial qui, dans des conditions de température déterminées, dédouble le sucre du raisin en acide carbonique et alcool, et permet ainsi le développement de produits acides et éthériques.

Le vin concentré est un vin auquel on peut enlever son eau, soit en totalité, soit en partie seulement. D'après M. Garrigou, la concentration présenterait les avantages suivants :

1° Elle détruit tous les ferments qui pourraient, à un moment déterminé, rendre les vins malades ;

2° Elle augmente la quantité d'alcool et de toutes les substances constituant l'extrait et la matière colorante, en diminuant la quantité d'eau naturellement contenue dans le vin et, par conséquent, son volume total ;

3° Elle donne au vin une résistance et une vigueur qu'il n'avait pas auparavant ;

4° Elle le débarrasse d'une certaine quantité de ses substances salines peu solubles et nuisibles à une catégorie d'hommes fort nombreux dans ce monde, les scléreux et les goutteux ;

5° Elle communique aux vins les plus plats un certain bouquet qui en augmente l'agrément et la valeur.

Détruisant les ferments, elle supprime les germes des maladies tels que la pousse, la tourne, l'acescence ; par la concentration du vin, on obtient des alcools d'un goût exquis et spécial qui ne ressemblent guère aux alcools retirés des vins par la distillerie ordinaire ; on peut ainsi utiliser les vins amers ou atteints par certaines maladies pour la préparation d'eau-de-vie de qualité tout à fait supérieure. M. Garrigou indique que la concentration des vins n'est que l'application spéciale d'un procédé général tenté pour obtenir la nourriture concentrée par la stérilisation et la concentration d'autres liquides tels que le lait et la bière, et même d'aliments solides tels que les légumes frais.

La concentration, en réduisant le volume du vin, réduit dans la même proportion la vaisselle vinaire destinée à le contenir; elle augmente la coloration d'un vin en diminuant sa proportion d'eau. Une récolte aigrie passant au vinaigre peut devenir pour le propriétaire une récolte fructueuse; 1 hectolitre de vin marquant 12 degrés d'alcool et valant 20 francs devient acide et perd 4 degrés d'alcool transformés en acide acétique : il ne lui restera que 8 degrés d'alcool; par la concentration on lui enlèvera d'abord son alcool, puis son eau, et, finalement, son acide acétique; on obtiendra ainsi un extrait de l'acide acétique et de l'alcool, sans parler de l'eau qui est conservée à part. Lorsque l'opération sera terminée, on aura d'un côté 8 degrés d'alcool, de l'autre 4 degrés d'acide acétique, plus l'extrait; avec l'alcool, l'eau et l'extrait, on reconstituera le vin primitif à 12 degrés; mais au lieu d'en avoir 1 hectolitre, nous n'en aurons que 66 litres environ; ces 66 litres seront vendables et vaudront au moins 13 francs. Or, l'opération de la concentration est d'un bon marché remarquable. M. Garrigou l'estime à 2 francs par hectolitre faite sur une petite échelle et à 40 centimes faite sur une grande échelle.

La concentration s'opère soit par le froid, soit par la chaleur et le vide réunis.

Concentration par le froid. — M. Garrigou se borne à rappeler, au sujet des traitements par le froid, les procédés employés par les Bourguignons qui, en exposant le vin aux grands froids de l'hiver dans des cuves spéciales, provoquent la congélation d'une partie de l'eau du vin, puis en enlevant les glaçons produits obtiennent un vin bien plus riche en alcool et amélioré pour le goût. En suivant la voie tracée par les Bourguignons, on peut, en tout temps, traiter les vins par le froid grâce aux nombreux appareils réfrigérents que l'on possède aujourd'hui.

Concentration par la chaleur et par le vide. — Ce traitement peut s'opérer soit par des appareils fixes, soit par des appareils roulants. Les appareils fixes sont constitués par diverses pièces dont les principales sont une grande cornue en tôle résistante qui communique avec trois réfrigérents; cette cornue contient des bonbonnes munies de siphons; ces bonbonnes reposent sur un bain de glycérine et il leur est adapté des pompes à faire le vide.

La concentration se produit en faisant entrer le vin dans les bonbonnes qui l'aspirent par leurs siphons et l'attirent grâce à une différence de pression; le récipient où est le vin est à l'air libre; sa pression est la pression normale du poids de l'atmosphère; et la pression des bonbonnes est réglée par la pompe à faire le vide, elle devient plus faible que la pression atmosphérique, d'un poids d'air égal à celui de la quantité d'air qui en a été retirée par la pompe. Quant le vin est dans les bonbonnes, on chauffe celles-ci au moyen d'un bain-marie de glycérine, et le liquide s'évapore en partie; le reste, qui est le vin concentré, est vidé et l'on recommence indéfiniment.

Les appareils roulants ont en aluminium les pièces du réservoir et du tuyau de chauffe, pièces en contact avec le vin; ce ne sont plus des appareils de laboratoire, mais des appareils industriels pouvant circuler dans les campagnes. La découverte de M. le Dr Garrigou constitue, au point de vue chimique et physique, un intérêt de premier ordre et a donné lieu à des controverses et même à des polémiques très intéressantes, mais elle n'est pas encore entrée en pratique.

Tels sont, parmi les moyens présentés pour diminuer notre crise, ceux qui semblent les moins utopiques. Connaissant les causes de la mévente, et en particulier la législation, connaissant les principaux débouchés préconisés pour écouler nos vins, nous pourrons suivre avec ordre les mouvements de l'opinion publique, l'effort des œuvres de mutualité viticole et l'étude des solutions de la mévente par les vœux des associations agricoles et des corps politiques. Nous grouperons ces matières en trois parties : les Congrès, la Mutualité en viticulture, les Vœux et Résolutions des Associations agricoles concernant la mévente.

CINQUIÈME PARTIE.

Les Congrès. — Le trust des vins naturels du Midi.

Dès que la mévente eut troublé sérieusement le pays, et que la baisse des prix eut amené une diminution sensible des revenus, le Midi tint des congrès ; ces congrès se multiplièrent en nombre et en violence à mesure que la détresse persistante frappait, après les revenus des propriétaires, les salaires des travailleurs. Un choix s'impose parmi tant de manifestations similaires, et pour fixer les idées, je n'évoquerai, et encore succinctement, que les souvenirs du Congrès de Carcassonne, qui ouvrit la crise en 1900, et des Congrès de Béziers et de Montpellier en 1905, qui sont les manifestations les plus grandioses, les plus récentes et les plus typiques de l'opinion.

CHAPITRE PREMIER.

PRINCIPAUX CONGRÈS POPULAIRES.

Le Congrès de Carcassonne se tint sous les auspices de la Société centrale d'agriculture de l'Aude, dans la grande salle du théâtre municipal de Carcassonne. Ce congrès avait été précédé d'une séance préparatoire tenue le 28 octobre 1900 dans la salle de la Société Centrale; ce fut la partie sérieuse de la réunion ; voici l'ordre du travail qui fut adopté après une discussion à laquelle prirent part les présidents et les délégués des Associations agricoles depuis la Haute-Garonne jusqu'au Var. L'idée maîtresse était l'obtention de la libération intégrale des droits sur les vins : 1° Application de la loi sur les octrois à partir du 1er janvier 1901 (cette loi de 1897 oblige les villes à supprimer dans un délai déterminé toutes les taxes sur les vins) ; 2° Vote du projet de loi sur l'impôt des boissons, qui est devenu la loi du 29 décembre 1900 et qui dégrevait partiellement les vins ; 3° Suppression de la détaxe des sucres pour vendanges ; 4° Modification des tarifs de transport ; 5° Application exacte et sévère des lois contre la fraude.

Toutes les associations agricoles du Sud-Ouest et du Sud-Est avaient répondu à l'appel, et beaucoup de gens qui n'étaient d'aucune association contribuaient à remplir la salle. Aussi l'intérêt fut-il moins dans la discussion du programme économique que dans les discours des députés et sénateurs et dans l'accueil que leur fit la majorité de l'assemblée. Les députés, sénateurs, maires du Midi étaient venus se rendre compte de l'opinion qu'avaient d'eux leurs électeurs. Mal leur en prit ; jamais on ne vit un effondrement moral plus complet des élus de l'Aude et de tout le Midi : ils furent conspués d'importance. Les discours de MM. Sauzède et Ferroul furent hachés d'interruptions. Seul, M. Mir, sénateur, exprima, avec un grand tact de conciliation, les réformes que l'opinion de la majorité de la Chambre pouvait rendre réalisables. On était alors aux plus beaux jours du ministre Millerand, l'élu de Bercy. Cette origine le fit sacrer roi de la Fraude, et le Midi le chargea de tous les maux dont il souffrait. Les résolutions les plus énergiques furent acclamées ; puis le Midi réélit à d'écrasantes majorités un an plus tard ceux qu'il venait de convaincre d'être les artisans de sa ruine. L'électeur n'est pas rancuneux.

Il n'en est pas de même des élus : furieux d'avoir vu leur conduite jugée avec impartialité, vexés que le compte rendu du Congrès n'eût point masqué leur défaite morale, ils jurèrent de faire payer cette déconvenue à la Société d'agriculture; ils firent créer une Société rivale, la Société démocratique, et la peuplèrent, à coups de subventions et de rubans violets et verts, de tous les maires, de tous les instituteurs, de tous les ambitieux de villages, toujours en déclarant que la politique était absolument étrangère aux discussions; puis ils créèrent des syndicats, puis une fédération de syndicats, mais ils ne purent faire élire comme président le sénateur Gauthier; la majorité nomma un homme compétent, M. Pullés. Néanmoins le bureau leur fut à peu près acquis. Ils ont ainsi formé une organisation politique à allure viticole, qui est l'instrument le plus souple, le plus docile qu'un parti ou qu'un préfet puisse rêver : elle enregistre avec les considérants les plus scrupuleusement étudiés tous les vœux que le parti radical et que les divers ministères estiment utile de se faire adresser au sujet des lois viticoles, sucrières, fiscales ou autres; ainsi ses orateurs déclarent avec preuves à l'appui qu'ils ont consulté les associations compétentes et qu'ils ont avec eux l'opinion publique.

La Société démocratique de Carcassonne, issue du Congrès, donne le ton aux autres associations du Midi; ainsi ses vœux ont été repris en partie par la Société des Pyrénées-Orientales, par le Conseil général de ce département et par quelques congrès.

Le Congrès de Béziers fut tenu en janvier 1905 au théâtre municipal, sur l'initiative du Syndicat professionnel agricole de Béziers; une souscription publique régionale avait été organisée dans les départements de l'Hérault, Aude, Pyrénées-Orientales, Gard, Bouches-du-Rhône, Vaucluse et Var; il fut la manifestation la plus typique du Midi. En pleine crise, en pleine déroute des marchés, au lendemain des grèves agraires, en pleine exécution des lois fondamentales du nouveau régime des boissons et du nouveau régime des sucres, il était placé dans les meilleures conditions économiques et sociales pour révéler l'état des esprits. Le Midi donna la mesure de sa puissance : les événements qui ont suivi sont la preuve que cette puissance n'impressionna en aucune façon la politique économique du Parlement et du Gouvernement ; ils considèrent ces élans de passion comme un bluf, persuadés que les détresses économiques ne détermineront pas le Midi à choisir une représentation plus modérée, mais au contraire à l'accentuer en rouge ; dès lors sa colère est plus utile que nuisible.

Le Congrès en lui-même fut original et réussi.

Original, parce qu'il mettait pour la première fois en présence, par grandes masses, les propriétaires et les ouvriers, deux forces dont les grèves et les passions rendaient le contact plein d'aléa ; réussi, parce que ces deux forces se sont comprises : beaucoup de préventions des ouvriers sont en train de tomber ; Beyle, camarade plein d'énergie, délégué des syndicats des travailleurs au congrès de Bourges, a prononcé, en réunion plénière, la parole la plus profonde du congrès, *l'indissolubilité des intérêts matériels des patrons et des ouvriers*. Une évolution d'idées s'accomplit ; propriétaires et travailleurs comprennent la nécessité d'éliminer deux facteurs néfastes : le politicien, qui fait par ignorance ou par intérêt une législation viticole déplorable ; le fraudeur, qui met cette législation en œuvre pour réaliser un énorme bénéfice particulier par l'avilissement général des cours.

Les organisateurs du Congrès avaient résolu de faire porter tout l'effort réel sur deux questions : le régime des sucres et le régime des alcools. La discussion a dépassé cet ordre du jour et a provoqué des vœux tendant à établir un régime des vins de plus en plus semblable à la réglementation actuelle de l'alcool.

La séance d'ouverture, tenue au théâtre le vendredi matin, a réuni très sûrement deux mille personnes. M. Palasy, promoteur du congrès, en fut proclamé président. Son discours fut un salut aux délégations des propriétaires, des ouvriers et des grandes associations agricoles, entre autres des Agriculteurs de France, une exhortation à l'union, une indication du programme des travaux.

Ce discours posait le principe que toute discussion générale était écartée. L'assemblée procéda à la nomination du bureau général du congrès et du bureau particulier des trois commissions. Ces trois commissions étaient : I. Sucrage. II. Alcools, distillation et vinage. III. Questions diverses comprenant : A) déclaration obligatoire des récoltes ; B) soumission de tous les détaillants à l'exercice ; C) transports ; D) quelques vœux d'ordre secondaire.

Les discussions des commissions furent éloquentes, bruyantes et aboutirent à des solutions aussi théoriques que radicales, marquées au sceau d'une logique simpliste, souverainement dédaigneuse des moyens d'exécution.

Le sucrage est réglé en une seule ligne : *Interdiction absolue de tout emploi du sucre.* Telle est l'idée maîtresse du congrès. Pour ma part, je l'approuve pleinement, car je suis persuadé que le seul moyen de vendre son vin à un prix rémunérateur consiste à ce que dans la France entière on ne livre à la consommation que le produit de la fermentation des raisins frais. La santé des millions d'ouvriers, dont le vin est le plus sain des stimulants, l'exige autant que l'intérêt des récoltants. Mais les vignerons des autres régions de la France entendent sucrer ; ils disposent de la majorité au Parlement et le Trésor est heureux de leur triomphe. Le bureau de la commission l'a compris, et prudemment son rapporteur, M. Liouville, après avoir posé le principe de l'interdiction intégrale de l'emploi du sucre, a demandé qu'au cas où le sucrage demeurerait légal, *les sucres soient placés sous le contrôle de la régie et suivis d'acquits.* A ces mots, il y eut une grande effervescence : plus de sucre, plus de régie, telle est la volonté populaire, qui finira peut-être par triompher, car notre race est logique et honnête, mais qui est en opposition avec l'attitude plusieurs fois manifestée de la Chambre actuelle.

Le régime des alcools fut réglé, lui aussi, par la deuxième commission avec une simplicité toute pareille dans son intransigeance. L'alcool servirait à viner, et ce vin, une fois relevé de plusieurs degrés par l'addition d'alcool, pourrait être étendu d'eau, c'est-à-dire mouillé. Le moyen radical consiste à ne plus faire d'alcool ou, ce qui revient presque au même, à le faire prendre en charge par la régie dès la distillation. Aussi la majorité a voté *l'interdiction du vinage*, la consécration de l'abolition du privilège des bouilleurs de cru et le monopole de l'alcool par l'Etat.

Les conséquences de ces votes, s'ils devenaient lois, seraient incalculables et leurs répercussions si diverses que l'expérience matérielle permettrait seule de les apprécier. Remarquons seulement que ces formules traduisent exactement la mentalité des méridionaux et surtout des ouvriers : ils ont foi dans l'Etat. L'Etat est le sauveur, car l'Etat est égalité et simplicité.

Que feront-ils des piquettes et des sous-produits dont la distillation est devenue impossible en fait ? Que feront-ils de leurs aramons sans goût, ni couleur, ni tenue ? Et des vins mal vinifiés qui jaunissent, moisissent, tournent, s'aigrissent, vins toujours offerts, jamais achetés, qui sont depuis 1900 la cause de la mauvaise réputation de nos vins ? Avec quoi relèvera-t-on les vins faibles ? Une fois dans l'engrenage des prohibitions, le propriétaire, acculé à la nécessité de distiller, en est arrivé à souhaiter le monopole de l'Etat, espérant que si cet Etat surveille la vente, il se chargera de l'achat et assurera ainsi l'écoulement des vins de chaudière. Mais au Congrès aucune personne autorisée n'a pris, au nom de l'Etat, l'engagement d'acheter les produits de la distillation méridionale.

L'assujettissement de tous les débitants patentés ou non à la régie, avec déclaration du degré et du volume des boissons, a été adopté par la grande majorité des congressistes, propriétaires, travailleurs et même négociants. M. Génie en exposa le mécanisme dans un rapport très documenté ; M. de Crozals, rapporteur de la troisième commission, le fit voter par l'assemblée plénière en soulevant l'enthousiasme de la salle et l'offrit à la propriété en échange de son consentement à accepter la déclaration.

Lorsque l'ardeur des débats se sera calmée, on remarquera

que tout ce système est fait de diverses mesures qui le rendent impratique. Pour être efficace, il faudrait, comme l'a d'ailleurs signalé M. Astier, que le vin soit pris en charge par la régie dès sa cuvaison chez le récoltant et partout suivi au volume et au degré par des acquits jusqu'à la table des consommateurs. C'est le régime actuel de l'alcool. Y a-t-il intérêt d'abord, possibilité ensuite de créer pour les vins un régime semblable? Nous avons exposé des discussions de cette opinion dans le chapitre consacré à la théorie de la déclaration obligatoire de la récolte.

Les organisateurs du Congrès cherchaient à lui enlever tout caractère politique, tâche difficile, puisque le mal vient de la loi, la loi des parlementaires, les parlementaires des groupes politiques. On y a assez bien réussi, car le Congrès fut sur ce sujet modéré dans ses manifestations et énergique dans ses conclusions. Députés et sénateurs étaient accourus en foule. MM. Augé, Lafferre, Bénézech, Bourrat, Sarraut, Aldy, Sauzède occupaient la scène du grand théâtre; le sous-préfet de Béziers et le préfet de l'Hérault représentaient le Gouvernement. Ce monde du pouvoir sentait qu'un mouvement profond de passions concentrées allait se manifester, et que le peuple, face à face avec ses mandataires et ses maîtres effectifs, allait parler. Il fut décrété que sénateurs et députés s'engageraient à faire aboutir rapidement les vœux du Congrès; qu'en cas d'échec, les corps élus, c'est-à-dire les municipalités, les Conseils d'arrondissement et les Conseils généraux donneraient leur démission; que les contribuables décréteraient la grève de l'impôt et que les maires s'opposeraient, dans la mesure de leur puissance, à ce que l'Administration des contributions exerçât des poursuites; que si de nouvelles instances demeuraient infructueuses, les sénateurs et députés refuseraient leur concours au Gouvernement, quel qu'il soit, et donneraient leur démission à titre de protestation.

Cette décision fut adoptée par la presque unanimité des congressistes et combattue par la presque unanimité des députés et sénateurs présents, spectacle de douce ironie qui met au point le désintéressement effectif de nos représentants. Les seuls qui furent crânes furent MM. Razimbaud et Bartissol, qui déclarèrent nettement être prêts à combattre la politique économique du Gouvernement et à se séparer de lui. MM. Lafferre, Augé, Bénézech parlèrent des intérêts de la politique générale qui priment ceux de la situation régionale; MM. Aldy et Sarraut prirent la tengente, épiloguèrent sur leur attitude au moment de la discussion de la loi sur les sucres et affectèrent de ne voir dans les résolutions de Béziers qu'une phase de lutte personnelle entre les factions Augé-Lafferre et Razimbaud. M. Bourrat, imperturbable, déclarait dans les couloirs que sa circonscription le réélirait indéfiniment. M. Sauzède ne dit rien; il se contenta d'être présent. Je crois qu'il en fut de même pour M. Théron dont l'attitude fut plutôt effacée. Les explications de MM. Lafferre et Bénézech se perdirent dans les huées; le président fit voter la constitution d'une commission permanente chargée de veiller à la défense des résolutions du congrès et la séance fut levée dans un tumulte indescriptible.

La seconde rencontre des électeurs et des élus n'avait point témoigné de la confiance des premiers ni du prestige des seconds. Le Congrès de Béziers fut exactement semblable à celui de Carcassonne. Si la vérité sort de la voix populaire spontanée, on doit convenir qu'elle s'est affirmée deux fois avec une rare énergie pour convaincre la représentation élue de son inhabileté; mais les scrutins ne furent pas plus modifiés par Béziers que par Carcassonne.

Une fois la première effervescence tombée, les représentants du Midi et les membres de la commission permanente firent très bon ménage; les députés introduisirent la délégation devant les commissions parlementaires, puis dans les divers ministères, où l'accueil le plus gracieux les attendit.

Les hommes consciencieux de la délégation ne s'illusionnèrent pas sur la portée de leurs démarches, et ils firent part de leurs craintes aux Sociétés d'agriculture et aux différentes associations syndicales dont ils étaient les représentants. M. Jalabert, ancien président de la Société Centrale d'agriculture de l'Aude, combattit devant les commissions parlementaires le système de transaction qui défigurait le programme de Béziers et qui aboutit à la défaite de la viticulture par le rejet de l'amendement Doumergue, en juillet 1905.

Entre temps, les cours des vins tombèrent plus bas que jamais : d'avril à juillet 1905, le commerce offrait 6 francs par 10 degrés et n'achetait qu'à 3 fr. 50 c. les vins jolis mais faibles, de 9 à 8 degrés, qu'il déclarait inférieurs; le prix courant était 5 francs l'hecto.

A la fin de la session ordinaire de 1905, en juillet, la Chambre repoussa l'amendement Doumergue, proposant de faire suivre tous les sucres et ne créa cette obligation qu'à l'égard des particuliers non négociants. L'amendement Doumergue n'avait en lui-même qu'une importance relative, car il permettait seulement de mieux documenter le service sur les présomptions de fraude; il ne modifiait pas la législation actuelle dont l'application amène une production artificielle égalant le tiers de la récolte effectuée en relevant le vin de 3 degrés en première cuvée. Mais cet amendement donnait à la régie le moyen de recueillir plus facilement des indications sur la fabrication clandestine en ville : il représentait le minimum de garanties demandé par le Midi. Son rejet à une majorité très importante est grave, surtout comme indice de la mauvaise volonté du Parlement à l'égard de la viticulture méridionale : il enlevait à cette dernière une suprême illusion. Aussi donna-t-il lieu à une recrudescence d'effervescence.

Un grand meeting fut tenu à Montpellier en juillet 1905 : la grève de l'impôt et la démission des corps élus furent décidées; l'après-midi même, une réunion des « élus », maires, conseillers municipaux, conseillers généraux, etc., fut organisée pour pallier l'effet de la manifestation populaire. M. Palazy, le promoteur du Congrès, eut toutes les peines du monde à se faire admettre dans la salle des « élus »; il dut exciper de sa qualité de journaliste. *Le Petit Méridional*, organe du Bloc, s'ingéniait à maquiller le mouvement, préférant la réélection des radicaux au triomphe des intérêts économiques de la région. Des conseils municipaux, prenant acte des déclarations tardives qu'émettent à la veille des élections de 1906 MM. Lafferre, Aldy et Sarraut en faveur de l'amendement Doumergue et contre les théories des sucriers, leur adressaient des félicitations pour l'énergie de leur attitude.

Cependant, la misère empêche d'être dupe trop longtemps. Le meeting de Montpellier fut suivi d'une réunion monstre aux arènes de Béziers ; j'extrais d'un compte rendu la péroraison du discours de M. Palazy, le texte des résolutions acclamées, la circulaire envoyée aux maires à la suite des votes de ces résolutions, et enfin deux lettres, l'une de M. Thore, conseiller municipal de Coursan, l'autre de M. Razimbaud, député, qui à des titres divers expriment très bien l'attitude réciproque des partis dans la crise de la mévente :

M. Palazy terminait par l'apostrophe suivante :

« Nous voici, tous debout, pour protester contre le rejet de l'amendement Doumergue, qui résumait le minimum de nos revendications, et contre l'attitude hostile du ministère Rouvier à l'égard du Midi.

« En Russie, pays d'autocratie, le peuple a pu dire à son czar : « Ou tu nous donneras une représentation nationale, ou « nous t'opposerons la grève de l'impôt. » Est-ce que en République, pays de démocratie, le peuple d'une région sacrifiée n'aurait pas le droit de dire au gouvernement de M. Rouvier : « Ou tu défendras nos intérêts légitimes ou nous te com- «battrons jusqu'à la mort »? (Applaudissements unanimes.)

Résolutions acclamées.

Successivement, les résolutions suivantes sont adoptées à l'unanimité :

1. — Vote de blâme au ministère et mandat aux représentants des régions viticoles de refuser systématiquement leur

confiance non seulement à ce ministère, mais à tout ministère qui ne prendra pas en main la défense des intérêts du Midi.

2. — Pas de revenu, pas d'impôts.

a) Tous les contribuables doivent adresser une demande en exonération d'impôt.

b) Invitation aux maires d'adresser des demandes collectives en exonération d'impôt et de réclamer la suspension des poursuites.

3. — Invitation aux municipalités de supprimer les réjouissances le 14 juillet. Distribution et affectation des crédits, partie aux pauvres, partie aux chantiers communaux.

4. — Le principe de la démission des municipalités, des conseillers généraux et d'arrondissement est acclamé. Il ne sera pas opposé de concurrents aux municipalités volontairement démissionnaires.

Circulaire aux Maires.

« Béziers, le 3 juillet 1905.

« Monsieur le Maire et cher Collègue,

« Le meeting qui a eu lieu aux arènes de Béziers le 2 juillet courant a acclamé à l'unanimité la démission des corps élus ; pour rendre cette mesure effective, il a décidé qu'un comité composé des maires démissionnaires ou partisans en principe de la démission se réunirait au café du Commerce et serait chargé de porter cette démission à la connaissance de tous leurs collègues du département de l'Hérault, afin de provoquer la réponse de leurs Conseils municipaux, après avoir pris en réunion publique l'avis de la population sur cette question.

« En conséquence, nous avons l'honneur de vous soumettre un questionnaire ; nous vous prions de réunir d'urgence votre Conseil municipal et de nous faire part de la décision intervenue d'ici lundi 10 courant.

« Passé ce délai, si nous n'avons reçu aucune réponse, vous serez considéré comme hostile à cette mesure.

« Ultérieurement, nous ferons connaître par la voie de la presse le résultat de cette consultation et les conditions de rapide exécution dans lesquelles cette démission devra être rendue définitive.

« Quant aux communes des autres départements, nous nous tenons également à leur disposition pour enregistrer leur démission.

« Veuillez agréer, Monsieur le Maire et cher Collègue, l'assurance de nos sentiments très dévoués.

« Pour le Comité des élus :

« *Le Président*,

« Alphonse Nogaret,

« Maire d'Alignan-du-Vent, démissionnaire. »

« *Questionnaire*. — Etes-vous partisan, oui ou non, de la démission des corps élus? Dans la négative, êtes vous disposé à vous incliner devant la majorité si le principe de la démission est accepté?

« La réponse devra être adressée à M. le Président du Comité des élus de l'Hérault, café du Commerce, à Béziers. »

M. Thore, conseiller municipal de Coursan, a adressé au Préfet la lettre suivante :

« Monsieur le Préfet,

« Indigné de la partialité dont a fait preuve le ministère en sacrifiant plusieurs millions de viticulteurs à quelques riches sucriers, j'ai l'honneur et le devoir de vous adresser, en signe de protestation, ma démission de conseiller municipal de la commune de Coursan.

« Veuillez agréer, Monsieur le Préfet, l'expression de mes sentiments distingués.

« Etienne Thore fils. »

M. Razimbaud, député de l'Hérault, a adressé la lettre suivante au président de la Fédération radicale-socialiste de l'Hérault :

« Paris, 11 juillet.

« Monsieur le Président,

« J'apprends par un communiqué de l'Havas, reproduit par toute la presse parisienne et par la presse départementale, qu'une délégation de propriétaires vignerons de l'Hérault, tous membres de notre Fédération et délégués par la Fédération, accompagnée par MM. Augé et Lafferre, députés, membres et élus de la Fédération, a été reçue samedi matin par M. le Ministre des Finances, et qu'au cours de la réception il a été présenté au Gouvernement « l'assurance du profond dévouement des populations méridionales ».

« Le congrès viticole de Montpellier, composé exclusivement d'élus du département, a unanimement blâmé le Gouvernement pour son attitude hostile à la viticulture et donné mandat aux représentants de l'Hérault à la Chambre et au Sénat de refuser toute confiance au ministère jusqu'au moment où il aurait pris efficacement la défense des intérêts lésés de la viticulture méridionale.

« Le meeting de Béziers et les congrès des départements voisins ont tous voté une pareille résolution.

« La protestation de sympathie et de dévouement au ministère faite par la délégation présentée par MM. Augé et Lafferre étant en contradiction absolue et formelle avec les sentiments exprimés officiellement par les élus et la presque unanimité de la population de l'Hérault, j'ai l'honneur de vous informer que, respectueux des décisions du Congrès de Montpellier, je proteste hautement contre cette manifestation de sympathie envers un ministère qui a tout fait pour ne la point mériter, et que je répudie toute solidarité avec les auteurs d'une pareille manifestation que ne je puis m'expliquer.

« Veuillez agréer, etc.

« Razimbaud, *député de l'Hérault.*

CHAPITRE II.

TRUST DES VINS DU MIDI.

A la suite des Congrès populaires, il nous semble logique d'étudier le Trust des vins naturels du Midi, car ce trust n'est possible que par un mouvement général de l'opinion publique, que par l'adhésion de la majorité des récoltants au projet de contrat à intervenir entre chaque propriétaire et la Société. Ce mouvement préparatoire s'orientera d'après les discussions des comités issus des congrès, tel que le Comité régional de défense viticole et des délégations des Sociétés et des Syndicats agricoles.

Le Trust des vins du Midi est, d'une part, le moyen le plus efficace de réaliser l'union entre les producteurs et les consommateurs, et, d'autre part, il ne sera constitué que par une série d'engagements individuels. De cette sorte, il ne suppose pas l'existence préalable d'une association effective. Le marché à intervenir ne met en présence que deux parties contractantes : le récoltant qui vend, la Société commerciale qui achète. Son étude est la suite logique de l'œuvre des Congrès et des tendances de l'opinion plutôt qu'une partie de l'étude des œuvres de mutualité.

Le Trust a été inventé par M. Bartissol, l'honorable député des Pyrénées-Orientales, qui déclare pouvoir en assurer la réalisation financière.

L'auteur l'a développé de vive voix dans une réunion tenue le 3 août 1905 à Perpignan, et il a précisé ses déclarations dans une lettre adressée à M. Palazy, président du Comité régional de défense viticole, à Béziers. Nous ne pouvons mieux en rendre compte qu'en en reproduisant textuellement des extraits :

« Créons une Société au capital de 300 millions de francs qui achètera le vin des six départements du Midi à 1 franc le degré pendant cinquante ans. Tout vin avarié ou ne pesant pas 8 degrés sera transformé en alcool et payé au prorata du prix de l'alcool, qui sera élevé à raison du haut cours des vins.

« Cette Société donnera à crédit les engrais, le soufre et le sulfate de cuivre à tous les producteurs et à un prix uniforme pour tous.

« Elle fera des avances en argent à tous les producteurs jusqu'à concurrence de 50 % du produit de leur récolte. Ces avances en argent et en nature produiront un intérêt à la Société.

« Tous les vins seront warrantés chez les producteurs et la Société en prendra livraison au fur et à mesure des besoins, et de façon à avoir débarrassé toutes les caves au plus tard le 15 août de chaque année.

« Les payements auraient lieu un quart fin décembre, un quart fin février, un quart fin avril et le solde fin juin.

« La Société aurait un Conseil d'administration composé de deux membres par département, qui seraient choisis par les producteurs de chaque département et parmi les vingt plus gros producteurs. Quinze administrateurs seraient choisis par les actionnaires.

« Le siège social serait à Paris, et dans chaque département il y aurait un Comité directeur, dans lequel entreraient de petits propriétaires et un délégué des ouvriers vignerons.

« La récolte étant de 30 millions d'hectolitres, la Société pourrait mettre en réserve une année de production.

« Des caves de réserve seraient construites par la Société dans les principales stations de chemins de fer, de façon à éviter des transports inutiles.

« Des caves seraient également construites dans les centres de consommation où se ferait la mise en bouteille.

« Pour éviter le mouillage, tout le vin de la Société serait vendu en bouteille et porterait sur le bouchon, à la cire, le degré et le prix. Ce prix serait de 0 fr. 25 c. le litre pour le vin à 8 degrés, 0 fr. 35 c. pour le vin à 10 degrés et 0 fr. 45 c. pour le vin à 12 degrés. On vend l'eau minérale au-dessus de ces prix et un vin naturel garanti aurait sûrement un écoulement facile.

« Le vin des régions non méridionales pourrait nous faire concurrence ; mais la plus grande partie de ces vins se vend au-dessus des prix sus-indiqués. Lorsque nous aurons enlevé à la falsification la couleur que donne seul le vin du Midi, nous aurons porté un rude coup à la fraude.

« La Société pourrait également assurer tous les producteurs contre la grêle au moyen d'une assurance mutuelle générale dont le coût serait très minime.

« La Société des Vins naturels du Midi, au capital de 300 millions, pourrait consacrer 150 millions-obligations à la construction de caves d'une contenance de 30 millions d'hectolitres et les autres 150 millions-actions au fonds de roulement.

« Après payement de toutes ses charges et d'un intérêt de 5 % à son capital, avec réserve annuelle légale, le restant pourrait être donné en dividende, dont 45 % aux actionnaires, 45 % aux viticulteurs et 10 % aux ouvriers.

« Une délibération du Conseil d'administration fixerait le salaire des ouvriers d'une façon uniforme et à l'heure. Il serait de même importance à toute saison. On prélèverait sur le dividende une somme de 10 % à répartir tous les ans aux associations ouvrières au prorata de leur importance.

« La Société pourrait prendre des arrangements avec toute association de même nature que celle du Midi, telles que l'Association des viticulteurs de l'Algérie, de la Bourgogne ou du Bordelais, de façon à maintenir le marché des vins sur une base raisonnable.

« En cas de surproduction constatée, une réunion des actionnaires déclarerait qu'il est indispensable de brûler une certaine quantité de vin. Ce vin distillé serait prélevé sur tous les propriétaires qui auraient produit au-dessus d'une moyenne qui serait préalablement établie par commune. Ce vin transformé ne serait payé aux producteurs qu'au prix que donnerait l'alcool.

« La Société deviendrait une puissance si importante qu'elle entraînerait nécessairement la presque totalité des producteurs. »

Ce projet a soulevé des critiques. Avant de les examiner, reconnaissons qu'il rend un service signalé à la viticulture par le seul fait qu'il est formulé ; on pourra en modifier les clauses ; l'essentiel est que cette grande conception financière aboutisse à une organisation effective. La mévente sera limitée le jour où le trust tacite, mais effectif, des grandes maisons de commerce qui se concertent pour imposer leur prix sera brisé. Il ne le sera que par le *Capital*, plus fort qu'une théorique association. Argent contre argent, c'est le seul moyen de lutter : la lutte n'est pas actuellement possible entre le commerce et la propriété, parce que le commerce a toujours de l'argent et que les propriétaires sont très inégalement riches et sans aucune union financière.

Un engagement de cinquante ans est trop long ; la durée normale des baux les plus longs est de dix-huit ans. Les créanciers hypothécaires et le Crédit foncier auraient des motifs de s'opposer à ce que le propriétaire prenne un engagement qui pourrait déprécier les revenus ; dans des ventes ou des successions, des biens soumis à un pareil engagement pourraient perdre de leur valeur ; ils pourraient l'augmenter, au contraire, dans les années où les cours sont inférieurs à ceux du contrat. Mais la Société serait-elle capable de maintenir ses propres conditions ? Souhaitons de la voir se créer sous la forme d'une très puissante maison de commerce qui ne livrera que des vins authentiques, mis au goût des consommateurs par des manipulations de caves ; elle conquerra une réputation d'honorabilité qui sera le meilleur moyen d'écouler une part de plus en plus importante des vins du Midi. Espérons qu'elle deviendra aussi puissante que les maisons de commerce, mais qu'elle n'atteindra pas la proportion d'un monopole, car le monopole capitaliste ouvre la carrière au monopole collectiviste.

Sur l'initiative du Comité régional de défense viticole, le projet Bartissol fut étudié par des délégations de sept départements, le Vaucluse ayant été ajouté aux six premiers. Ces délégations tinrent une réunion à Montpellier le 27 août 1905. La durée du contrat fut limitée à trente ans. Il ne serait distillé que les vins pesant 7 degrés et au-dessous. L'article 11 est ainsi libellé : Le prix du vin loyal et marchand est fixé ainsi qu'il suit : vin de 7 à 8°, 1 franc le degré ; de 8 à 9°, 1 fr. 10 ; de 9 à 10°, 1 fr. 15 ; de 10 à 11°, 1 fr. 20 ; de 11 à 12°, 1 fr. 25 ; de 12 à 13°, 1 fr. 35 ; de 13 à 14°, 1 fr. 50 ; de 14 à 15°, 1 fr. 60 ; de 15 à 16°, 1 fr. 75 ; de 16 à 17°, 2 francs. Ce prix sera augmenté de la participation aux bénéfices de 45 %.

Avec ces prix d'achat, le Trust vendrait aux consommateurs à des prix inférieurs à ceux qui sont actuellement pratiqués par le commerce pour les vins naturels, et l'hygiène générale y gagnerait ainsi que la réputation du vin du Midi.

Ce projet occupe tous les esprits et toute la presse ; il mérite d'être réalisé. Nous avons déjà signalé que les intérêts du commerce et de la propriété sont inconciliables. Le commerce prouve son étroitesse d'esprit en n'offrant que des prix dérisoires pour la campagne 1905-1906 : le mécontentement légitime augmentera les adhésions au Trust.

SIXIÈME PARTIE.

La Mutualité en viticulture.

CHAPITRE PREMIER.

THÉORIE DE L'ASSOCIATION EN AGRICULTURE.

La viticulture peut tirer grand profit des œuvres de mutualité pour atténuer ou même pour conjurer une partie des effets de la mévente ; l'association est une force qui a existé de tout temps et qui a pris un très grand développement dans la période contemporaine ; elle s'affirme surtout aux époques critiques. Dans le péril, chacun se rend compte qu'il est solidaire d'autrui, et qu'impuissant dans l'isolement, il devient partie intégrante d'une force imprécise mais réelle quand il s'allie à ses voisins, qui ont des intérêts similaires. L'association n'est certes pas une force nouvelle, car elle a vivifié le monde du travail pendant dix siècles de la monarchie française sous forme de corporations de métiers. Elle fut le meilleur moyen de défense et de prospérité de nos municipalités urbaines dont elle assurait les franchises. Incomprise par la Révolution et par le Code civil, elle ressuscita dans l'époque contemporaine et elle s'affirma par la loi de 1867 sur les sociétés commerciales, qui organisa la solidarité des capitaux, et par la loi de 1884 sur les syndicats professionnels, qui créa la solidarité des travailleurs.

L'origine si lointaine en France du principe d'association, identique à lui-même sous des appellations diverses, son développement parallèle aux progrès réalisés dans l'ordre universel de nos connaissances depuis les plus lointaines époques du moyen âge, sont les meilleures preuves qu'il est une des qualités de notre génie français, et nous en comprenons si bien l'efficacité que c'est toujours à lui que nous revenons dans les périodes rigoureuses de notre vie sociale.

Dans les ères de prospérité, au contraire, l'association est peu en faveur. C'est ce qui explique que dans cette riche contrée méditerranéenne qui nous occupe spécialement la loi de 1884 sur les syndicats n'inspira pendant plusieurs années que quelques groupements de propriétaires fonciers; dans l'Aude, par exemple, ils formèrent des syndicats un peu comme on instituerait une bonne œuvre quelconque, par acquit de conscience, avec une bonne volonté qui n'excluait pas un aimable scepticisme.

Avec les épreuves, au contraire, les œuvres de mutualité agricole se multiplièrent et se spécialisèrent, employant la force d'association à parer à des besoins de plus en plus nombreux et impérieux. La mutualité rurale s'affirme aujourd'hui dans le Midi par une série de groupements dus à des initiatives diverses.

Les Sociétés d'agriculture ont d'abord patronné les *Syndicats*. Ces syndicats étaient des Syndicats de propriétaires; des conceptions politiques, appuyées sur des revendications économiques, créèrent les Syndicats ouvriers agricoles; d'autres nécessités sociales amenèrent la formation de Syndicats mixtes, comprenant des propriétaires et des fermiers d'une part et des travailleurs de l'autre. Ces derniers syndicats sont l'expression la plus complète du groupement mutualiste.

De ces syndicats naquirent successivement, d'après les diverses industries agricoles et en conformité de leurs besoins spéciaux, des groupements qui se proposaient l'organisation de la vente des produits ou la défense de leurs intérêts professionnels, et qui s'intitulaient Syndicats, Ligues, Comités, Coopératives de vente ou de défense.

Puis se fondèrent les Caisses de crédit agricole, d'assurances contre les risques agricoles, grêle, mortalité du bétail, accidents des ouvriers.

Enfin, sous les nécessités spéciales de la mévente, nous assistons à des groupements en vue de création de Caves communes ; les unes ne relèvent que de l'initiative privée, les autres de la combinaison de cette action privée combinée avec l'action syndicale ou même avec le concours des municipalités.

De telle sorte que nous grouperons l'étude des œuvres de mutualité au cours de la mévente en quatre chapitres : les syndicats, les caisses de crédit, les groupements en vue de la vente, et enfin les caves communes.

Le mouvement mutualiste est intimement mêlé avec la crise sociale que l'acuité de la situation économique déchaîne dans le Midi. Aussi nous unirons l'examen des conditions de salaire des ouvriers et des grèves agraires à celui des syndicats ouvriers.

Avant d'entrer dans les détails de ces institutions ainsi spécialisées, une observation s'impose, qui leur est commune à toutes. Les associations agricoles, quelle que soit leur dénomination, doivent demeurer des *groupements professionnels* ; leur mission sociale ne sera effective qu'à la condition d'être limitée à l'agriculture et que si elles conservent leur indépendance en dehors de toute influence étrangère.

Malheureusement, les associations sont des moyens d'action politique excellents ; dès lors les divers partis n'ont pas toujours su résister à la tentation de transformer ces institutions en instruments de propagande et quelquefois en cadres électoraux.

L'histoire de nos associations, vieilles déjà de vingt ans, témoignera que tant que leur administration est demeurée entre les mains des propriétaires fonciers, elles sont restées professionnelles. Les vieilles Sociétés d'agriculture sont des cercles d'étude et de défense des intérêts agricoles particuliers et généraux. Les Syndicats sont des syndicats d'affaires ouverts à tous, respectueux des opinions personnelles de chacun de leurs membres; leurs réunions donnent lieu à des causeries confraternelles où régnent en même temps la liberté et la courtoisie. Ces syndicats patronnent des Caisses de crédit qui cherchent à secourir tous les membres en se basant sur leur honnêteté et leur solvabilité; ils appuyent aussi des Sociétés de secours mutuels qui assurent à leurs membres des secours en cas de maladie, et quelquefois même en cas de chômage forcé, et les aident à constituer des retraites pour les serviteurs ruraux.

Mais lorsque l'idée syndicale eut vraiment pénétré dans le monde agricole, lorsque l'association des syndicats entre eux, complétant l'association des agriculteurs en syndicats, eut créé une véritable force sociale, qui par définition devait soutenir l'accord de la propriété et du travail, et ainsi enrichir à la fois les récoltants et les ouvriers unis dans un labeur et dans une destinée commune, tous les partis de désagrégation sociale s'unirent au Gouvernement pour créer de toutes pièces un organisme syndical politique destiné à combattre l'influence moralisatrice des associations professionnelles.

Cet organisme politique est partout constitué sur un modèle identique : en tête, une Société d'agriculture, qui s'intitule généralement démocratique; elle reçoit les subventions de l'Etat, les communications officielles du ministère; le professeur départemental d'agriculture l'oriente tout en se mettant à ses ordres; il en est de même du directeur de la Station agricole ou œnologique locale. Elle prend les résolutions, les motive et émet des vœux en la forme que le Gouvernement désire se les faire adresser.

Au second degré on crée des syndicats aussi nombreux que possible, qui forment une fédération; ils tiennent des congrès, envoient des délégations. On s'efforce de les faire accepter par l'opinion publique comme les représentants autorisés des intérêts régionaux. Ils seront les éléments des Chambres d'agriculture que l'on voudrait créer à l'instar des Chambres de commerce.

Au troisième degré sont des institutions de crédit, des coopératives et d'autres groupements exactement copiés sur ceux de la mutualité libre. Dans cet organisme, les hommes valent généralement mieux que les motifs secrets. A côté d'ambitieux, heureux de jouer un rôle, surtout s'il est accompagné de quelques décorations, on trouve beaucoup de gens affables qui s'y incorporent, car ils pensent que pour obtenir de menues faveurs il faut plaire au pouvoir qui les distribue.

Le syndicat électoral tue infailliblement le syndicat professionnel; c'est le grand danger qui menace à cette heure l'idée mutualiste dans le Midi de la France. Il est de toute évidence que des efforts constants sont tentés pour créer des syndicats destinés à faire accepter et triompher les principes de législation agricole qui font partie du programme du Gouvernement, programme essentiellement variable et souvent en contradiction avec nos intérêts locaux. Dès lors, les rôles sont renversés; ce n'est pas le syndicat qui conseille et l'Etat qui exécute, c'est l'Etat qui inspire un vœu et le syndicat qui en assure la réalisation, en paraissant l'imposer aux Pouvoirs publics. Depuis quelques années, de très nombreux syndicats de propriétaires ont été créés, en partie au moins, dans cet ordre d'idées; leur puissance sera d'autant plus éphémère que leur intervention aura été plus active.

CHAPITRE II.

DES SYNDICATS.

On compte trois formes de syndicats : les Syndicats de récoltants (propriétaires, exploitants, fermiers, métayers); les Syndicats ouvriers, et les Syndicats mixtes.

I.

Des Syndicats de Cultivateurs exploitants.

L'œuvre des syndicats répond à des intérêts matériels et moraux. Son premier objet pratique fut de rendre honnête le commerce des engrais, dont le développement coïncidait à peu près avec la création même des syndicats. Ceux-ci, par leur bulletin, indiquèrent la valeur exacte des unités dosées et les formalités à remplir pour la prise d'échantillon à fin d'analyse; ils attirèrent l'attention des professeurs d'agriculture et des Pouvoirs publics sur les marchés frauduleux; ils leur signalèrent les abus de confiance des négociants véreux et contribuèrent ainsi à la rédaction des lois spéciales pour la répression des fraudes.

Ils initièrent les cultivateurs à la culture rationnelle, puis à la culture intensive, en développant leur instruction professionnelle par des conseils, par des réunions, par des brochures, et en organisant des services d'office commercial, d'assurance, de crédit agricole, de contentieux rural, d'offre et de demande d'emploi; surtout ils apprirent aux ruraux à se grouper. Avec les années leurs fonctions se multiplièrent, ils devinrent des centres de renseignements et d'études prenant en main les désideratas de nos cultures, faisant valoir les revendications que les crises successives rendaient l'un après l'autre plus impérieuses, les formulant en vœux, les appuyant auprès des Pouvoirs publics.

Les syndicats s'efforçaient de créer des débouchés et d'assurer une vente plus facile des produits; ils mirent les récoltants en garde contre les acheteurs qui voulaient leur enlever leurs produits au-dessous des cours réels et qu'ils espèrent des offices ou des coopératives de vente. Contribuant à régulariser les achats et les ventes pour le compte de leurs membres, les syndicats exercent une influence générale sur les achats et les ventes des cultivateurs. Cette influence dépend du nombre de leurs adhérents ; et grâce à cette influence générale, ils sont utiles aux non-syndiqués eux-mêmes ; le commerce ne peut leur offrir des prix sensiblement différents de ceux convenus pour les syndiqués. Dans le domaine moral, ils firent comprendre peu à peu aux agriculteurs isolés par nécessité, et par conséquent individualistes de goût et méfiants de nature, l'utilité de s'associer et d'unir leurs efforts, et ils créèrent ainsi la mutualité rurale.

Ils apprirent aux terriens que l'agriculture prend de plus en plus la forme d'une industrie en ce qui concerne la production et d'un commerce en ce qui concerne la circulation. A cette conception nouvelle, dépendante des progrès des sciences et s'imposant aux hommes malgré leur volonté individuelle, doit correspondre un organisme nouveau, établissant des procédés de production et de circulation conformes aux exigences de la concurrence mondiale.

Dans l'Hérault se forma un syndicat très puissant, le Syndicat agricole de Montpellier, qui a des succursales dans les centres viticoles importants, notamment à Lunel, Marsillargues, Béziers, Pézenas. Il s'occupe de l'achat de toutes matières utiles à l'agriculture, et il est assez important pour que ces cours deviennent les régulateurs des produits similaires dans tout son rayon. Pour ne pas dépasser les fonctions qui lui sont reconnues par les lois, ce syndicat a créé une coopérative par actions chargée des opérations commerciales ; elle a un fond de roulement suffisant pour acheter des matières à l'époque de l'année où elles sont à leur plus bas prix, et elle fait profiter les syndiqués de la baisse annuelle des cours.

Dans l'Aude, il existe des syndicats d'affaires très importants : à Narbonne, Lézignan, Castelnaudary ; le Syndicat du Minervois, à Azille, défend avec compétence les intérêts généraux de la viticulture ; le Syndicat de la Montagne-Noire a créé un marché des laines.

Dans la Haute-Garonne, la Société d'agriculture forma le

Syndicat de la Haute-Garonne, qui récemment s'est divisé en syndicats locaux fédérés en un syndicat central. Il possède un office commercial distinct.

II.

Des Syndicats ouvriers.

Leur constitution et leur fonction. — A la suite des Syndicats de propriétaires se sont formés des Syndicats d'ouvriers agricoles; ils sont d'hier. Ces syndicats sont parfaitement légitimes; les salariés des villes ont des motifs plausibles de se fédérer en syndicats et en union de syndicats. Il est logique que les campagnards organisent des associations similaires; ils sont justifiés théoriquement par des intérêts corporatifs, tels que les questions de durée et de prix du travail. Depuis le mois de janvier 1904, les syndicats ouvriers se sont constitués dans presque tous les villages du Narbonnais et du Biterrois, et ils se multiplient dans l'Aude, l'Hérault et les Pyrénées-Orientales.

Cependant, dans ces régions, les travailleurs de terre n'auraient pas songé d'eux-mêmes à se grouper en syndicat; c'est ce qui prouve que si ces syndicats se justifient en théorie, ils ne répondaient dans le Bas-Languedoc à des besoins ni très réels, ni très urgents. Ils furent créés, sur un mot d'ordre, par des agents électoraux qui étaient les émissaires du parti radical socialiste-collectiviste et qui étaient favorisés par le Gouvernement, par les députés, par les conseillers généraux, par les maires qui firent ce mouvement et considérèrent chaque création de syndicat comme une victoire politique. Les paysans, les premiers, ne se sont pas trompés sur ce caractère, et ils s'y affiliaient ou refusaient d'y entrer uniquement d'après leurs opinions.

Les grèves agraires. — Les statuts portent bien que toute discussion politique et religieuse est interdite dans les réunions; sur les enveloppes on lit en exergue : Travail, Liberté, Bien-être.

Mais les faits eurent vite précisé les intentions réelles. Au lendemain de leur naissance, le pays fut en grève et la grève prit l'allure de l'émeute. Or, la grève étant impossible sans la création préalable d'un syndicat, il en résulta des troubles très graves qui entravèrent la liberté du travail et occasionnèrent des attentats nombreux. Pendant l'hiver 1904, les villages du Bas-Languedoc devinrent l'un après l'autre des lieux de violence et de bataille. A Coursan, à Fleury, à Pouzols, à Ventenac, à Tourouzels, à Elne, à Pia, à Montpellier et à Carcassonne, à Narbonne et à Lunel, des bandes d'énergumènes braillent *la Carmagnole* et *l'Internationale*, hissent au clocher des drapeaux rouges, gardent les chemins et frappent à coups de gourdin et de couteau les ouvriers qui veulent travailler, détellent les charrettes en coupant les traits, empêchent les propriétaires et les régisseurs de circuler s'ils n'ont pas obtenu un laissez-passer du comité de la grève. Des portes de caves sont enfoncées, des foudres brisés pour en répandre le vin, le pétrole est allumé contre les boiseries extérieures. A Pouzols, un curé est traîné, la corde au cou, par dérision, pendant toute une nuit, et à Fleury, un brave secrétaire de mairie meurt de saisissement.

Les brigades de gendarmerie sont doublées, les compagnies d'infanterie stationnent sur les places de villages, des dragons parcourent les champs; mais ces troupes ont ordre formel de laisser tout faire, hormis l'assassinat; les sous-préfets de Narbonne et de Saint-Pons supplient les propriétaires d'accepter sans discussion les revendications des meneurs, et comme récompense de leur servilité, ils sont menacés et conspués par ces derniers. Les tribunaux ont ordre d'acquitter tout gréviste quand un gendarme, le prenant en flagrant délit, a dû l'empoigner; l'inculpé est presque toujours défendu à la barre par le député, qui l'assiste comme avocat. Ainsi, les troupes ne sont déplacées que pour sauvegarder hypocritement la responsabilité du Gouvernement; mais leur seule présence atteste l'importance des troubles sur lesquels la consigne est de garder le silence.

Les gréviculteurs sont forts pour trois motifs : par la lâcheté des propriétaires, par l'appui officiel des députés et autres corps élus, par la complaisance sympathique du Gouvernement. Ils peuvent être arrogants, car leurs violences n'ont provoqué aucune réaction énergique des populations terrorisées ; ils savent que le pouvoir est moralement avec eux. Ils ont exigé des arbitrages des préfets et des juges de paix, dictant leurs conditions aux employeurs et ils refusent d'exécuter les sentences qui ne leur agréent point. Puis ils se calmèrent; leur modération relative provient de ce fait qu'après la première effervescence, quelques ouvriers honnêtes et intelligents, voyant l'exagération des revendications, ont fait taire les meneurs. Ce fait, devant les destinées du pays, est de haute conséquence; il prouve que le vrai remède consiste à exposer nettement aux syndicats ouvriers la situation économique, à faire appel à leur bon sens pour leur démontrer mathématiquement qu'ils ont intérêt à coopérer à la production de nos richesses viticoles; qu'ils doivent être les organes du travail professionnel et non un instrument de guerre sociale dirigé par des ambitieux étrangers à l'agriculture et quémandeurs de sinécures. En substituant une influence bonne à une mauvaise, les syndicats ouvriers peuvent être les instruments les plus efficaces du relèvement de notre situation économique, car ils parlent aux parlementaires un langage toujours écouté, celui de la réélection.

III.

Transformation de la crise économique en crise sociale. — Grèves agraires. — Agitation révolutionnaire.

D'économique, la crise viticole est devenue une crise sociale, et cette crise sociale a dégénéré en grève agraire et peut devenir une révolution sociale, si tel est le bon plaisir des partis anarchistes.

Il y a à cet ordre de choses des raisons lointaines et immédiates, morales et matérielles. Ils sont un peu responsables de la crise agraire les hommes qui, pouvant, par leur autorité sociale, par leur parole, par leurs écrits, par leur influence journalière, modifier le tempérament et l'orientation des esprits de leurs concitoyens, pouvant lutter contre une presse captieuse et des rhéteurs de cabarets, se sont abstenus et se sont enfermés dans un scepticisme fait surtout de craintes, d'indécision, d'inintelligence et du désir de ne pas se compromettre. Ils sont responsables ceux qui manquent de courage civique, le plus difficile, je le reconnais, mais le plus nécessaire à une époque où toutes les graves questions se résolvent par le bulletin de vote. Les méridionaux les mieux intentionnés ont une timidité d'esprit et une grande nonchalance qui les portent à se contenter d'attribuer la crise viticole, l'effondrement de la richesse méridionale, l'expansion des tendances collectivistes, les premiers faits de grève armée et de guerre civile à des causes immédiates et secondaires tels que l'abondance de quelques récoltes, leur mauvaise qualité, leur difficulté d'écoulement, l'appauvrissement temporaire du pays, la diminution du taux des salaires et du nombre des journées de travail; mais ils ne remontent pas aux causes profondes, car ils ont l'intuition que l'examen de ces dernières feraient retomber sur eux-mêmes une large part de responsabilité des faits dont ils souffrent. S'il est vrai de dire qu'un peuple n'a que le gouvernement qu'il mérite, il est encore bien plus juste d'affirmer que tel ou tel collège électoral ne doit s'en prendre qu'à lui-même de la valeur intellectuelle, morale ou technique de son représentant. On fraude indignement les scrutins, objectera-t-on; il faut s'ingénier à empêcher cette fraude et conquérir une à une les diverses représentations du suffrage universel. Avoir de bonnes élections municipales, c'est le seul moyen de lutter avec quelques chances pour les élections du Conseil général et pour les élections législatives. Le salut économique et matériel est à ce prix.

La seconde question, pour apprécier le mouvement social agraire, est de préciser les conditions actuelles des ouvriers. Les ouvriers agricoles se divisent en deux catégories : les gagés, appelés également ramonnets ou métayers, qui sont loués à l'année, et les journaliers qui sont engagés, par des conventions stipulées ou tacites, à la journée, à la semaine, au mois, ou pour une période déterminée.

Les gagés gagnent en moyenne 400 francs en argent, 8 hectolitres de blé, 5 hectolitres de vin; ils sont chauffés, logés et ont la jouissance d'un petit jardin; le gage varie ainsi, d'après la valeur annuelle du blé et du vin, la cherté du loyer et le produit du jardin, entre 7 et 900 francs.

Ils doivent huit heures de travail pendant neuf mois et sept heures pendant trois mois, et sur leur temps libre de dix heures à une heure, ils soignent les animaux et exécutent quelques travaux d'entretien. Les femmes de la famille gagnent de 1 fr. 25 c. à 1 fr. 50 c. par jour, et pendant les vendanges, de 2 francs à 2 fr. 50 c., soit annuellement entre 300 et 350 francs.

Une famille de deux hommes et de deux femmes possède ainsi un revenu brut de 2,000 à 2,500 francs.

Il est de toute importance de remarquer que les besoins de la famille, nourriture, logement, jardin, chauffage sont payés quoi qu'il arrive, et que les seuls besoins que la famille doit satisfaire avec son argent sont le vêtement et l'amélioration de la nourriture par la viande; encore faut-il déduire ordinairement de la quantité de viande nécessaire celle que fournit un cochon consommé par la famille ou dont le prix de vente améliore son ordinaire, et quelquefois l'entretien de volaille et d'autres produits que nous ne portons pas en compte.

Les journaliers des pays de vignobles riches gagnent de 2 francs à 3 francs par jour, en dehors de la période des vendanges et des cuvaisons. Sur trois cent soixante-cinq jours, on peut compter trois cents jours de travail, se décomposant en deux cent soixante jours à 2 fr. 25 c., soit 585 francs, et quarante jours à 4 francs, soit 160 francs, en tout 745 francs ; à ces prix l'ouvrier travaille sept heures en temps normal. Le récoltant et le travailleur sont associés, même à leur insu, dans la bonne et mauvaise fortune. Aux années de bénéfices correspondent les salaires élevés, aux années de perte, les salaires réduits. Mais l'ouvrier a beaucoup moins souffert de la mévente que le récoltant : celui-ci s'est privé de tout avant de rogner la part de l'ouvrier. Cette part, d'ailleurs, ne peut descendre au-dessous d'un prix trop faible, tel que le travailleur gagne au moins sa vie, et elle doit se maintenir aux conditions que trouverait l'employé s'il quittait la terre pour s'embaucher dans d'autres industries.

Quels sont les programmes moyens des conditions de travail poursuivis par les Syndicats ouvriers? Ils sont divers en ce sens que certains syndicats demandent des conditions qu'un autre syndicat ne revendique pas. Il faut distinguer parmi ces revendications celles qui concernent l'ouvrier proprement dit et qui seraient pour lui un avantage personnel, et celles qui n'ont trait qu'à la reconnaissance ou à la suprématie du Syndicat lui-même.

Les conditions personnelles ont été accordées par les propriétaires à leurs hommes aussi bien dans les villages où il n'y eut ni grève ni syndicat que dans les villages terrorisés par l'émeute ; car les salaires ne dépendent pas de l'avarice ou de la bonne volonté de l'employeur, ils dépendent de la prospérité relative du pays et sont soumis aux fluctuations de l'offre et de la demande, dépendant elle-même des bénéfices et des pertes. Il est équitable en tout état de cause que le salaire soit suffisant pour entretenir le travailleur et sa famille, et que ce dernier bénéficie de la prospérité générale par une augmentation proportionnée du taux des salaires ; mais si le prix de vente du vin ne suffit pas à l'entretien réduit aux proportions les plus strictes du récoltant lui-même et de sa famille, ce dernier ne pourra disposer au profit d'autrui des ressources dont il est lui-même privé. La solution est donc, aux époques de mévente, d'accomplir un travail plus prolongé pouvant permettre une journée finalement plus rémunératrice; puisque six heures de travail équivalent à 2 fr., l'ouvrier devrait travailler neuf heures et toucher 3 francs. Cette durée est bien celle que font les travailleurs qui prennent des forfaits, par exemple qui font la taille à 5 ou 6 francs le mille, les conques au même prix et d'autres travaux analogues. Mais précisément pour empêcher le travailleur actif et adroit d'être employé de préférence à l'ouvrier paresseux et inhabile, les Syndicats ouvriers inscrivent généralement dans leurs revendications l'abolition du travail à la tâche. Il n'est plus possible ainsi de dépasser le nombre d'heures réglementaires, point capital pour les meneurs. L'abolition du travail à la tâche nuit à l'homme consciencieux en le privant de la supériorité qu'il puise dans son énergie, et ne profite qu'à l'homme qui est au-dessous de la moyenne. Les étrangers travaillent avec plus de facilité que les Français; aussi les Syndicats demandent en général leur expulsion, ils cherchent à substituer le prix de l'heure au prix de la journée et à établir des tarifs différents suivant les travaux, à égaliser le salaire de la femme à celui de l'homme pour que l'employeur n'ait point de bénéfice à embaucher des femmes ou des garçons travaillant aux tarifs des femmes.

Les Syndicats, dans leurs revendications, ont été surtout jaloux de faire triompher leurs revendications en tant que corporation; ils veulent que les salaires ne soient pas établis par accord individuel entre patrons et ouvriers, mais passent par le bureau syndical; ils voudraient même que le patron ne puisse pas avoir le droit de choisir ses ouvriers, mais qu'il soit obligé d'accepter ceux qui sont désignés d'office par le Syndicat. Enfin, le Syndicat voudrait faire admettre que les ouvriers soient toujours employés même quand les travaux ne sont pas urgents ou que les circonstances atmosphériques les rendent difficiles et quelquefois préjudiciables à la terre.

Ces revendications n'étant pas admises, il en résulta des violences dont l'écho fut porté jusqu'au Parlement. M. Combes, répondant à une interpellation faiblement documentée malheureusement de M. Lasies sur les Syndicats ouvriers, traita leurs agissements de « modèles des grèves », ce qui ne l'empêcha pas de se déjuger en fait en envoyant quelques jours avant les vendanges, aux préfets du Midi, une circulaire dont voici un extrait :

« La grève qui a éclaté il y a quelques mois parmi les ouvriers agricoles de votre département impose au Gouvernement le souci de se préoccuper de l'éventualité où un mouvement analogue viendrait à se manifester de nouveau au cours de la période des travaux agricoles.

« C'est le premier devoir de l'Administration, tout en ne mettant aucun obstacle aux droits que possèdent les ouvriers de présenter leurs revendications et d'employer tous les moyens légaux de nature à les faire aboutir, de veiller à ce que les conflits d'intérêts entre eux et leurs patrons ne dégénèrent pas en incidents susceptibles de provoquer une répression nécessaire.

« Tant que les parties se maintiendront dans les limites de la légalité, votre rôle se bornera à les laisser agir au mieux de leurs intérêts. Si elles réclament votre concours, soit en vue d'un arbitrage, soit pour vous demander de leur servir d'intermédiaire dans l'échange de leurs propositions respectives, vous vous mettrez à leur disposition en faisant comprendre à ceux qui auront fait appel à vos bons offices qu'ils sont tenus par là même à apporter dans la discussion un esprit réciproque de modération, de bienveillance et de conciliation; il convient d'envisager le cas où, une entente n'ayant pu s'effectuer, le conflit viendrait à prendre un caractère inquiétant pour la tranquillité publique.

« Si j'ai pu rendre hommage à la sagesse dont ont fait preuve les ouvriers au début des dernières grèves agricoles, il n'en faut pas moins reconnaître, qu'échappant bientôt à leur direction, le mouvement a, sur plusieurs points, changé de caractère et dégénéré en une agitation dangereuse. C'est ainsi que, dans de trop nombreuses localités, ils se répandaient sur les routes arrêtant les charrettes, dételant les chevaux, empêchant, par menaces et voies de fait, l'ouvrier isolé de se rendre au travail; ailleurs, des barrages étaient établis qu'on ne pouvait franchir qu'à la condition d'être muni d'un laissez-passer; ailleurs, enfin, les petits cultivateurs travaillant chez eux, pour leur propre compte, étaient molestés et contraints de cesser tout travail.

« Le Gouvernement est tenu de prévenir ou de réprimer de semblables actes, tant dans l'intérêt de la paix publique que dans celui des ouvriers eux-mêmes dont les revendications perdent toute autorité du moment qu'elles s'abritent derrière l'intimidation et la menace.

« Je compte, Monsieur le Préfet, sur votre influence pour bien faire comprendre autour de vous quelle est à cet égard la manière de voir du Gouvernement, quelle sera sa ligne de conduite, et pour préciser les limites où doit se renfermer l'exercice légitime du droit de grève. »

Cette crise agraire avait pour objet la réalisation pratique de la doctrine collectiviste, la nationalisation du sol et la transformation des habitants en fonctionnaires. Elle s'effectue dans le silence du Parlement, des ministères successifs et de la presse gouvernementale, mais elle plonge le Midi dans l'angoisse, car elle y fait régner la terreur depuis dix-huit mois. Seuls, quelques journaux indépendants : *l'Eclair de Montpellier*, *l'Express du Midi* et *le Télégramme* de Toulouse s'élèvent contre ces actes d'émeute et de guerre civile.

C'est donc un devoir politique et social de signaler cette tentative de révolution aux hommes d'ordre de toute la France, car elle constitue un très grave danger, qu'il faut combattre, et une occasion de soulager de profondes misères économiques par des lois d'ordre général.

Le danger est imminent, car les meneurs, intelligents, envieux, paresseux, rêvent de guerre sociale, le partage du sol, idées à la fois vagues et violentes, qui hantent leur cerveau et leur forment comme une obsession qu'ils entretiennent par leurs propres discours, s'autosuggestionnant eux-mêmes et s'efforçant de garder leur popularité en renchérissant de promesses ; ils se font soutenir par la presse, par *le Petit Méridional*, organe officiel de la maçonnerie et par *la Dépêche*.

La Dépêche est le plus puissant organe socialiste de France, disposant de cinquante voix à la Chambre et de vingt au Sénat. C'est le journal officiel de la majorité antireligieuse et antimilitariste. MM. Clémenceau, Pelletan, Jaurès y écrivent, soutenus par un groupe de Toulousains, hommes sceptiques, devenus très riches, qui impriment ce qu'ils savent le plus apte à flatter les passions de leurs lecteurs ; ils connaissent supérieurement leur public. *La Dépêche* dirige le Midi plus que ne le fait le gouvernement.

En quoi l'action de *la Dépêche* est-elle vraiment néfaste à la viticulture ?

I. — Au point de vue économique, en ce qu'elle est partisan d'une extension de plus en plus absorbante des fonctions de l'État ; extension qui est la raison ultime du programme radical et surtout du programme socialiste, et qui doit par son extension logique aboutir au collectivisme. Elle substitue graduellement la gestion de l'État à celle des individus agissant soit isolément soit en *associations libres ;* elle brise de plus en plus l'initiative personnelle ; elle décourage l'esprit d'épargne, constituée pour soi-même et pour ses enfants, en préconisant les impôts directs qui frappent sous toutes ses formes la richesse acquise et en diminuant les revenus des capitaux dans des proportions telles que l'on n'a plus d'intérêt à en constituer ni par son travail ni par son épargne.

II. — Au point de vue politique, elle fait réserver les fonctions publiques non pas aux seuls républicains, mais parmi les républicains, à ceux-là seuls qui ont donné des gages aux partis radicaux, socialistes et maçonniques ; elle contribue ainsi à rendre l'homme hypocrite et servile ; elle écarte des mandats législatifs les propriétaires, qui sont généralement conservateurs ou libéraux, au profit d'hommes sans fortune qui, par l'insuffisance de leurs moyens d'existence et leur désir d'autorité, sont les apôtres de ces idées de spoliation socialiste et d'extension du rôle de l'État; elle a contribué à assurer l'échec, aux élections de 1902, des personnalités les plus aptes à arrêter la crise viticole; elle a combattu avec plein succès tous les hommes de valeur.

III. — Au point de vue social, toute son action repose sur la haine; elle attise la colère et l'envie des travailleurs contre les employeurs, en représentant ces derniers comme des hommes ayant toutes les jouissances et se les offrant au détriment des ouvriers, en les lésant sur la part qui leur revient dans la production générale de la richesse.

Cette action est d'autant plus puissante que *la Dépêche* est lue autant par les hommes qu'elle attaque que par ceux qu'elle défend, grâce à sa rédaction qui correspond parfaitement à la mentalité du Midi.

Elle a en son pouvoir la solution de la crise viticole. Les voix dont elle dispose à la Chambre et au Sénat sont le soutien indispensable de la politique antireligieuse, antimilitariste et socialiste qui s'est affirmée avec le ministère Waldeck-Rousseau, qui a trouvé son expression intégrale sous le ministère Combes, et qui se poursuit avec quelque modération de forme sous le ministère Rouvier. Or, le ministère Combes n'a vécu pendant bien des mois qu'à cinq et dix voix de majorité, tombée même, au cours de plusieurs séances, à deux voix. Si les cinquante voix des députés relevant de *la Dépêche* s'étaient seulement abstenues, le ministère Combes aurait dû se retirer séance tenante.

Si *la Dépêche* avait donc voulu résoudre la mévente, elle l'aurait pu et son programme économique eût été exécuté sans discussion. Mais elle préfère son triomphe en politique pure aux intérêts matériels du Midi, et au lieu de le sauver, elle cherche à détourner l'esprit des vrais moyens de salut.

Le Midi est latin de ses ancêtres; il a gardé dans le sang une passion : l'égalité dans la servilité. Il la traduit par le collectivisme organisé sous l'autorité absolue de l'Etat. Le sol devenu propriété commune ou mieux propriété de cette abstraction, l'Etat, tous les habitants l'exploitant à titre de fonctionnaires salariés retraités comme agents de l'Etat, voilà ce qu'il estime aujourd'hui le progrès, l'émancipation, l'avenir du prolétariat, et par ces mots on le grise et on le porte au dernières violences.

Beaucoup de ces meneurs sont des ambitieux s'emballant à froid, qui voient dans les grèves et les associations ouvrières un simple tremplin électoral; être maire pour se faire nommer percepteur, greffier, juge de paix, receveur buraliste, en échange de quelques vols de scrutin, tel est le rêve de petits propriétaires, de petits bourgeois, qui pérorent avec le plus complet scepticisme au club collectiviste. Tout Méridional pauvre, paresseux, ou raté, ou taré est candidat fonctionnaire.

L'organisation socialiste rurale est dans le Languedoc plus forte que l'organisation urbaine, car elle a été créée en une seule fois sur un plan mûri par l'expérience; beaucoup des élus actuels du suffrage universel la trouvent trop réussie, trop forte; il leur semble que les candidats ouvriers engageront avec chance la lutte contre les gros bourgeois anticléricaux, radicaux officiels. Aussi, depuis les vendanges 1904, l'administration, par l'organe des professeurs d'agriculture, cherche à provoquer la formation de syndicats de propriétaires, théoriquement pour conjurer la crise économique, pratiquement pour faire face aux cadres électoraux collectivistes; cette création qui est logique, et même nécessaire, au point de vue agricole, n'aboutira pas, précisément parce qu'elle vient du pouvoir; les grandes et anciennes associations agricoles, les propriétaires conservateurs et républicains libéraux ne prêteront ni leur prestige ni leur appui à des associations qu'ils savent purement politiques et destinées à soutenir des personnalités antipathiques, sectaires, égoïstes, inintelligentes, qui ne se sont signalées que par leur violence anticonfessionnelle et par leur incompétence économique et viticole.

Le Midi, en 1904, fut à la veille de troubles sanglants; s'il n'y eut pas plus de violences, c'est que les comités les jugèrent plus nuisibles qu'utiles à leur propagande électorale; c'est aussi parce que la majorité des ouvriers, infiniment plus sage que les meneurs, comprit que la détresse financière causée par l'effondrement prolongé des cours ne permettrait aucune augmentation de salaire. Il est stupéfiant qu'une misère si prolongée ne provoque aucun retours au bon sens et se borne à de simples violences de langage et à des rédactions de programmes exaltés, dont les auteurs cherchent eux-mêmes à empêcher la moindre réalisation.

De grandes forces de résistance économique et sociale devraient jaillir de ces misères et de ce désarroi, d'autant plus forte que les hommes de cœur et d'intelligence devraient être disposés à s'associer et à se soutenir proportionnellement à l'imminence et à la profondeur du mal. La misère des ouvriers serait facile à faire disparaître; elle vient de la misère des récoltants, et nous avons démontré que celle-ci, à son tour, dépendait davantage des causes relevant de notre volonté que des causes naturelles.

Les syndicats ouvriers, qui deviennent professionnels, mettent dans leurs revendications les éléments les plus importants du programme des récoltants : rétablissement du privilège des bouilleurs de cru, vinage en franchise, abaissement des tarifs de transport, poursuite par notre diplomatie de l'abaissement des droits de douane perçus sur les vins français.

Lorsque les syndicats de travailleurs reprendront leur caractère exclusivement professionnel, ils deviendront non seulement légaux, mais utiles et à leurs membres et aux intérêts généraux de la région. S'ils comprennent quels sont les défauts des lois intéressant la viticulture et s'ils savent contribuer à provoquer les modifications que le Parlement doit y apporter, ils pourront améliorer notre sort mieux que ne le feront les syndicats des propriétaires, pour cette simple raison que leurs membres sont plus nombreux, et qu'en conséquence ils disposent d'un plus grand nombre de bulletins de vote, et qu'en définitive ils peuvent décider de l'élection ou de l'échec de nos représentants, depuis le sénateur jusqu'au conseiller municipal.

S'ils sont conséquents avec eux-mêmes, ils doivent faire alliance avec les syndicats de propriétaires, avec ceux du moins qui sont dans la vraie voie pour la défense de nos revendications. Le bon sens populaire livré à lui-même les aura vite discernés. Ce qui fut un instrument de guerre peut devenir un excellent moyen de paix et de conciliation ; il suffit de substituer une influence à une autre.

IV.

Syndicats mixtes.

Si l'entente des syndicats de propriétaires et d'ouvriers est très utile aux uns et aux autres, l'union de ces patrons et de ces travailleurs dans un seul et même syndicat est une solution logiquement meilleure encore, puisqu'elle réalise leur solidarité en des termes plus complets ; c'est à cette pensée que répond le syndicat mixte.

Son avènement est préparé par l'ordre de choses existant ; notre région compte de nombreux cultivateurs qui possèdent des biens souvent importants et qui vont travailler quelques journées par semaine ou quelques heures chaque jour comme ouvrier salarié chez un voisin. Chacun, dans nos départements viticoles, est plus ou moins propriétaire, et la différence qui sépare l'employeur de l'employé est difficile à préciser ; aussi, beaucoup de syndicats de propriétaires comptent des membres qui, étant propriétaires et petits récoltants, sont les premiers à profiter des services commerciaux et autres du syndicat, et qui, d'autre part, augmentant leurs ressources en louant leur travail, doivent être considérés également comme salariés. Réciproquement, les syndicats ouvriers comptent beaucoup de membres qui sont propriétaires ; cette situation rend naturelle la création de syndicats mixtes.

Remplissant les rôles du syndicat de propriétaires et du syndicat d'ouvriers, le syndicat mixte est théoriquement supérieur à l'un et à l'autre, par l'ensemble des rapports que ses statuts établissent entre les employeurs et les employés. Au cours des grèves de 1904 et 1905, quand il y eut conflit au sujet des conditions de travail, les syndicats ouvriers cherchèrent à imposer leurs revendications par la violence, et ils exerçaient cette violence bien plus encore à l'égard des ouvriers indépendants qu'à l'égard des patrons; on parvenait quelquefois à les décider à procéder par voie d'arbitrage, et maintenant que les syndicats ouvriers inspirent une terreur salutaire à ceux qui les ont inventés, on cherche à faire admettre le principe de l'arbitrage spécial; mais, dans plusieurs cas, ils refusèrent d'adhérer aux sentences rendues. D'autre part, on cite quelques employeurs, rares il est vrai, qui se dérobèrent aux engagements acceptés ; il n'existait donc aucune garantie des engagements réciproques. Le syndicat mixte apporte le moyen de tout solutionner à l'amiable ; son principe est la libre discussion basée sur l'entente professionnelle. Les propriétaires et les ouvriers assistent aux réunions générales ; ils peuvent échanger leurs observations et établir les conditions de travail directement. En dehors des assemblées générales, ouvriers et propriétaires ont des représentants dans le Conseil d'administration; ceux-ci forment un arbitrage permanent. Réduire le différend à la discussion des seuls intérêts professionnels, c'est être sûr que tout se passera à l'amiable et que l'accord se fera de lui-même. Initier les ouvriers à la connaissance exacte du sort des propriétaires, de leurs ressources et de leurs charges, amener également les propriétaires à se rendre compte des besoins et des misères des travailleurs, faire réciproquement appel à leur bon sens, c'est le moyen le plus intelligent et le plus digne de créer entre eux une entente raisonnée.

Avantages des ouvriers. Suppression du chômage. — Les avantages des ouvriers membres de syndicats mixtes sont les suivants. *Ils sont embauchés par les patrons de préférence aux ouvriers ne faisant pas partie du syndicat.* Un office du travail est tenu au siège du syndicat, recevant les offres et les demandes d'emplois. Le chômage est réduit au minimum par l'engagement que prennent les propriétaires d'*assurer aux ouvriers syndiqués l'emploi de leurs journées en les occupant sur leur terre pendant un nombre de journées proportionnel au nombre d'hectares de leurs exploitations.* Le chômage sera mathématiquement supprimé quand le nombre d'hectares sera en proportion du nombre des travailleurs.

Garanties affectées aux patrons. — Les patrons ont une garantie des conventions passées entre eux et les ouvriers. En premier lieu, le syndicat n'admet que des hommes probes et consciencieux. Secondement, les représentants des ouvriers qui refuseraient d'exécuter les conditions librement acceptées seraient exclus du syndicat et seraient ainsi privés des avantages directs ou indirects qu'il confère. Le syndicat n'est peut-être pas parfait, mais la perfection n'est pas de ce monde ni surtout du monde social à l'époque actuelle. Tel quel, il est notre meilleur instrument de fraternité et de pacification ; la guerre peut éclater d'un jour à l'autre entre les syndicats de propriétaires et les syndicats ouvriers. Le syndicat mixte, basé sur la raison, l'estime, servira à l'atténuer et peut-être à la conjurer.

Le Congrès de Toulouse, tenu sur l'initiative de la Société d'agriculture du département de la Haute-Garonne à l'occasion du Concours national de juin 1904, avait mis à l'ordre du jour de la section des questions économiques et sociales l'étude des syndicats mixtes ; malgré une opposition courtoise mais ferme de quelques membres, l'assemblée a admis le vœu présenté par M. Duport tendant à la propagation de cette forme syndicale.

La Société des Agriculteurs de France a émis, dans sa session de 1905, le vœu suivant :

« Considérant que les regrettables incidents qui sont survenus à l'occasion des grèves agricoles du Midi n'auraient vraisemblablement pu se produire si les propriétaires et ouvriers agricoles de cette région avaient été groupés dans des syndicats mixtes où ils auraient pu librement discuter leurs intérêts respectifs et solidaires, émet le vœu qu'il soit créé partout où il n'en existe pas encore des syndicats agricoles proprement dits, c'est-à-dire groupant dans une même association propriétaires, fermiers, métayers et ouvriers. »

Le syndicat mixte est le meilleur instrument de propagation de l'idée mutualiste. — Tout syndicat mixte forme de lui-même le cadre d'une société de secours mutuels et d'une caisse de retraite. Ses adhérents, ouvriers ou petits propriétaires, sont les membres actifs de la société de secours mutuels ; ses adhérents aisés en sont les membres honoraires, apportant leur cotisation, soit libre, soit proportionnelle, à l'étendue de leur propriété.

Ainsi, les adhérents ouvriers d'un syndicat mixte bénéficient des soins médicaux et sont défrayés des frais pharmaceutiques et des frais funéraires. Ces avantages peuvent être étendus à leurs familles ; les municipalités devraient favoriser le développement de ces syndicats qui sont destinés à diminuer les frais de l'assistance publique ; la législation se prête parfaitement à la constitution de sociétés de secours mutuels sous le patronnage du syndicat.

Le syndicat a également toute facilité pour constituer au profit exclusif de ses membres ouvriers des retraites pour la vieillesse. Il crée une caisse dont le recettes, fournies un peu par les patrons, un peu par les ouvriers, alimentent un fonds commun et des livrets individuels. La législation offre toute facilité pour y procéder et la Caisse nationale des retraites pour la vieillesse leur ouvre des comptes très faciles à tenir à jour.

Ainsi, le chômage, la maladie et l'invalidité de la vieillesse seraient atténués par le syndicat mixte, directement par lui-même, indirectement par les institutions de prévoyance dont il serait l'auteur et le surveillant, bien qu'elles soient des organes distincts et indépendants. Il constitue donc le moyen le plus sûr et le plus rapide pour amener les populations rurales à comprendre les idées de mutualité si en honneur de nos jours; il est d'autant plus intéressant de signaler ces œuvres d'assistance volontaire que la France est à la veille d'être saisie de tout un système d'assistance obligatoire qui ne vivra que par des augmentations d'impôts. Ces lois d'assistance seront votées juste au moment où le Midi viticole plie sous le poids de contributions qu'il est mathématiquement incapable de satisfaire par ses ressources courantes et qu'il ne peut payer que par l'emprunt, par la diminution des salaires faite aux dépens des ouvriers et par la restriction des moyens d'exploitation, ce qui amène un appauvrissement permanent; au contraire, les syndicats mixtes soulageraient les hommes honnêtes qui se sont imposé des sacrifices de cotisations pour créer des capitaux appartenant en propre aux associations et qui deviennent productifs par la loi de l'accumulation des intérêts; le salut serait donc dans l'effort volontaire et personnel.

Ces idées s'affirment un peu partout, même dans la région la plus étatiste du Midi, dans le Biterrois; un syndicat a été créé à Béziers, 17, rue Boïeldieu, qui répond à la théorie des syndicats mixtes, telle qu'elle est préconisée par M. Duport, vice-président des Agriculteurs de France; par M. Vauron, vice-président de l'Union des syndicats du Sud-Est; par M. Delalande, président de l'Union des syndicats de France; par M. de Rocquigny, directeur du Musée social.

Le Syndicat de Béziers comprend tout l'arrondissement; son siège social est au chef-lieu; puis, dans chaque centre viticole, il a créé un groupement communal composé de récoltants et de travailleurs, groupement qui possède son autonomie. En tant que syndicat mixte, il institue pour ses adhérents ouvriers des avantages spéciaux; il leur assure le privilège d'être embauchés par les propriétaires syndiqués de préférence aux ouvriers non adhérents. Dans chaque groupe communal dépendant du syndicat, il est établi un office du travail recevant les offres et les demandes d'emploi et organisant au profit des ouvriers en chômage un roulement ; les propriétaires syndiqués s'entendent pour accorder un nombre de journées de travail proportionnel à l'étendue de leur exploitation.

Le Syndicat de Béziers a créé une société de secours mutuels, dite « l'Union des classes », destinée à assurer à ses membres actifs salariés ou petits propriétaires des secours en cas de maladies et des frais funéraires ; il facilite aussi l'obtention de pension de retraite.

Le même mouvement se poursuit dans un grand nombre de centres viticoles du Bas-Languedoc, et il est plus intense là où la tyrannie des meneurs s'est affirmée au cours des grèves avec plus de violence.

CHAPITRE III.

LE CRÉDIT AGRICOLE.

I.

Le crédit agricole officiel et le crédit agricole libre. — Caisses régionales et caisses locales. — Caisses rurales autonomes.

Le crédit agricole est une organisation toute récente ; il est né d'un double principe :

1° De l'évolution économique qui rapproche de plus en plus la culture de la terre d'une industrie et d'un commerce ;

2° De la diffusion des idées de mutualité.

Longtemps on s'est refusé à admettre que l'agriculture soit une simple industrie, tout comme la fabrication des chaussures, des draps, des meubles, et que la terre jour le rôle d'une usine à l'instar d'un tissage ou d'une acierie. Il en est ainsi cependant, puisque la terre a pour fin de fabriquer des produits alimentaires, viande, blé, vin, sucre, tabac, et des matières brutes destinées à être ouvrées tels que la laine, le coton, le lin, le bois, la soie, et que cette production se réalise en combinant divers éléments qui sont : le sol plus ou moins riche en principes fécondants, l'eau, les engrais et la chaleur. L'agriculture est aussi finalement un commerce puisque son but consiste à vendre les produits à un prix supérieur au coût de leur fabrication; que le cours des produits agricoles est régi par les mêmes lois économiques que celles de toute autre matière commerciale et que leur vente s'opère de la même manière, par transaction entre vendeur et acheteur, par courtage, par opérations en foire ou en bourse de marchandises, au comptant et à terme; et, ce qui achève d'assimiler l'agriculture au commerce, c'est que, grâce à l'extension moderne des transports, les produits des régions les plus éloignées subissent les prix imposés par la concurrence mondiale.

Le crédit agricole repose sur la mutualité; il existe de ce fait une explication matérielle; l'agriculteur isolé ne trouvait aucun crédit en banque; les capitaux qui escomptent si facilement les effets de commerce, même des négociants ayant le moins de surface, n'étaient jamais mis à la disposition de l'agriculture en dehors des emprunts hypothécaires garantis par la valeur des biens fonds. L'escompteur était retenu par la difficulté de réalisation du gage, qui était la terre, et par la faiblesse du roulement de fonds des produits agricoles. Par la mutualité, chaque agriculteur devient responsable de la solvabilité de son voisin; en créant une caisse de crédit chacun apporte, sous forme de souscription individuelle, des fonds qui serviront d'abord à opérer des prêts et en second lieu à être la garantie de l'escompte consenti soit par les établissements financiers relevant de l'Etat, soit par les établissements particuliers; ainsi la mutualité a créé les disponibilités courantes qui sont indispensables à l'agriculture moderne et qui vivifiaient déjà le commerce et l'industrie.

Il n'entre pas dans le cadre d'une brochure sur la crise viticole d'étudier la genèse du crédit rural ; rappelons simplement qu'il est né dans les pays qui les premiers se sont rendus compte de cette évolution économique et de la force de l'association en Allemagne, en Belgique, en Suisse, en Italie, en Autriche, en Portugal.

Le crédit agricole a pour objet de mettre des fonds à la disposition des exploiteurs du sol pour leur fournir le moyen de tirer un meilleur parti de leur terre. Il ne doit servir qu'à *faciliter les dépenses courantes*, telles que main-d'œuvre, achat de semences, d'engrais, d'aliments pour les animaux, d'instruments agricoles, de produits anticrypotgamiques, de bétail, prêts sur warrants concernant les récoltes pendantes, toutes dépenses qui doivent être remboursées par la vente des produits annuels de la terre. Par ce caractère temporaire et limité à de très petites sommes individuelles, il se distingue du crédit foncier qui fournit les capitaux applicables à la création et aux réparations majeures des domaines ruraux ; il est à court terme, ne dépassant guère neuf ou douze mois, et doit aider successivement un très grand nombre de cultivateurs qui n'emprunteront chacun qu'une somme minime remboursable dans l'année. *Il est personnel*, en ce sens que le prêt est consenti en tenant compte surtout de la moralité de l'emprunteur, de son habileté au travail, de sa bonne volonté à gagner les moyens de faire vivre sa famille ; cependant il est, par la force des choses, proportionnel à la solvabilité de chacun et il doit par conséquent tenir compte de la valeur que représentent ses biens nets de charges quelconques, hypothécaires ou chirographaires.

Le crédit agricole se transforme malgré lui en crédit réel quand il porte sur des warrants; enfin on cherche à lui donner un caractère mixte, personnel et réel, en affectant au remboursement des dettes agricoles le cheptel, le matériel agricole, qui deviendrait le gage des obligations. Le crédit agricole ainsi organisé présente les caractères suivants : il est à court terme, syndical, mutuel ou personnel.

La France est une des nations européennes qui est demeurée le plus longtemps réfractaire à la conception du crédit agricole, et notre région du Sud-Ouest n'a mis en pratique cette institution féconde que depuis une douzaine d'années; mais aujourd'hui le fonctionnement du crédit agricole est assuré par deux services : celui des caisses soutenu par l'État et celui dont la conception et les ressources proviennent exclusivement des efforts des particuliers. Le premier est une combinaison de la mutualité agricole et de l'État, le second ne relève que de l'initiative privée; ces deux services sont appelés à s'aider réciproquement tout en conservant leur économie originaire.

La loi du 1er mars 1884, par son article 3, faisait entrer la création de caisses de crédit rural dans les attributions générales des syndicats. Cet article 3 est ainsi conçu : « Les syndicats professionnels ont exclusivement pour objet l'étude et la défense des intérêts économiques, industriels, commerciaux et agricoles. »

Le crédit est un intérêt agricole de premier ordre. Les caisses qui se fondèrent alors sur l'unique initiative des syndicats furent conformes à la législation en vigueur, dont la loi de 1867 sur les Sociétés était l'expression la plus pratique; aussi, la plupart de ces Sociétés furent-elles créés, conformément à la loi de 1867, sous forme de Sociétés à *responsabilité illimitée* en nom collectif, et elles furent dues à l'initiative de propriétaires recevant surtout leur inspiration d'un groupe d'hommes très compétents, dont M. Durand, avocat à Lyon, était le chef autorisé.

Le gouvernement vit qu'il était de son intérêt de favoriser ce mouvement, et, sous la pression de députés et sénateurs des groupes agricoles, présenta un projet qui devint la loi du 5 novembre 1894, spéciale à la création de Caisses agricoles. Elle accorde un régime de faveur aux Sociétés de crédit agricole basé sur la mutualité.

L'article 1er de cette loi est ainsi conçu : « Les Sociétés de crédit agricole peuvent être constituées soit par la totalité des membres d'un ou de plusieurs syndicats professionnels agricoles, soit par une partie des membres de ces syndicats; elles ont exclusivement pour objet de faciliter et même de garantir les opérations concernant l'industrie agricole et effectuées par ces syndicats ou par des membres de ces syndicats.

« Ces Sociétés peuvent recevoir des dépôts de fonds en compte courant avec ou sans intérêt, se charger, relativement aux opérations concernant l'industrie agricole, des recouvrements et des payements à faire pour les syndicats ou pour les membres de ces syndicats. Le capital social ne peut être formé par des souscriptions d'actions; il doit être constitué à l'aide de souscriptions des membres de la Société. Ces souscriptions formeront des parts qui pourront être de valeur inégale; elles seront nominatives.

« La Société ne pourra être constituée qu'après versement du quart du capital souscrit.

« Art. 2. — Les statuts détermineront le siège et le mode d'administration de la Société de crédit, la composition du capital et la proportion dans laquelle chacun de ses membres contribuera à sa constitution; ils régleront l'étendue et les conditions de responsabllité qui incomberont à chaque sociétaire dans les engagements pris par la Société. Les sociétaires ne pourront être libérés de leur engagement qu'après la liquidation des opérations contractées par la Société antérieurement à leur sortie.

« Art. 3. — Les statuts détermineront les prélèvements qui seront opérés au profit de la Société sur les opérations faites par elle; ces prélèvements serviront, jusqu'à concurrence des trois quarts au moins, à la constitution d'un fonds de réserve, jusqu'à ce que cette réserve ait atteint au moins la moitié de ce capital. Les Sociétés de crédit agricole sont commerciales. »

Les Sociétés de crédit agricole peuvent donc être, aux termes de la loi, les véritables banquiers des agriculteurs et des syndicats; elles peuvent se constituer à capital fixe ou à capital variable, à responsabilité limitée et à responsabilité illimitée.

Ressources des caisses agricoles. — La loi du 20 juillet 1895, qui a réformé le régime des caisses d'épargne, a donné par son article 10, à toutes les caisses d'épargne ordinaires autonomes ou municipales, la libre disposition d'une partie de leur fortune personnelle, dotations et réserves; elles peuvent, en particulier, consacrer le cinquième du capital et la totalité de leurs revenus à des prêts aux Sociétés de crédit agricole. La fortune personnelle des caisses d'épargne étant d'environ 92 millions de francs, c'est une somme de près de 20 millions, sans compter le revenu annuel, qui pourrait servir au crédit agricole.

Désormais, l'impulsion était donnée, et on peut affirmer qu'à dater de la loi de 1894 tout le monde rural, économique et politique s'occupa du crédit agricole. Le gouvernement, alors dirigé par le ministère Méline, composé d'hommes dévoués à l'agriculture, comprit que l'initiative privée ou syndicale devait être soutenue par le concours effectif de l'État. La discussion du privilège de la Banque de France qui venait à expiration constituait une occasion unique de stipuler des mesures favorables au crédit agricole; elle reçut satisfaction dans le projet de convention intervenu entre l'État et la Banque de France, le 31 octobre 1895; la Banque s'engageait à remettre à l'État une avance sans intérêt de 40 millions remboursables à l'expiration de la nouvelle période du privilège prorogée jusqu'en 1920 et à lui abandonner, à titre définitif, une annuité égale au 1/5e des bénéfices de l'escompte, avec un minimum par exercice de 2 millions. Cette convention fut approuvée par le Parlement et sanctionnée par la loi du 17 novembre 1897; au cours de la discussion, le président du Conseil, M. Méline, prit l'engagement formel d'affecter les redevances de la Banque au crédit agricole.

Cette redevance s'est élevée à plus de 4,300,000 francs pour l'année 1903, et le total des sommes versées à ce titre atteignait au commencement de 1904 le chiffre de 28,700,000 francs, qui, jointe à l'avance de 40 millions, formait une somme globale de 69 millions mis gratuitement à la disposition du crédit agricole; l'article 2 de la loi du 17 novembre 1897 modifiait les statuts fondamentaux de la Banque de France et l'autorisait à escompter les lettres de change et autres effets de commerce à ordre souscrits par des syndicats agricoles.

Organisation du crédit agricole officiel. — Il restait à établir sous quelle forme ces fonds seraient remis aux agriculteurs; le mode qui parut concilier la sécurité de l'Etat avec l'impartialité de la répartition entre les particuliers parut être la formation d'un rouage à deux degrés.

Au premier degré seraient les caisses rurales ou locales créées par les syndicats, auxquels la loi laissait la plus grande liberté pour rédiger les statuts et administrer leur capital; cependant, une difficulté surgit au sujet de la forme de constitution des caisses de crédit. La loi de 1894 n'autorise la création de sociétés de crédit que par un syndicat et peuvent seuls en bénéficier les membres d'un syndicat; l'agriculteur non syndiqué ne peut donc en user : la formalité, pour faire parti d'un syndicat, est d'ailleurs fort simple; il suffit d'être admis, de payer une cotisation syndicale et ensuite d'être affilié à la caisse rurale conformément aux statuts de cette dernière. L'adhésion se réalise pour les Sociétés à responsabilité illimitée en nom collectif en signant une feuille d'adhésion aux statuts et en prenant une part du capital de la Société; si la Société est à responsabilité limitée, il suffit d'acheter une ou plusieurs parts. Mais il est logique de prévoir le cas d'un agriculteur qui ne voudrait ou ne pourrait pour des raisons diverses, dont quelques-unes sont étrangères à sa situation financière, faire partie d'un syndicat; dès lors ne pourrait-il plus profiter du crédit agricole? Il faut au moins qu'il soit accepté par une caisse de crédit.

Des caisses de crédit avaient été formées en dehors des syndicats, on leur a contesté le droit de participer aux avances de l'État; cette prétention a été repoussée et la jurisprudence admet le droit de toute caisse rurale de s'affilier à une caisse régionale.

Au second degré sont les caisses régionales; elles sont formées sous le patronage des Sociétés d'agriculture et des unions de syndicats; elles ont un capital provenant de souscriptions de parts faites par les syndicats ou par des particuliers; les associations agricoles autres que les syndicats n'ont pas le droit de souscrire des parts. Ainsi, la Société d'agriculture de la Haute-Garonne ayant souscrit un nombre important de parts de la Caisse régionale de Toulouse, le Ministre n'accepta pas cette souscription : les parts durent être transférées à des syndicats agissant en leur nom personnel. Elles reçoivent les avances de l'Etat et les répartissent entre les caisses rurales; à ce second degré, la sécurité de l'État exigeait de spécifier plus rigoureusement les conditions de formation et d'administration. Pour établir la sécurité de la caisse rurale vis-à-vis de ces emprunteurs, celle-ci exige la signature d'une caution ou la remise d'un warrant. La caisse régionale, pour établir sa sécurité vis-à-vis de la caisse locale, exige : 1° que les statuts de cette dernière caisse soient réguliers, les versements obligatoires effectués, les formalités de publicité accomplies; 2° que ses effets soient réguliers. La caisse régionale a pour garant de sa créance le capital de la caisse ou la responsabilité collective de ses membres, qu'elle soit fondée à responsabilité limitée ou à responsabilité illimitée, et l'effet qui porte la signature de l'emprunteur, celle de la caution et ensuite l'endossement du directeur de la caisse rurale. L'Etat a pour sûreté de son avance à la caisse régionale les garanties mêmes prises par celle-ci vis-à-vis des caisses locales et le capital personnel de caisse régionale; si les conditions légales et statutaires sont remplies, la sécurité des fonds à tous les degrés est assurée, et d'autre part le papier agricole portant trois signatures, celle de l'emprunteur, de la Société locale et de la caisse régionale, répond aux conditions exigées par la Banque de France : il est banquable.

Ce sont ces idées qu'il fallait traduire en texte législatif. D'abord, pour augmenter la solvabilité de l'emprunteur, on créa un nouvel instrument de crédit sur gage, le warrant agricole, par la loi du 18 juillet 1898. Voici l'énumération des produits agricoles susceptibles d'être warrantés : céréales, fourrages, plantes officinales, légumes, fruits, fécules, matières textiles, animales ou végétales, graines oléagineuses, graines à ensemencer, vin, cidre, eau-de-vie et alcool, bois, cocons, fromages, miel, cire, huile végétale, sel marin.

Le warrant ne peut avoir pour objet qu'un produit récolté; on ne saurait warranter des blés sur pied ou une récolte pendante. Le warrant est un titre délivré par les greffiers des justices de paix, qui porte le montant de la somme empruntée, la nature de l'objet affecté à la garantie de l'emprunt, sa quantité et sa valeur approximative, la mention de l'assurance, la signature de l'emprunteur et successivement des divers endosseurs.

Il ne restait plus qu'à régulariser le régime des caisses régionales de crédit mutuel agricole. Ce fut l'objet des lois du 31 mars 1899 et du 25 décembre 1900. Aux termes de l'article premier de la loi du 31 mars 1899, l'avance de 40 millions de francs et la redevance annuelle à verser au Trésor par la Banque de France, en vertu de la loi du 17 novembre 1897, sont mises à la disposition du gouvernement pour être attribuées à titre d'avance, sans intérêt, aux caisses régionales de crédit agricole mutuel, qui seront constituées d'après les dispositions de la loi du 5 novembre 1894.

Ces caisses régionales escomptent les effets souscrits par les membres des caisses locales et garantis par elles, et consent à ces dernières des avances pour fond de roulement; elles peuvent réescompter tout ou partie de leur portefeuille à la Banque de France ou aux grands établissements de crédit.

Situation actuelle du crédit agricole officiel dans le Midi. — Dans le Midi de la France, le crédit agricole officiel est assuré par deux caisses régionales, la Caisse régionale du Midi, dont le siège social est à Montpellier, et la Caisse régionale de Toulouse. La loi ne prescrit aucune limite territoriale pour les caisses régionales, de telle sorte qu'une localité peut s'adresser à l'une ou l'autre des caisses les plus voisines; cet état de choses disparaîtra probablement, mais il a l'avantage actuel de décharger une caisse trop sollicitée en se faisant suppléer par sa voisine.

La Caisse régionale du Midi a dans sa sphère d'influence les départements de l'Hérault, de l'Aude, des Pyrénées-Orientales et du Gard.

Elle a rendu de grands services dans ces pays qui sont les plus éprouvés par la mévente et elle n'a encore subi aucune perte, car elle ne se départ pas des règles de gestion qui peuvent se ramener aux principes suivants : *A*) Préconiser pour les caisses locales la forme de Société en nom collectif à responsabilité illimitée. La responsabilité illimitée offre le maximum de garantie au prêteur; il peut ouvrir un crédit qui n'est pas proportionnel au capital versé, mais à l'ensemble de la valeur de tous les bienss que représentent les fortunes personnelles de l'ensemble des membres de la caisse. La responsabilité est le gage moral de la prudence apportée par le Conseil d'administration de chaque caisse à l'examen des demandes particulières; elle est l'expression intégrale de la mutualité. *B*) Faire payer un intérêt relativement élevé, généralement 4 °/₀, et affecter les bénéfices produits par ce taux à la formation de réserves aussi fortes que possible. *C*) Par ces réserves augmenter son crédit auprès de ses réescompteurs qui sont, d'une part, la Banque de France, et autre part, la Société générale.

Le relevé des opérations faites en 1903 par le service des caisses régionales de crédit agricole mutuel publié par le Ministère de l'agriculture porte qu'au 31 décembre 1903 la Caisse régionale du Midi, fondée le 3 août 1900, comptait cent cinquante sociétaires ayant versé un capital de 149,700 francs divisé en parts qui avaient reçu 4 % d'intérêt. Les opérations s'étaient bornées à l'escompte des effets, dont le montant s'était élevées à 1,448,097 francs au taux de 4 %. La réserve s'élevait au total de 33,958 francs. Les avances de l'Etat étaient à cette date de 585,000 francs. Les caisses locales affiliées étaient au nombre de vingt-neuf comptant dix-huit cent sept membres. Leurs opérations se montaient à 1,499,986 fr. à 5 %.

Au 30 septembre 1904, le bilan de la Caisse régionale de crédit mutuel agricole du Midi était ainsi composé :

Actif. — Effets escomptés, 633,202 fr. 65 c.; portefeuille : titres, 403,716 fr. 20 c.; avances aux caisses locales, 25,000 fr.; intérêts payés ou remboursés, 1,633 fr. 60 c.; frais généraux, 3,686 fr. 77 c.; débiteurs divers, 43,067 fr. 98 c.; caisse, 212,563 fr. 76 c.; loyer d'avance, 225 francs. — Total : 1,323,094 fr. 96 c.

Passif. — Capital versé, 250,000 francs; avances faites par l'État, 1,000,000; intérêts perçus, 27,717 fr. 95 c.; intérêts des parts non payés, 2,128 francs; réserves ordinaires, 30,000 fr.; réserve spéciale, 3,958 fr. 28 c.; créanciers divers, 9,290 fr. 73 c. — Total : 1,323,094 francs.

La comparaison de ces deux situations au 31 décembre 1903 et au 30 septembre 1904 fait ressortir les progressions des affaires de la Caisse régionale, progressions qui sont en raison inverse de la prospérité du pays. Plus les chiffres des bilans seront élevés, plus grande sera la nécessité d'emprunter; d'autre part, ces bilans doivent donner confiance aux récoltants gênés en leur montrant qu'il existe des fonds pour leur venir en aide. Cette confiance sera augmentée par le bilan d'une des trente-cinq caisses locales qui étaient affiliées à cette date à la Caisse du Midi. Voici le bilan, au 31 août 1904, de la Caisse de crédit agricole de Montpellier :

Actif. — Capital non versé, 30,525 francs; portefeuille : effets à payer et comptes débiteurs, 47,002 fr. 52 c.; 235 parts de la Caisse régionale, 23,500 francs ; caisse : espèces en caisse, 18 fr. 30 c.; espèces à la Société Générale, 15,098 fr. 30 c.; immeubles, 3,446 francs. — Total : 119,590 fr. 50 c.

Passif. — Capital souscrit : 40,700 fr.; réserves, 19,000 fr.; profits et pertes, 3,369 fr. 93 c.; frais généraux à déduire, 945 fr. 10 c.; reste net, 2,424 fr. 83 c.; comptes créanciers, 55,781 fr. 20 c.; intérêts des parts non payés, 534 francs ; intérêts à percevoir ou créances en recouvrement, 1,150 fr. 50 c. — Total : 119,590 francs.

Effets en circulation au 31 août 1904, pour 451,660 fr. 25 c.

La Caisse régionale de Toulouse est plus modeste. Elle fut fondée sur l'initiative de la Société d'agriculture du département de la Haute-Garonne et du Midi de la France, dont le siège est rue Saint-Antoine-du-T, et surtout par les fonds du Syndicat agricole de la Haute-Garonne et des syndicats qu'il avait créés. A cette action vint s'ajouter le concours de la Société centrale d'agriculture, qui est la Société récente mais officielle, et du syndicat qu'elle avait contribué à fonder, aujourd'hui connu sous le nom de Syndicat toulousain. Le Gouvernement avait imposé cette union, et de sa réalisation dépendait l'autorisation de la création de la caisse et, plus tard, le montant des avances qui devaient lui être faites. Dans une étude économique de la crise viticole, il importe de signaler cette pression essentiellement politique pour indiquer qu'en toute occasion le Gouvernement et les partis au pouvoir cherchent à exercer une action plus ou moins directe en vue d'intérêts électoraux qui sont étrangers aux intérêts agricoles. Ajoutons que la courtoisie personnelle des administrateurs délégués par chacune des Associations agricoles a fait disparaître les motifs de divergences qu'impliquait leur diversité d'origine.

La Caisse de Toulouse fut fondée le 18 février 1901, au capital initial de 18,000 francs, divisé en parts de 20 francs entièrement libérées. Le capital social ne peut être ramené au-dessous de ce capital primitif, mais il peut être indéfiniment augmenté, soit par l'assemblée générale des porteurs de parts s'il s'agit de sommes égales ou supérieures à 50,000 fr., soit par décision du Conseil d'administration s'il s'agit de fractions moins élevées.

La Caisse régionale dispose de deux catégories de ressources : celles provenant de son capital propre et celles provenant des avances de l'État; ces avances, proportionnées théoriquement aux besoins de la caisse, peuvent atteindre le quadruple de son capital effectivement versé; elles sont consenties pour des durées de cinq ans, renouvelables et sans intérêt.

La Caisse a employé ces fonds à acheter des titres de rentes sur l'État français, et s'est ainsi assuré un revenu de 3 %; elle a déposé ces titres à la Banque de France, qui lui a ouvert un compte courant d'avances et un compte courant d'escompte dans la limite statutaire de la valeur des titres déposés en nantissement.

Les rapports de la Caisse régionale avec les caisses locales sont réglés par les statuts et par les dispositions administratives prises en conformité des décisions votées par les assemblées générales. La Caisse régionale ouvre à chaque caisse locale régulièrement instituée un compte d'avance et un compte d'escompte, analogue à ceux qui lui sont ouverts par la Banque de France. Au moyen des avances, elle remet à la caisse locale des sommes dont celle-ci dispose; au moyen de l'escompte, elle accepte les papiers de la caisse locale et les endosse à l'ordre de la Banque de France si elle veut se créer des disponibilités.

La Caisse régionale percevait, jusqu'à la dernière assemblée de 1904, un taux uniforme de 2 1/2 % pour les avances et pour l'escompte. La dernière assemblée fut convaincue qu'un taux aussi minime constituait la caisse en perte, car la Banque prenait des taux plus élevés : pour l'escompte, généralement 3 %; pour les avances, 3 1/2 %. En conséquence, les taux perçus par la Caisse régionale et payés par les caisses locales furent fixés à 2 1/2 % pour l'escompte dont le taux ne changeait pas, et à 3 % pour les avances, dont le taux était ainsi augmenté d'un demi %; la tendance indiquée par le commissaire des comptes est de relever les taux de la Caisse régionale aux taux de la Banque de France. La Caisse régionale pouvait à la rigueur consentir des taux inférieurs à ceux de la Banque de France parce qu'elle opérait en partie avec les fonds avancés gratuitement par l'État; mais, d'autre part, le capital versé par les souscripteurs doit être rémunéré, et il existe un intérêt supérieur à ce que ce capital versé ait un caractère nettement productif. Si, en effet, le public comprend que les sommes qu'il emploie à acheter des parts de Caisse régionale sont un placement, *les souscriptions nouvelles augmenteront le capital de la caisse;* or, ce capital donne droit à demander à l'État une avance qui, légalement, doit être quatre fois égale au capital souscrit; donc, toute part de 20 francs permet à la caisse de demander 80 francs à l'État. L'intérêt supérieur de l'agriculture est donc que les parts soient largement rémunérées.

La Caisse de Toulouse opère dans la Haute-Garonne et dans l'Aude.

Le bilan au 31 décembre 1904 faisait ressortir les mouvements d'écriture suivants :

Actif. — Trois titres de rente en dépôt à la Banque de France, 74,893 fr. 90 c.; espèces en caisse, 200 francs; effets en portefeuille, 2,050 francs; comptes débiteurs : Comptoir national d'escompte, Banque de France et caisses locales, 52,460 fr. 42 c. — Total : 129,604 fr. 32 c.

Passif. — Capital, 25,340 francs; dividende, 665 fr. 80 c.; réserve, 1,211 fr. 32 c.; profits et pertes, 1,987 fr. 20 c.; avances de l'État, 100,000 francs. — Total : 129,604 fr. 32 c.

Elle avait escompté, pendant l'année 1904, 226 effets s'élevant ensemble à 189,412 francs; seize caisses locales lui étaient affiliées à cette date.

La Caisse régionale de Toulouse, comme la Caisse du Midi à Montpellier, ouvre un crédit beaucoup plus large aux caisses locales constituées à responsabilité illimitée qu'à celles constituées à responsabilité limitée pour chaque associé au montant des parts souscrites par lui.

Pour la plupart des Sociétés locales, la Caisse régionale n'est qu'un appoint. Ces caisses ont trois genres de ressources : *a*) leur capital propre; *b*) les dépôts qu'elles reçoivent; *c*) leur crédit auprès des banques qui escomptent leurs effets.

Actuellement, plusieurs caisses locales ont des escompteurs différents ; la Caisse régionale en est un, la Société Générale en est un autre ; et nous sommes ici sur la limite qui sépare le crédit agricole officiel du crédit agricole exclusivement privé.

La Caisse locale de Montpellier escompte, d'une part, avec la Caisse régionale du Midi, d'autre part, avec l'agence de la Société générale à Montpellier ; la Caisse de Lézignan escompte soit avec la Caisse régionale du Midi, soit avec la caisse régionale de Toulouse, soit avec l'agence de la Société Générale à Narbonne ; la Caisse du Syndicat agricole du Minervois à Azille (Aude) escompte avec l'agence de la Société générale à Carcasssnne et avec la Caisse régionale de Toulouse.

Cette dualité est-elle régulière? Je crains que non; mais l'essentiel en matière de crédit est que l'escompteur se contente de la garantie qu'on lui offre. Le rôle social des caisses régionales est de provoquer des fondations de caisses locales, d'en faciliter les premières opérations, de faire pénétrer les idées de soutien mutuel, et aussi de prudence et de régularité dans leur gestion.

Crédit agricole libre. — L'initiative privée a donné des résultats peut-être plus étendus et plus rapides que le crédit officiel. Le chiffre d'affaires traitées par les caisses locales avec la Société générale dépasse peut-être celui qu'elles ont fait avec les caisses régionales. Ceci résulte des bilans des Caisses de Lézignan et du Minervois ; mais l'exemple le plus typique du crédit libre est donné par la Caisse de Crédit agricole mutuel de Carcassonne.

Caisse de crédit de Carcassonne. — Cette caisse a été fondée sous le patronage de la Société centrale d'agriculture de l'Aude ; elle est constituée, conformément à la loi du 6 novembre 1894, sous le régime des Sociétés à capital variable. Son capital initial est de 20,000 francs, divisé en parts de 100 francs libérées du quart. Le capital versé est donc de 5,000 francs ; le capital à verser est de 15,000 francs.

Elle prête directement à tout agriculteur qui présente des garanties suffisantes matérielles et morales ; la caisse étant mutuelle ne prête qu'à ses membres. L'emprunteur doit, par application des principes de mutualité, se solidariser avec la collectivité des porteurs de parts en achetant lui-même une ou plusieurs parts.

Il doit justifier de sa solvabilité par la production de pièces telles que : extrait de la matrice cadastrale, certificat du bureau des hypothèques, titres de propriété, contrat de mariage, polices d'assurances. Le prêt est réalisé au moyen d'un billet à ordre souscrit par l'emprunteur au nom de la caisse et avalisé par une caution solvable ou jointe à un warrant. Le billet est à échéance de trois mois, renouvelable trois fois, ce qui constitue un crédit d'un an, allant, par conséquent, d'une récolte à la suivante.

La Caisse de Carcassonne prête à 50 °/₀ ; elle escompte son papier à la Société Générale. Celle-ci a été autorisée par l'administration à ouvrir un crédit d'escompte de 125,000 francs. La seule garantie matérielle de la Société générale est le capital versé (5,000 fr.), qu'elle a reçu en dépôt et auquel elle fait rapporter 5 °/₀ pour le bénéfice de la caisse de crédit, et la fraction de capital à appeler, 15,000 francs ; mais elle a une garantie morale plus précieuse dans la prudence de l'administration de la caisse.

Fondée à la fin de l'année 1900, la Caisse de Carcassonne avait, au 31 décembre 1901, pour 102,100 francs de risques en cours, c'est-à-dire de prêts, et comme ces prêts furent presque tous renouvelés ou qu'à leur payement les disponibilités furent employées à satisfaire de nouvelles demandes, son mouvement d'escompte fut pour son premier exercice de 338,400 francs. Au 25 janvier 1902, époque la plus aiguë de la mévente, ses risques en cours s'élevaient à 121,400 francs. Malgré la crise et malgré l'importance des prêts, elle n'éprouva ni pertes ni retard, et son bénéfice, tous frais déduits, fut de 945 francs. Elle prêtait à 5 %, elle escomptait à la Société Générale à 3 1/2, elle bénéficiait de la différence entre 5 et 3 1/2. De son côté, la Société Générale percevait 3 1/2, pouvait réescompter à la Banque à 3 et gagnait 1/2 %, car le papier avait au moins trois signatures.

En 1902, l'escompte atteint 413,300 francs; au 31 décembre 1902, le portefeuille est de 103,500 francs.

En 1903, l'escompte est de 286,900 francs; les risques en cours au 31 décembre de 45,950 francs; les bénéfices réalisés depuis la fondation se montent à 3,723 francs.

Les risques en cours ont dépassé 140,000 francs et donné lieu à un escompte pour l'année de plus de 500,000 francs en 1904.

Ainsi, la Caisse particulière de Carcassonne a rendu dès sa première année des services beaucoup plus importants que la Caisse régionale de Toulouse, qui avait un capital sensiblement égal, entièrement versé, les avances de l'Etat et l'appui des syndicats. Il est vrai que la situation financière des pays de polyculture est heureusement meilleure que ceux de monoculture viticole; mais il n'en résulte pas moins qu'une administration privée, prudente et intelligente, rend plus de services qu'une caisse d'Etat enveloppée dans un réseau de formalités, de rapports trimestriels, d'inspection annuelle et dont des circulaires ministérielles, émanant de fonctionnaires étrangers à la vie pratique, viennent entraver les opérations. Grâce à la souplesse de la Caisse de Carcassonne, beaucoup de propriétaires exposés à vendre leur vin de 3 à 5 francs l'hectolitre ont pu en obtenir 8 à 9 francs, gagnant du tiers au double du prix offert. Quand les cours sont élevés, les prêts sont plus difficilement consentis, et la caisse fait observer au demandeur qu'il a intérêt à vendre et à ne s'endetter que s'il a épuisé le prix de sa vente.

Philanthropes au vrai sens du mot, les administrateurs de la caisse de Carcassonne n'ont encore distribué aucun intérêt sur leurs bénéfices et ils les ont accumulés en une réserve qui est presque égale au capital versé; cette réserve sert à opérer des prêts et elle augmente le gage de l'escompteur, lui donnant les facilités d'élever son crédit. En cas de dissolution, la réserve sera affectée à une œuvre d'utilité agricole. L'excellence des résultats de la Caisse de crédit agricole mutuel de Carcassonne est due à la prudence, à la fermeté et à l'honnêteté financière de son président, M. le colonel Grillères, et de son secrétaire, M. Magès, directeur de la Société Générale à Carcassonne.

La Caisse de Lézignan, fondée sous le patronage du Syndicat de Lézignan, est semblable à celle de Carcassonne, et ses opérations sont plus importantes encore.

Ces exemples attestent la supériorité du crédit libre sur le crédit officiel quand les caisses sont gérées par des hommes probes, impartiaux, s'élevant au-dessus de toute influence politique et personnelle, et n'ayant d'autre objet que le bien des agriculteurs par l'effet de la mutualité libre.

Du rôle du crédit agricole dans la crise de la mévente. — Quelle est la portée actuelle du rôle du crédit agricole au milieu du désarroi de la mévente? Je crois qu'il a une influence considérable, moins par les secours matériels qu'il procure que par la confiance morale qu'il inspire. Une des grandes causes de la mévente est la crainte des récoltants de se trouver à un moment donné sans ressources. On vend cent sous un hectolitre pour ne pas être obligé de le livrer à cinquante sous, sous la menace d'un protêt. L'agriculteur, ayant la conviction que la caisse est là pour conjurer ce danger défendra mieux son prix. Le crédit est l'antidote de la mévente, car il donne la confiance, et la mévente ne repose que sur la crainte. Il prolonge par quelques billets de 1,000 ou même de 100 francs bien des situations particulières, et il conjure la panique que l'effondrement de ces situations aurait provoqué sur la masse.

Mais ce secours n'a qu'une valeur relative ; mettez en parallèle les mouvements de fonds provenant du crédit agricole, d'une part, et le mouvement de fonds qu'exige la culture viticole dans les sept départements méditerranéens, et vous conjecturerez de l'influence que peut avoir le premier sur le second. Mettons, sans lésiner sur les chiffres, que le crédit agricole, *officiel* ou *privé,* ait porté en 1904, par ses renouvellements, sur 5 millions au profit de mille intéressés, et j'exagère beaucoup, car ces 5 millions prêtés à trois mois donnent un mouvement de fonds de 20 millions en comprenant trois renouvellements. Si quelqu'un a reçu 5,000 francs et qu'il soit renouvelé trois fois, il aura en circulation quatre billets de 5,000, soit 20,000 francs, et n'aura disposé que de 5,000 francs. Que sera cette avance en face des besoins de la viticulture. Mettons que pour produire 20 millions d'hectolitres il faille 8 francs par hectolitre, impôt, intérêts, entretien familial compris ; nous aurons 20,000,000 $\times$ 8 = 160,000,000. Donc, 5 millions contre 160 millions, c'est hors de proportion.

Il faut en conclure que le crédit rend service de par sa seule existence, et que *ce crédit est pour ainsi dire à créer :* il est dans sa période de gestation. Pour se développer dans des proportions dignes de la viticulture, il faut que les caisses décuplent leur capital par des souscriptions de parts, qu'elles décuplent aussi leur crédit, d'abord auprès des caisses régionales, mais après épuisement des ressources limitées de ces dernières auprès des établissements de crédit, auprès des Sociétés anonymes : Société Générale, Crédit lyonnais, Comptoir d'escompte, banques privées, et auprès des caisses d'épargne qui puisent incessamment dans la grande épargne des capitalistes et des classes laborieuses. *Il faut que ces caisses rurales deviennent caisses d'épargnes,* qu'elles reçoivent des dépôts, qu'elles les garantissent, qu'elles les rémunèrent et qu'elles attirent les économies en prouvant qu'elles constituent un placement rémunérateur, sûr, facilement remboursable. La caisse de crédit vivra quand elle sera substituée dans l'esprit des villageois à la caisse d'épargne postale.

II.

Moyens financiers fondés sur le crédit préconisés par la majorité des corps élus de l'Aude pour remédier à la crise viticole.

Tels sont les organes aujourd'hui existants, tel est le programme à poursuivre de la mutualité en crédit agricole. Maintenant que nous les connaissons nous pourrons apprécier en pleine connaissance de cause les combinaisons que l'intensité de notre mévente a suggéré à quelques-uns de nos députés, les moyens financiers fondés sur le crédit qui ont été préconisés par la majorité des corps élus du département de l'Aude à l'effet de remédier à la crise viticole.

Cette étude, qui sera rapide, est intéressante, car elle décèle l'orientation d'esprit du monde au pouvoir, orientation qui peut nous ramener dans l'avenir aux mêmes conceptions dans notre région ou provoquer des programmes similaires dans d'autres régions ayant la même mentalité politique.

Par corps élus, j'entends les sénateurs et députés qui constituent la représentation de l'Aude au Parlement; puis le Conseil général, et enfin les Conseils municipaux intéressés.

Ces moyens financiers, fondés sur le crédit public, sont au nombre de trois; ils consistent : 1° en un emprunt départemental de six millions; 2° en la création d'une caisse rurale recevant du département une subvention de 500,000 francs, et 3° en emprunts communaux.

Projet de loi autorisant le gouvernement à consentir un prêt de six millions au département de l'Aude. — M. Sarraut, conseiller général du canton de Lézignan, dans la séance du 26 novembre 1901, donna lecture d'un projet de loi, rédigé en six articles, aux termes duquel « le Ministre des finances est autorisé à prélever sur les fonds destinés à alimenter les caisses régionales de crédit agricole une somme de six millions qu'il confiera au département de l'Aude qui s'engage à les prêter à la viticulture. Cette somme sera répartie entre les communes du département au prorata des hectares cultivés; les prêts seront consentis par une commission composée dans chaque commune du maire, d'un délégué du Conseil municipal, d'un répartiteur, du délégué du préfet, du receveur de l'enregistrement, d'un délégué de chaque syndicat agricole. Appel pourra être interjeté des décisions de cette commission devant une commission cantonale, comprenant les membres de la commission de statistique cantonale, le contrôleur des contributions directes, les percepteurs du canton, le receveur des contributions directes. Le remboursement sera opéré dans un délai de dix ans, par annuités d'égale somme, à moins que l'emprunteur ne veuille se libérer par anticipation ».

Ce projet soulève une objection de fond. La loi de 1899 décide que les avances consenties et les bénéfices d'escompte cédés par la Banque de France à l'Etat, aux termes de la loi de 1897, seront répartis entre les agriculteurs par un organe spécial et cet organe est formé de l'ensemble des caisses régionales et rurales. Cet organe est même l'âme de la loi; le Conseil général le supprime et se met à sa place.

Le Conseil général substitue dans son projet le département et les communes aux caisses régionales et rurales en ce qui concerne la garantie des avances. N'examinons pas la valeur de cette garantie, que nous acceptons comme complète; mais demandons-nous s'il est favorable à l'intérêt de l'ensemble de la population que les fonds publics des départements et des communes soient exposés à courir les risques d'insolvabilité des emprunteurs individuels.

Dans le projet, le département assume vis-à-vis de l'Etat l'ensemble des risques d'insolvabilité de toutes les opérations de crédit réalisées dans l'Aude; il remplit en fait le rôle d'une caisse régionale. Les communes prennent à leur charge vis-à-vis du département les risques d'insolvabilité des particuliers. Chaque commune forme en fait une caisse rurale. Supposons que la commune de Coursan, pour fixer notre raisonnement par un nom propre pris au hasard, ait pour 200,000 francs de prêts irrecouvrables; ce chiffre peut être facilement atteint étant donné le degré de misère d'une commune exclusivement viticole; faudra-t-il pour les rembourser que les *impositions* de la commune soient *augmentées* de façon à parfaire intégralement cette somme? Si oui, tous les habitants vont être frappés; si Coursan ne peut pas rembourser, voilà une municipalité dans un état analogue à la faillite; ou bien sera-ce le département qui devra augmenter la part des impôts qui lui revient pour parfaire ces 200,000 francs et tous les contribuables de l'Aude verront-ils s'accroître leurs charges?

Le projet établit la solidarité forcée : je crois que rien n'est plus dangereux. Avec le système de caisses, tel qu'il est organisé par la loi de 1899, les risques d'insolvabilité individuels sont garantis par les fonds propres des caisses rurales et régionales, fonds librement exposés par des particuliers et par des syndicats, ayant un intérêt immédiat dans ce genre d'opération, et obligés par leur responsabilité même à les conduire avec autant d'initiative que de prudence. S'ils se ruinent, ils ne ruinent qu'eux-mêmes, et ils ne font pas injustement supporter leur misère à tous leurs compatriotes. Le système du Conseil général est donc dangereux pour les contribuables.

Il est bien plus dangereux encore pour certains viticulteurs ruinés, car les répartitions des fonds, l'admission des demandes sont laissées à l'arbitraire de commissions composées en plus grande partie d'hommes politiques et de fonctionnaires que d'agriculteurs. En continuant le parallèle entre la loi de 1899 et le projet du Conseil général, nous saisirons facilement les imperfections du projet sur ce point capital. Par l'organe des caisses, le législateur de 1899 savait qu'il assurait l'équitable répartition des fonds entre les particuliers, sans distinction d'opinion politique, en appelant à la formation et la direction des caisses les syndicats, c'est-à-dire les propriétaires, les intéressés. Ceux-ci doivent leurs fonctions aux libres suffrages de leurs collègues, leurs pouvoirs reposent sur l'élection. Le projet du Conseil général supprime cette garantie en organisant par voie d'autorité des commissions composées en grande majorité d'hommes politiques et de fonctionnaires.

Le parti politique en minorité dans la commune risque fort de n'y avoir aucun représentant. Dès lors, il est logique de penser que la commission tiendra autant compte, pour chaque emprunteur, de ses opinions politiques et de ses votes que de ses besoins et de sa solvabilité. L'état des esprits dans le Midi peut faire craindre que la passion ne sera pas toujours éloignée même des affaires d'argent; l'ostracisme qui frappe perpétuellement, dans une commune rurale, telle ou telle catégorie d'électeurs aura toute faculté de s'exercer au sein de la commission composée conformément à l'article 3 du projet. Nous avons en cette matière un précédent dans les opérations des répartiteurs de l'impôt. L'arbitraire et la passion politique s'exercent au sujet de la fixation de cotes personnelles et de l'estimation de contributions foncières et de taxes assimilées. Cependant ces matières sont définies par les lois en termes de la plus minutieuse précision. Si l'influence politique sait modifier l'assiette de l'impôt pour chaque contribuable en particulier, avec quelle puissance ne se développera-t-elle pas en matière de crédit, qui ne peut être subordonné qu'à l'appréciation personnelle des membres de la commission?

Le projet organise il est vrai l'appel des décisions de la première commission; c'est appel ne nous semble pas offrir toutes les garanties désirables, car la composition de la commission d'appel est formée d'éléments identiques à ceux de la commission communale ; elle est, en effet, formée — art. 4 — des membres de la commission de statistique cantonale : le contrôleur des contributions directes, les percepteurs du canton, le receveur des contributions directes.

Ces fonctionnaires vont-ils réformer la décision du maire et du délégué du préfet ? Quel intérêt y auraient-ils, et n'existe-t-il pas, en effet, entre ces personnes une solidarité étroite, née de la similitude de leurs fonctions, de leur esprit de corps, de leur hiérarchie, de leur intérêts personnels ? Non, et sur ce point le système d'emprunt du Conseil général est défectueux, car il peut être partial.

D'autre part les diverses commissions sont formées en majorité de membres étrangers à l'agriculture, ou étrangers au pays. Ceci peut rendre plus pénible les sollicitations des propriétaires. Bien des récoltants éprouveront de l'hésitation à introduire une demande de prêt, accompagnée probablement de pièces les plus confidentielles, devant cette commission d'hommes absolument indifférents sinon heureux de leur gêne, avec lesquels ils évitent en temps normal toute relation, et auxquels ils devront, de par les règlements, dévoiler l'état intime de leurs affaires ? Ceux, au contraire, qui sont en communion d'idées avec la commission, trouveront le projet excellent, car, par l'entremise d'amis influents, ils obtiendront une part des six millions supérieure à leurs besoins.

Le crédit agricole devrait être analogue au crédit commercial ; il devrait s'étendre tout au plus d'une récolte à la suivante. Le Conseil général va à l'opposé de ce système du législateur de 1899. Des prêts remboursables en dix annuités ressemblent fort à des prêts fonciers. L'emprunteur demandera une somme ronde destinée autant à des améliorations de fond qu'à l'entretien courant, et une fois la somme obtenue, il la gardera, tout au moins en partie, jusqu'à l'expiration de la période décennale.

Emprunt départemental. — Le second moyen est le vote d'une subvention de 500,000 francs réalisés par un emprunt départemental et qui serait accordée à une caisse régionale.

Ce second projet a été l'objet d'un rapport de M. Aldy, conseiller de Narbonne, je crois ; il a été discuté dans la même séance que le premier projet ; et, comme lui, il a été approuvé et voté par la majorité du Conseil général.

Voici son économie : le département ferait un emprunt de 500,000 francs, qu'il ne demanderait pas à l'Etat, mais au public. Cette somme formerait une subvention que le Conseil général accorderait à une caisse régionale ; cette caisse n'existe pas, mais elle serait rapidement formée par des propriétaires et par des syndicats qui, en appréciant les avantages, s'empresseraient de souscrire les parts du capital initial. Ce capital serait déterminé, par exemple, à 100,000 francs.

Dans la pensée de la majorité du Conseil, cette subvention serait regardée comme faisant partie du capital de la caisse, de façon à lui permettre de demander à l'Etat une avance quatre fois plus forte, conformément à la loi du 25-29 novembre 1900, soit en fait 2 millions. La caisse disposerait alors, en dehors du capital souscrit par les particuliers et par les syndicats, de 500,000 francs provenant du département et de 2 millions provenant de l'Etat ; et en se fondant sur des statistiques officielles, la caisse serait à même de faire près de 12,500,000 francs de crédit.

Divers conseillers généraux n'ont point admis entièrement cette manière de penser. Certains ont élevé des doutes sur le droit même du département de subventionner une caisse. Au cours de la discussion, le préfet a demandé que l'avance de 500,000 francs ne soit pas considérée comme une subvention, mais comme un prêt remboursable. Si la somme était considérée comme un prêt, l'Etat ne pourrait pas l'admettre comme base de calcul de ses avances, car elle figurerait comme une dette au débit de la caisse et non comme un avoir à son actif. En opposition avec la demande du préfet, la majorité du Conseil a dirigé ces délibérations en considérant la subvention comme un capital de la caisse, capital obligeant l'Etat à une avance quatre fois supérieure.

En même temps qu'il votait l'emprunt, il votait une imposition nouvelle de 91 centièmes de centime comme moyen de le réaliser. L'amortissement en serait fait en trente ans; comme le département toucherait des emprunteurs un intérêt de 4 %, la part de l'amortissement laissée à sa charge serait minime.

Le principal intérêt de la discussion consiste à savoir si la subvention peut être considérée légalement comme capital de la caisse.

Nous devons remarquer dans le résumé de la délibération que M. Mir, sénateur, déclare qu'aucun texte législatif ne semblait empêcher le département, de même que les communes, de subventionner les caisses régionales ou plutôt de souscrire des parts.

Cette opinion semble contraire à la loi de 1897 qui, notamment dans l'article 5, dispose que les parts des caisses régionales doivent être souscrites de préférence par des sociétés locales pour les deux tiers au moins. Pourquoi? Parce que la souscription du capital de la caisse régionale par des caisses locales suppose l'existence préalable de ces dernières, et que la caisse régionale ne peut être utile que si elle est appuyée par le plus grand nombre possible de caisses rurales : sans ces caisses qui les mettent en contact direct avec les agriculteurs, elle est un organe inutile, par conséquent un organe mort.

Elle est également en opposition avec les modes de formation des sociétés agricoles du 5 novembre 1894, qui est la base de la loi de 1897.

Elle est en opposition avec l'orientation d'idées exprimée par les rapporteurs de ces lois au Parlement, notamment par MM. Labiche et Lourties.

M. de Rocquigny, administrateur du Musée social, consulté par M. Mir, disait qu'il lui semblait douteux qu'un département puisse émettre un emprunt en vue de subventionner une œuvre quelconque. Les pouvoirs publics s'efforceraient de l'arrêter dans cette voie qui pourrait ouvrir des perspectives infinies. Après avoir subventionné une caisse de crédit, rien n'empêcherait de subventionner une caisse d'assurances, une caisse de secours et des séries d'œuvres incalculables.

Il est donc probable que la subvention ne sera pas considérée comme un capital de la caisse, surtout comme un capital propre à obliger l'Etat à verser une avance qui lui serait quatre fois égale. Cette réserve fut faite par le préfet de l'Aude. Si la subvention, sans être un capital, est autorisée comme un prêt, ce prêt sera-t-il utile?

Etant un prêt, cette somme figurera au débit de la caisse régionale, et dès lors, elle empêchera, dans une certaine mesure, la caisse de recourir aux avances de l'Etat, au lieu de les lui faciliter. Car le département, de par son titre de prêteur, aura une créance éventuelle sur le capital de la caisse pour le remboursement de son prêt, et cette affectation de garantie diminuera la garantie similaire au profit de l'Etat, créancier concurrent.

En observant la proportion d'un capital de 100,000 francs à un prêt de 500,000 francs, la garantie due au département ne permettrait même pas à l'Etat d'avancer un centime, si on s'en tient aux dispositions des lois de 1897-99-1900.

Il se peut encore que la subvention du département soit un obstacle à empêcher la caisse de recevoir une avance de l'Etat, au lieu d'être une facilité. Elle constituerait alors une opération néfaste, car l'Etat avancerait les fonds gratuitement, puisque la Banque de France les met à sa disposition sans intérêt : le département devra, au contraire, emprunter à un taux normal.

Il s'en est rendu compte, puisqu'il prévoit une augmentation de 91 centièmes de centime additionnel.

Les faits semblent donner raison à ces observations, car la caisse régionale n'est pas encore organisée ; depuis novembre, aucune décision des pouvoirs compétents n'a sanctionné le vote de l'emprunt en suspens, et j'ai entendu affirmer officieusement que les ministres consultés avaient donné peu d'espoir.

Telle est l'étude du projet du Conseil général, son œuvre législative.

Emprunts communaux. — Le Sénat vota, sur le rapport de M. Gauthier, représentant de l'Aude, une loi présentée par M. Ferroul, député de Narbonne, adoptée par la Chambre, autorisant les communes éprouvées par la crise viticole à contracter, sous la simple autorisation du préfet, des emprunts destinés à distribuer des salaires aux ouvriers viticoles en chômage.

Voici le résumé du dispositif :

« Les communes peuvent emprunter jusqu'à concurrence de 2 francs par habitant ; ainsi, une commune dont la population est de 1.200 âmes pourra emprunter 2,400 francs ; cet emprunt sera remboursable dans un délai maximum de dix ans ; les municipalités voteront les impositions nécessaires au service des annuités. Les fonds seront employés à embaucher des ouvriers viticoles en chômage qui exécuteront des travaux d'utilité publique. »

La discussion très courte qui eut lieu au Sénat dans la séance du 20 février a montré l'inanité de cette loi. M. Lelièvre, qui la combattait au nom de la minorité de la commission chargée de l'examiner, a signalé le danger d'imposer aux communes déjà obérées, et où les rentrées des impôts sont très difficiles, de nouvelles charges qui sont d'autant plus élevées que les délais de remboursement sont très courts (dix ans au plus) ; que les fonds, en prévoyant les conditions les plus favorables de travail, ne permettront de distribuer en tout que 16 fr. 60 c. par travailleur ; il est capital de retenir qu'après cette distribution maxima de 16 fr. 60 c. par homme, les fonds procurés par les ressources prévues seront épuisés complètement. Enfin, qu'il sera difficile d'inventer des travaux où l'on puisse employer tout l'argent en salaire, sans acheter des matières premières, bois, pierres, matériaux quelconques, et n'employer que des ouvriers viticoles, à l'exclusion des ouvriers de métier, et sans avoir recours à un entrepreneur, car ce dernier prélèverait un bénéfice rationnel, toutes choses qui réduiraient encore le salaire à donner à chaque travailleur.

M. Gauthier n'a pu contester aucune des assertions de M. Lelièvre. Il s'est borné à dire que les propriétaires payant l'impôt avaient plus de facilités pour emprunter que les ouvriers, et qu'il pensait que ces secours assureraient le pain quotidien aux travailleurs pendant deux mois. Ceci semble, d'ailleurs, une affirmation téméraire, d'après les chiffres qu'il admet.

Sur cette réplique, le Sénat trouva qu'il avait consacré suffisamment de temps à cette petite affaire en écoutant les deux membres d'opinion opposée de la commission, et il vota la loi par 146 voix contre 102 : vote d'indulgence qui prouve que le remède préconisé par M. Gauthier parut suspect, car, en général, les lois autorisant les communes à emprunter sont votées à l'unanimité. Cette loi violait des principes économiques, aussi compta-t-elle 102 adversaires, chiffre énorme quand il s'agit d'une mesure agréable à un membre de la majorité ministérielle.

Nous, viticulteurs gênés qui avons plus de temps à consacrer à l'étude des remèdes agricoles et plus d'intérêt à les appliquer que la majorité du Sénat, nous voyons les inconvénients locaux de la loi qui découlent des défauts généraux signalés par M. Lelièvre.

Tout subside accordé par la commune à un travailleur aura pour contre-partie un surcroît d'impôt payé par le contribuable. Or, en cette période aiguë de la crise viticole, toute charge fiscale en plus sera un salaire en moins, car le détenteur de la terre, qu'il soit propriétaire ou fermier, a réduit au strict minimum son train de maison, ses dépenses de ménage, ses nécessités d'existence, afin de consacrer à la main-d'œuvre, à l'ouvrier, toutes ses disponibilités jusqu'à son dernier sou, jusqu'à son dernier centime. Ainsi, actuellement, tout argent qui sera arraché par l'impôt aux contribuables fonciers sera enlevé par l'impôt aux ouvriers.

La vigne sera donc privée de travailleurs en proportion des charges des emprunts. Rappelons que la vigne américaine ne supporte pas de demi-culture : elle en meurt. Or, à cette heure, une augmentation de 15 à 20 francs d'impositions nouvelles absorbera souvent les dernières ressources économisées à force de privations pour tenir la vigne en bon état, pour assurer la récolte pendante et la vigueur pour les années à venir. La commune ouvrira bien un tout petit chantier cette année, mais chaque vigne qui meurt sous le poids de l'impôt, c'est un chantier de toutes les années, un chantier perpétuel qui se ferme.

Le travail qui enrichit chaque propriétaire en particulier amène une prospérité générale, il est donc d'une utilité publique; tandis que le travail exécuté par une commune, fait au détriment des travaux des particuliers, aboutira à un appauvrissement général du pays qui préparera des retours plus violents de misère dans un avenir prochain.

Dans nos départements, presque aucune entreprise de la commune n'offrira de grande utilité, car presque tous les travaux présentant un caractère de nécessité publique ont déjà été exécutés. Pendant la période récente, où l'argent affluait, les municipalités des arrondissements de Carcassonne, de Narbonne, de Béziers ont tout fait en grand, depuis les travaux de voirie jusqu'aux palais scolaires; il ne reste rien d'utile à construire, il ne reste qu'à payer. Elles ont obéré, surtout dans les centres socialistes, les budgets de l'avenir par des emprunts hors de toute proportion avec des ressources normales et ruineuses pour les ressources actuelles.

Les centimes additionnels sont ridiculement élevés en proportion du principal; les charges fiscales, on le constate tous les jours, contribuent pour une part énorme à la permanence de l'avilissement des cours; elles tiennent sans cesse le propriétaire dans l'alternative d'être saisi par le fisc (ce qui ne déplairait pas à quelques politiciens) ou de céder son produit à vil prix. Alors on va augmenter les charges de la viticulture pour soulager les ouvriers vignerons.

En profiteront-ils, au moins transitoirement, ces vignerons? La loi n'est faite que pour eux en général, c'est incontestable; mais s'il plaît à une municipalité, en son particulier, d'appliquer la désignation d'ouvrier viticole à tel électeur ami et de la refuser à tel vigneron ennemi, quel sera le recours de ce dernier? Aucun brevet n'existe pour établir à l'égard de chaque individu sa qualité de viticulteur. S'il plaît au maire de prendre un tel à titre d'indigent et de refuser tel autre comme non nécessiteux l'arbitraire en décidera seul.

Pour justifier l'emprunt, le rapporteur s'est appuyé sur cette hypothèse que la prospérité reviendrait et que les ressources d'un avenir fécond permettraient de liquider les charges que la misère oblige à prendre dans les temps présents. Il est certain que si l'argent circule largement dans l'Aude pendant la durée de l'amortissement, les charges en paraîtront légères. Mais le raisonnement de M. Gauthier n'a que la valeur d'une hypothèse, et encore cette thèse est-elle contraire aux faits actuels, notamment à l'orientation du marché des vins et à l'orientation même de la culture de la vigne qui, sans travail suffisant et sans engrais, sera peu rémunératrice.

Ne faisons qu'indiquer ce point et constatons mathématiquement qu'en augmentant pendant toute la durée du remboursement de l'emprunt les charges de la terre, on diminue pendant le même laps de temps et dans les mêmes proportions l'argent disponible que les détenteurs de la terre peuvent distribuer aux travailleurs. En face d'un secours essentiellement transitoire, on crée une source de gêne permanente.

Si c'est la misère qui triomphe, n'est-il pas à craindre que les municipalités, hantées par cette idée socialiste dominante que c'est l'intervention des institutions publiques, tels que l'État, le département ou la commune, qui a seul le pouvoir d'améliorier le sort des travailleurs, n'entrent plus profondément dans leur erreur économique en demandant et en obtenant l'autorisation de contracter de nouveaux emprunts, aussi indéfinis que la misère à secourir ?

Aujourd'hui l'emprunt ne doit pas dépasser 2 francs par tête ; mais maintenant que le principe est admis, il sera facile d'obtenir des Chambres que l'emprunt soit calculé à raison de 3, 4, 5 francs par habitant. Ça paraîtra de faible importance et ça finira par des charges écrasantes. Mais écraser par l'impôt la propriété individuelle, de façon à en provoquer l'expropriation lente, est, d'ailleurs, l'idéal de pas mal de socialistes.

Dans l'état actuel des esprits, ces emprunts s'imposeront à toutes les municipalités, quelle que soit la moyenne de misère des habitants, car les adversaires d'une municipalité auraient trop beau jeu de lui reprocher, au prochain renouvellement, d'avoir trahi la cause de la classe ouvrière en ne contractant pas le maximum d'emprunt. Aucun corps élu dépendant du suffrage universel ne s'exposera à ce genre de critique, et vous verrez que les centres de population agglomérée, tels que la ville de Narbonne, seront les premier à en user.

Notez enfin que ces emprunts vont être contractés et distribués en pleine période électorale, étrange coïncidence et merveilleusement utile pour la réélection de nos députés. Voilà des maires sectaires et des conseillers municipaux passionnés, pour qui la question de tel ou tel protecteur est une question vitale, qui vont avoir dans leurs mains tout l'argent des emprunts, avec faculté de le dépenser tout entier d'ici au lendemain du scrutin de ballottage. Signaler le fait suffit. Les emprunts, comme les autres lois récentes, ne sont que des menées électorales.

Laissons de côté les rapports de MM. Ferroul et Gauthier et, face à face avec la misère réelle, disons franchement aux ouvriers viticoles : Mes amis, nous désirerions de tout notre cœur vous employer, car votre travail nous est aussi utile que notre terre vous est nécessaire ; nos intérêts sont absolument solidaires et liés par notre coexistence même. Nous vous emploierons tant qu'il nous restera un sou pour vous payer : n'allez pas nous le faire enlever par les impositions ; il y a grande chance pour que ce ne soit pas vous personnellement qui en profitiez. Il dépend de vos bulletins de vote d'améliorer notre sort et le vôtre. Nommez de vrais propriétaires ou de vrais ouvriers agricoles, mais vos semblables pour de bons. Ils diminueront les impôts au lieu de les augmenter et vous vous en trouverez bien ; ils ramèneront la loyauté dans la vente des vins par la simple application des lois existantes et par la promulgation de quelques lois d'affaires très simples. Ils mettront de l'argent à la disposition des patrons au moyen du jeu naturel des établissements de crédit agricole, et ces patrons vous le reverseront immédiatement en salaires, parce qu'au fond ils vous estiment, et qu'en second lieu, c'est leur intérêt bien compris.

CHAPITRE IV.

LES ASSOCIATIONS CONSTITUÉES EN VUE DE LA VENTE DES VINS. COMITÉS. — SYNDICATS. — COOPÉRATIVES.

Le troisième groupe des œuvres de mutualité susceptibles d'intervenir dans la crise viticole sont les associations de récoltants constituées en vue de la vente des vins.

Ces associations prennent des formes diverses : elles peuvent être constituées par de simples groupements de récoltants, qui passent entre eux un acte en forme de sous-seing privé ou d'acte authentique, aux termes duquel ils précisent le but et les conditions de leur union : elles peuvent donner lieu à d'autres formes de groupements qui s'intitulent : ligues de défense des intérêts viticoles, syndicats de vente, coopératives.

Le mouvement coopératif dans la vente des produits agricoles s'est affirmé pour plusieurs catégories de produits et dans un grand nombre de nations.

Ainsi le lait et ses dérivés, beurres, fromages, est en Danemark, Suède, Norvège, Allemagne, Suisse, et dans plusieurs régions de la France, vendu par des Sociétés coopératives. A la fin de 1899, la France comptait des laiteries coopératives qui régissaient les cours en Vendée, dans les Charentes, l'Oise, le Jura; l'Allemagne en compte huit cent cinquante-neuf; l'Italie, plus de trois cents, et les pays scandinaves ainsi que la Hollande ne vendent que par leur intermédiaire. Les œufs, les fruits, légumes et primeurs, les huiles, le cidre sont vendus avec avantage par des associations en participation; le sucre dépend de l'entente des raffineurs, qui forment entre eux la plus cohésive des associations.

Les vins se prêtent-ils à ce mode de vente? Les pays étrangers nous répondent par l'affirmative. L'Allemagne comptait en 1901 cent douze coopératives vinicoles; l'Autriche possède plusieurs syndicats de récoltants ayant pour objet la vente en commun. En Suisse, des syndicats vinicoles ont pour but de faciliter la vente directe du vin à leurs adhérents en mettant « *producteurs et consommateurs en rapport* ». *Le syndicat ne fait aucune opération d'achat ou de vente pour son propre compte;* seulement l'acheteur trouve dans les clauses des statuts des garanties contre la mauvaise qualité et contre la fraude.

A côté de ces Syndicats vinicoles, il y a des Sociétés vinicoles qui ont pour but « l'exploitation en commun des produits vinicoles du sol ». La plus ancienne et la plus prospère de ces Sociétés est celle de Sion (Valais), fondée en 1872 par M. de la Pierre, ancien conseiller d'État, « dans le but de soustraire les propriétaires du vignoble aux manœuvres exercées par les acheteurs au moment de la récolte ».

Au point de vue coopératif, on trouve en Italie :

a) Plusieurs Sociétés par actions qui achètent la vendange, vinifient dans leurs caves modèles et vendent les produits avec répartition des bénéfices entre les actionnaires qui peuvent être producteurs ou non, vendeurs ou non des raisins à la société;

ce ne sont pas là de véritables coopératives, mais de simples Sociétés commerciales;

b) On trouve également de véritables Sociétés coopératives connues sous le nom de « Cantine Sociali ».

Ces « *Cantine Sociali* », après des débuts pénibles et fort lents, ont pris le dessus, et depuis 1888 elles se sont multipliées dans de grandes proportions; elles étaient, fin 1901, au nombre de trente-cinq.

Quelques-unes préparent spécialement le vin pour les coopératives de consommation, elles ont ainsi un débouché assuré à leurs produits.

A un des derniers Congrès viticoles, celui de Novare (27-28 octobre 1901), la discussion des résultats obtenus par les caves coopératives a abouti au vote des résolutions suivantes, qui résument en quelque sorte l'expérience des dernières années :

1° Le Congrès affirme que les caves coopératives concourent efficacement à la solution de la crise vinicole;

2° Recommande aux fondateurs de caves coopératives la plus grande simplicité d'organisation, la plus rigoureuse économie dans les dépenses de premier établissement et d'exercice et une direction technique et unique;

3° Déclare préférables les petites associations autonomes, sauf à elles à se constituer ensuite en fédération;

4° Reconnaît la nécessité d'allier les caves coopératives aux caisses rurales;

5° Fait des vœux pour qu'une loi émanant de la sollicitude du gouvernement favorise la création des caves coopératives.

Enfin, le Congrès a émis le vœu « que les coopératives de consommation évitent de se mettre en concurrence avec les caves coopératives et les producteurs de vin et entretiennent, au contraire, avec eux des rapports directs ».

c) On trouve encore en Italie de puissantes coopératives de consommation qui font leur vin; il y a aussi de nombreux syndicats de propriétaires pour faciliter la vente directe en mettant « vendeurs et acheteurs en rapports directs », selon une formule que nous venons de citer à propos des syndicats suisses, ce qui prouve que le rôle des syndicats semble le même dans les diverses nations.

Pour les alcools, il y a sept *distilleries coopératives* qui distillent vins, marcs, fruits, miel. Il y a aussi plusieurs distilleries coopératives qui distillent les matières amylacées, grains, mélasses. Depuis la loi du 5 juillet 1896 les distilleries coopératives produisant des alcools de vins ont droit à un boni de 18 % sur le total de la taxe de 180 lires par hectolitre d'alcool anhydre à la température de 15°. Cette différence de situation entre la distillerie industrielle et celle des bonnes eaux-de-vie de vin, vainement réclamée en France, a produit les meilleurs effets en Italie.

En France, la première coopérative vinicole a été la *Coopétive de Damery* en Champagne, créée en 1893, et qui comprend à l'heure actuelle soixante-douze sociétaires adhérents; elle vend annuellement environ cent mille bouteilles de marque et prix différents. Deux autres coopératives sont en formation à Verzenay et à Chamery.

Dans l'Yonne, à Tonnerre, on a fondé, en 1897, le *Syndicat des petits vignerons tonnerrois*, qui a pour objet de rapprocher dans le commerce des vins les consommateurs des véritables petits vignerons travaillant eux-mêmes de leurs mains. En septembre 1900, on a fondé successivement la *Société vigneronne de Beaune*, puis l'*Union des Sociétés viticoles* pour organiser en commun des expositions, des marchés, des celliers de dégustation.

Le *Syndicat du Beaujolais* a organisé en 1891, à Fleurie (Rhône), une agence de vente, qui reçoit les commandes, goûte les vins expédiés et vérifie leur authenticité avant d'en donner garantie par l'apposition de la marque syndicale; mais les résultats sont plus faciles pour les vins fins que pour les vins ordinaires.

Dans le Sud-Ouest, l'association la plus florissante est la *Coopérative de Gaillac*. Elle se spécialise dans la vente d'un vin blanc, le Coq, produit de la région, qui est apprécié dans une grande partie de la France. Elle achète les vins faits, puis elle les coupe et les unifie par des mélanges pour leur donner une valeur qui assure un écoulement rémunérateur.

Dans le Midi, les bas prix de 1900-1901 devaient faire naître des essais d'association : ces premiers essais n'ont pas réussi. *La Société coopérative des Viticulteurs du Midi,* créée à Béziers au capital de 40,000 francs, et l'*Association coopérative des Viticulteurs français*, créée à Montpellier au capital de 110,000 francs, ont dû liquider, faute d'organisation et aussi faute de fonds et de débouchés suffisants.

Une Société Audoise créée à Moussan (Aude), le 1er février 1893, sous le titre de *la Moussannaise*, a donné, au contraire, pleine satisfaction aux cent vingt-sept adhérents qui la composent et qui vendent, par son intermédiaire, directement leur récolte.

Nous citerons encore la *Coopérative Vinicole de Manduel* qui vend surtout la récolte de ses cinquante adhérents aux coopératives de consommation, et la *Coopérative de vente de Draguignan* (Var) qui, à la dernière exposition agricole de Grasse 1902, a obtenu une grande Médaille d'or.

Des caves coopératives sont à l'étude dans les Alpes-Maritimes, à Bellec près de Nice, dans le Var, à Fayence; dans le Gard, à Beaucaire. Une cave coopérative communale existe et fonctionne à Générac (Gard).

L'*Union des Syndicats des Alpes et de Provence* vient de projeter la création d'une grande Coopérative générale au capital de 200,000 francs pour la vente des produits agricoles et horticoles de la région.

D'autre part, on annonce la formation à Marseille, 65, rue de Rome, d'une *Coopérative Vinicole*, constituée par un groupe important de viticulteurs des quatre départements provençaux. Elle va établir un chai à Arles pour centraliser leurs vins qui, après filtration et coupage, seront répartis en types spéciaux pour être vendus dans les débits à établir à Paris et dans le Nord.

Dans l'Hérault, l'Aude, le Gard, il s'est constitué ces dernières années des Associations de propriétaires et de commerçants pour vendre la récolte : nous citerons l'*association*, société formée par vingt à trente grands propriétaires de l'Hérault et du Gard avec un courtier du Midi et un négociant de Paris. Cette association, créée à Montpellier le 1er juin 1901, au capital de 500,000 francs, espère vendre 100,000 hectolitres par an.

Le *Syndicat de Bages-Roussillon*, constitué par des propriétaires du Roussillon, est un organe de vente plus pratique que les autres groupements similaires. A Bercy, j'ai vu, en 1901, un comptoir exclusivement réservé à ses membres et dirigé par des employés qui lui étaient spéciaux. Il fonctionnait comme une maison de vins ordinaires ; seulement, cette maison n'écoulait que les vins des associés et les associés n'étaient que les membres du syndicat de Bages ayant coopéré chacun de leurs deniers au lancement de cette affaire.

Le *Groupement viticole du Bas-Languedoc*, constitué le 15 avril 1901 à Montpellier, sous la direction de M. E. Goulet, commissionnaire en vins à Paris, est une association de propriétaires qui pourrait donner de bons résultats, comme tout ce qui diminue des intermédiaires, par conséquent des frais d'abord et des occasions de fraude ensuite.

Les grandes Sociétés agricoles de France ont patronné un groupement dénommé *Union coopérative des propriétaires viticulteurs de France*. Cette Société anonyme, au capital de 800,000 francs, a pour but de faciliter la vente directe du vin en constituant, à proximité des chemins de fer, à Bercy ou à Charenton, un entrepôt où les adhérents pourront envoyer quelques fûts comme échantillons de leurs produits; on leur transmettrait les commandes.

Cette énumération est loin d'être complète; elle a surtout pour objet d'indiquer quelle est l'orientation générale des esprits; et à ce dernier sujet, l'exemple le plus typique de la mentalité de certains méridionaux est fourni par la Coopérative vinicole dénommée *les Vignerons libres de Maraussan* (*Hérault*). Elle constitue un document vivant qui aurait fait la joie de Taine étudiant les origines d'une révolution. Cette coopérative est une institution socialiste, mais purement, uniquement socialiste. M. Cathala, son fondateur, la caractérisait en s'exprimant dans les termes suivants au Congrès de Nîmes : « C'est pour protester contre l'exploitation capitaliste que nous nous sommes organisés; c'est le prolétariat agricole que nous avons voulu grouper non sans difficulté... Nous voulons faire disparaître l'infériorité de la petite propriété, qui ne peut lutter à armes égales avec les grandes propriétés terriennes. »

Les statuts des *Vignerons libres* ont pour objet de grouper les prolétaires agricoles pour la vente en commun et directe aux consommateurs et de réaliser des *économies dans l'intérêt de toute œuvre utile à l'émancipation des travailleurs*. Le vin est vendu surtout à des coopératives de consommation, et la combinaison, qui commercialement est bonne, donne des bénéfices dont les producteurs abandonnent 50 %. Les bénéfices sont affectés : 20 % à des œuvres de propagande prolétarienne ou de solidarité sociale, 5 % à la Bourse nationale des coopératives; ils sont versés à une « caisse de solidarité » et affectés par la Commission à l'emploi qui lui semblera le plus utile aux intérêts des travailleurs, sans que, en aucun cas et sous aucun prétexte que ce soit, il puisse leur être demandé justification soit de l'emploi, soit du mode d'emploi.

Etrange Midi, si quelque chose pouvait faire sourire de tes malheurs, ce sont bien les idées qu'ils te suggèrent et que tu adoptes avec un si candide enthousiasme.

Les deux véritables efforts tentés par les récoltants du Midi pour vendre leur vin par association directement aux consommateurs sont : le *Comité du vin de France* et le *Syndicat des propriétaires de l'Aude pour la vente des vins*.

Le *Comité du vin de France* fut fondé à Montpellier, rue du Clos-René, 8, en grande partie par l'ardente initiative de M. Degrully, directeur du *Progrès agricole*, la plus importante revue vinicole de notre région. Le Comité se proposait de faire connaître au Nord le vin du Midi et de faire connaître au Midi les moyens pratiques d'aller écouler ses vins dans le Nord.

Le Comité faisait étudier par des inspecteurs techniques les régions du Nord et réunissait des documents qui portaient sur les points suivants : chiffre de population, montant des droits d'octroi, montant approximatif des frais de transport, mouvement des vins, quantités consommées, prix moyens, nombre de maisons de commerce et de détaillants, goût de la population, aisance moyenne. Ces renseignements étaient catalogués en tableaux qui étaient envoyés à chaque adhérent.

Les adhérents étaient formés de deux groupes : les particuliers, qui devaient payer une cotisation minima de 5 francs pour recevoir les publications du Comité, et les collectivités; ces collectivités comprenaient les Associations agricoles et les municipalités. Un grand mouvement de sympathie accueillit l'initiative de M. Degrully; les listes de souscriptions publiées par les numéros du *Progrès agricole* au cours des années 1901-1902 montrent que les particuliers et les associations versaient facilement des souscriptions atteignant 100 francs. On tentait de conquérir le Nord.

Le Nord ne fut pas conquis; malgré une réclame très intelligente, malgré des conférences, des campagnes dans des revues médicales et dans des Congrès d'hygiène, ce mouvement n'a abouti qu'à des installations restreintes. J'ai reçu, pour ma part, des lettres de correspondants du Comité du vin de France, une de Wimeux, une autre de Boulogne. Le rôle des correspondants, m'écrivait-on en 1901, consiste à installer un débit de vin au mieux des intérêts du propriétaire, y placer un gérant, le surveiller, s'assurer par des visites que le correspondant fait par lui-même ou fait faire par ses employés que les vins sont débités purs; prendre la recette chaque semaine, et quand il y a des sommes rondes, les porter en banque au compte du propriétaire, ou les lui envoyer directement, suivant ses instructions. La vente dans les débits se fait au comptant; quand on vend à la pièce, le correspondant se renseigne sur la solvabilité de l'acheteur. L'installation d'un débit, comptoir, enseignes, verres, litres, rinçoir, imprimés, réclames, etc., coûte environ 400 francs; les locations sont de 600 à 1,000 fr., avec bail de trois ans. Dans ces débits, on place un gérant qui y loge avec sa femme, aux appointements de 150 francs par mois. Il faut avoir l'intention de continuer plusieurs années, autrement l'installation ne serait pas amortie. Je pense que nous ne froisserons aucun amour-propre en disant que le « vin de France » ne créa pas le grand mouvement de pénétration dans les populations laborieuses du Nord qu'en espéraient ses promoteurs.

Les vins envoyés furent-ils défectueux? les frais de premier établissement paraissaient-ils trop élevés? le vin rencontre-t-il plus de difficultés que nous ne le supposons à se substituer à la bière? cette difficulté tient-elle à des différences de prix ou au goût même des populations? y eut-il dans l'organisation trop de comptabilité, trop de paperasserie? Toujours est-il qu'à part quelques débits qui prospérèrent, l'entreprise languit et que l'idée tomba. Doit-on la relever?

La Société centrale d'agriculture de l'Aude résolut de tenter un effort en vue de la vente des vins de la région livrés en 1901 à 3 francs l'hecto. Elle avait pris l'initiative de la Caisse de crédit agricole de Carcassonne, dont nous avons indiqué les bons états de services; elle voulut compléter son œuvre en formant le *Syndicat des propriétaires de l'Aude pour la vente des vins*. Ce syndicat, dans sa pensée, devait être partie intégrante du mouvement tendant à la *régularisation du marché des vins* et que le Comité du vin de France appuyait à Montpellier au profit du vignoble méditerranéen tout entier.

M. Malric, le dévoué président de la Société d'agriculture de l'Aude, prit conseil de M. Mabillau, l'économiste dont les conceptions sont les plus sûres en matière de mutualité, et du comte de Rocquigny, dont l'autorité est incontestée dans les questions syndicales ; fort de leurs avis, il soumit un rapport à la Société d'agriculture dont voici le résumé :

Si l'on examine de quelle manière dans l'application on peut réaliser le groupement des producteurs de vin, on voit qu'il se produira nécessairement, ou sous la *forme coopérative* ou sous la *forme syndicale.*

Examinons chacun de ces modes de collaboration.

La *Société coopérative* est à *capital fixe* ou à *capital variable* (ce dernier mode semble préférable pour parer à toutes les éventualités).

C'est une association créée entre un certain nombre de producteurs pour écouler leur vin en commun, le plus souvent avec une cave commune et son outillage.

Dans tous les cas, elle comporte une organisation quasi commerciale, calquée sur celle d'une bonne maison de commerce, n'ayant point à se préoccuper de l'achat du vin, mais de la vente seulement.

En effet, pour l'entrée du vin dans la Coopérative, le vin de chaque associé est évalué de la manière et par les personnes indiquées par les statuts. Introduit ainsi dans ces magasins de la Coopérative, il est vendu par elle et, après payement du prix précédemment fixé, les bénéfices réalisés dans la vente sont distribués généralement, selon la quantité et la valeur du vin de chacun.

D'autres fois, si les vins sont similaires, la Coopérative ne fixe pas même le prix de ces vins, elle les écoule au fur et à mesure, ou selon un roulement établi entre les producteurs.

Elle les vend selon les possibilités de chaque jour, et les associés partagent le produit de toutes ces ventes, déduction faite des frais, selon la quantité de vin fourni par chacun d'eux.

Mais il a semblé à la Commission qu'il serait téméraire de vous la conseiller pour réunir sous un seul faisceau un très grand nombre de producteurs de vin, et nous sommes, dans le département de l'Aude seulement, des milliers.

Aussi la Commission a-t-elle pensé que la forme *syndicale*

était préférable, et elle vous propose de vous organiser en *Syndicat pour la vente du vin.*

Ce Syndicat, à la différence de la Société coopérative, *s'abstiendra absolument de tout acte de commerce,* ainsi que le prescrit, du reste, la loi du 21 mars 1884.

Pour lui, aucun maniement de fonds; c'est un simple intermédiaire, un office de renseignements, un conseil.

Il permettra le groupement de tous les viticulteurs de l'Aude et ce groupement pourra s'affilier à tous les groupements similaires, même coopératifs, qui bientôt, il faut l'espérer, réuniront tous les producteurs de vin et provoqueront l'union de tous.

Le jour où nous serons parvenus à ce résultat, nous aurons fait un pas immense. Ce jour-là *les cours seront régularisés.*

Ce n'est point une utopie. La fixité des cours est la règle pour les objets de première nécessité : le blé en est un exemple.

Les idées exprimées dans le rapport furent réalisées dans les Statuts dont nous donnons quelques extraits :

Article premier. — Entre les soussignés et ceux qui adhéreront aux présents statuts, il est formé, sous le haut patronage de la Société centrale d'agriculture de l'Aude, et conformément à la loi du 21 mars 1884, un Syndicat qui prendra le nom de : *Syndicat central des viticulteurs de l'Aude pour la vente du vin.*

Art. 2. — Ne pourront faire partie de ce Syndicat que les personnes qui justifieront être propriétaires de vignobles en production sis dans le département de l'Aude, à l'exclusion de tous les autres.

Art. 3. — Ce syndicat a pour but la défense des intérêts viticoles et des viticulteurs, la recherche des moyens les plus avantageux de vente de vins.

Il s'occupera des questions de tarifs de transport, de régie et de douane.

Il soutiendra les syndiqués dans les difficultés qu'ils pourraient avoir, soit avec les Compagnies de transport, soit avec la régie, lorsqu'il s'agira de questions de principe.

Il recherchera et communiquera à tous ses membres les renseignements utiles de nature à favoriser les viticulteurs, soit pour l'écoulement de leurs produits, soit pour la sauvegarde de leurs intérêts.

Il pourra garantir l'authenticité des vins des syndiqués, les protéger contre toute concurrence déloyable et donner aux acheteurs sa garantie morale que les vins sont naturels et récoltés par les syndiqués.

Le Syndicat favorisera, facilitera, et, au besin, organisera la vente des vins.

Dans ce but, il fera toute la publicité nécessaire, locale ou collective.

Il pourra créer des offices de renseignements, des offices de vente et de courtage et même des entrepôts, soit pour le vin, soit pour l'alcool de vin, avec ou sans warrantage, à l'usage de ses membres, partout où besoin sera.

Il pourra organiser toutes expositions et dégustations temporaires et même permanentes; prendre part collectivement, au nom des syndiqués, à toutes expositions françaises et étrangères; accomplir tous actes pouvant servir à faire connaître les vins de ses adhérents,

Mettre ceux-ci en rapports directs avec les consommateurs, principalement avec les Sociétés de consommation, en un mot faciliter par tous les moyens la vente des vins des syndiqués.

Art. 5. — Le Syndicat s'interdit toute opération commerciale. Il se bornera à servir d'intermédiaire et à défendre les intérêts de ses adhérents.

Art. 6. — Le Syndicat se mettra immédiatement en rapport avec toutes les Sociétés de viticulteurs, tous les Syndicats similaires de producteurs de vin, s'efforcera de créer une Union de tous les Syndicats de producteurs de vin, de manière à établir dans toutes les régions viticoles une entente sur les questions essentielles entre tous les producteurs de vin.

Art. 7. — Le Syndicat s'efforcera, d'accord avec les Syndicats de viticulteurs affiliés et avec les Sociétés agricoles de la région, de régulariser le cours des vins en évitant les à-coups dans les cours et les coups de baisse qui, depuis quelques années, inquiètent si profondément le marché des vins.

Son but sera de ramener dans le cours du vin la régularité qui convient au prix d'une denrée de première nécessité, et dont la consommation régulière est indispensable à la santé publique.

Art. 8. — Le Syndicat publiera un *Bulletin* sommaire et dans la forme la plus économique pour renseigner individuellement chacun de ses adhérents sur tout ce qui peut les intéresser pour la vente de leurs vins. Ce *Bulletin* sera adressé gratuitement à tous les membres du Syndicat et à toutes les Sociétés et Syndicats unis.

Le Conseil d'administration pourra décider que la totalité des *Bulletins* ou quelques-uns seulement seront envoyés gratuitement aux maires, secrétaires de mairie, curés, instituteurs et autres de l'arrondissement, et même au dehors à telles personnes qu'il jugera convenable, et même seront publiés.

Il se mettra en rapport avec tous les membres de la presse et journaux locaux ou autres qu'il jugera à propos dans l'intérêt d'une publicité utile pour favoriser la vente des vins.

Art. 9. — Lorsqu'une affaire sera conclue par l'intermédiaire du Syndicat, la garantie fournie à l'acheteur ne pourra en aucun cas donner lieu à un recours de ce dernier contre le Syndicat, les droits directs de l'acheteur contre le vendeur demeurant pleinement réservés.

Inversement, le Syndicat ne fournira à ses membres aucune garantie effective concernant l'acheteur, ce dernier étant seul responsable vis-à-vis du vendeur pour tout ce qui se rattache à la formation du contrat ou à son exécution, le Syndicat n'ayant dans ces sortes d'affaires que le rôle de simple *indicateur*.

Art. 10. — Le fait par un viticulteur de figurer comme

syndiqué emporte engagement de sa part de ne livrer, à ce titre, que des vins naturels. Toute plainte reconnue fondée concernant un échantillon déloyal donnerait lieu contre le syndiqué à une action en dommages de la part du Syndicat, sans préjudice de son exclusion.

Nous n'avons pas craint de donner de longs extraits de ces Statuts, parce qu'à notre avis ils résument parfaitement le rôle que l'Association doit remplir dans l'organisation de la vente des vins.

Ces principes furent consacrés par le Congrès de Montpellier, où M. Malric les développa dans un rapport documenté, qui demeure l'expression la plus parfaite du rôle de la mutualité en viticulture.

Et cependant, disons-le aussi, le Syndicat de l'Aude n'eut pas une destinée plus heureuse que le Comité du vin de France. Il fut parfaitement accueilli hors de notre région. Pour ma part, je me rappelle être allé à l'Hôtel de Ville de Paris solliciter la bienveillante attention du Conseil municipal pour obtenir que les projets d'adjudication en vin des services de la ville (écoles, cantines scolaires, assistance publique, hospices, pompiers, casernes municipales) fussent communiquées en temps utile au Syndicat de l'Aude. Le Syndic du Conseil municipal, M. Daùsset, me fit un accueil des plus aimables et donna des ordres qui ont été exécutés, car pendant trois ans le Syndicat a reçu régulièrement avis de toutes les mises en adjudication.

Aucun propriétaire de l'Aude ne s'est arrangé pour en profiter, soit isolément, soit en se groupant avec ses voisins; d'où l'on est fondé à conclure qu'ils méritent un peu les situations critiques sur lesquelles ils ne cessent de gémir. Ajoutons à leur décharge que leur conduite n'eût peut-être pas été le même, si le Syndicat avait pu s'attacher deux ou trois courtiers sérieux qui auraient distribué les échantillons et facilité les marchés.

C'est une chose étrange que tous ces *groupements n'aient*

pu organiser un bon service de courtiers, de représentants, comme on procède dans la première maison de commerce venue. *L'esprit pratique manque totalement aux assemblées délibérantes*, même quand chacun de leurs membres individuellement se trouve dans une situation critique dont il désire se tirer par tous les moyens possibles. C'est la preuve que partout où ne s'affirmera pas un intérêt personnel immédiat, une rémunération nette et certaine, l'effort pratique ne suivra pas la conception économique.

Au contraire, l'association se développera dès que le gain sera précis. Un exemple tout récent est donné par la « Coopération vinicole de la Haute-Garonne » ; cette association a été formée sous les auspices de la Société d'agriculture de la Haute-Garonne et d'autres groupements viticoles. Elle a pour objet d'offrir aux consommateurs des vins garantis sur analyses. Les vendeurs doivent justifier de leur qualité de récoltants ayant leurs exploitations dans le département. Les vins doivent être naturels et n'avoir aucun vice caché.

Je détache d'une annonce parue dans *l'Express*, à la date du 15 juillet 1905, les prix suivants : vins en fûts de toute contenance, de 15 à 28 francs ; vins en bouteilles, de 20 à 30 francs. Les prix de vente à la propriété étaient dans l'Aude, pour les vins de degré similaire, de 4 à 9 francs. Les vins de la Haute-Garonne même variaient de 7 à 14 francs. Les prix de la Coopérative représentent donc un boni de 50 % et les consommateurs les achètent à cause de leur authenticité ; car, à Toulouse, la lutte par le bon marché amenait la vente de boissons déplorables.

De cet exposé, tirons cette conclusion : le groupement coopératif sera un débouché meilleur que la vente au commerce à la condition que ces associations, Syndicats ou Coopératives, agissent avec une honnêteté scrupuleuse aussi bien vis à vis du consommateur que vis à vis du récoltant, que leur administration soit active, pratique, économe de toutes dépenses inutiles, habile dans la réclame et surtout intègre.

CHAPITRE V.

CAVES COMMUNES.

Les associations pour la vente en commun des vins conduisent assez logiquement à s'occuper de locaux où les produits seraient examinés et rassemblés avant d'être livrés; elles devaient donc activer l'étude des caves communes, dont l'existence répond à différents objets.

Les caves communes sont des caves où plusieurs récoltants différents enferment leurs vins; on peut les cataloguer en plusieurs catégories : caves communes proprement dites, caves coopératives, caves municipales ou communales, caves de location.

Plusieurs récoltants peuvent construire une cave et en acheter la vaisselle vinaire et l'outillage à frais communs; cette combinaison pourrait être économique, car le prix d'installation d'une cave est inversement proportionnel à sa capacité.

Des coopératives peuvent se former pour la création d'une cave profitant aux membres dans la mesure de leurs souscriptions, où en raison de tout autre mode d'estimation; ces coopératives peuvent n'avoir pour objet que d'enfermer la récolte, en restant indépendantes de toute opération de vente en commun.

Des syndicats seraient également qualifiés pour faire construire des celliers dont leurs membres useraient dans des conditions à déterminer.

Des municipalités, d'après des doctrines politiques qui ne sont pas conformes, je crois, à l'esprit général de la législation, pourraient prendre l'initiative des caves destinées aux habitants et de préférence aux plus nécessiteux.

Enfin, quelques hommes compétents pensent que la construction de caves destinées à être louées serait une affaire rémunératrice pour un capitaliste, qui édifierait une cave commune tout comme une maison de rapport.

L'exposé, même succinct, des avantages et des inconvénients des diverses catégories de caves communes, nécessiterait des développements que ne comporte pas cet ouvrage.

Je me borne à signaler comme avantages que les excédents ou non logés sont des causes d'affaiblissement des cours à *toute époque*. Au moment des vendanges, des récoltants qui n'ont pas une vaisselle vinaire proportionnelle à leur production sont dans la nécessité de vendre à tous prix; ils se font un grand tort à eux-mêmes et ils se privent ainsi du bénéfice qu'ils ont poursuivi par leurs soins culturaux et par leurs avances à la terre sous toute forme : engrais, labours et autres travaux. Ne pas proportionner sa vaisselle vinaire à son exploitation est un manque de bon sens. Ils font tort à la viticulture générale, car le commerce s'approvisionnant pendant une durée variable de trente à soixante jours sur trois cent soixante par les excédents, se sait en mesure de faire face à la consommation et s'oppose avec plus de sécurité à la hausse. Des pays entiers, comme la Vaucluse, n'ont pas de celliers suffisants; leurs expéditions de vendanges permettent aux fraudeurs de se procurer à bon compte cette matière fermentescible par excellence et d'enfermer dans les cuves des lieux de consommation les éléments des cuvées successives de vins de fabrication.

Les caves communes sont utiles aux associations de vente pour se rendre compte des vins, les analyser, les traiter, les couper et les expédier en conformité des demandes.

Elles pourraient être utiles, dit-on, au développement du crédit agricole, car les vins warrantés seraient soustraits à la garde du récoltant emprunteur pour être placés dans des locaux dépendant du syndicat ou de la caisse rurale qui a consenti le prêt, et ainsi la sécurité du prêteur étant plus grande, le crédit en serait facilité.

Elles constitueraient une œuvre d'utilité publique, car la

viticulture entière a intérêt à ce que les habitants, surtout les plus nécessiteux, puissent enfermer leur récolte et ainsi ne soient pas obligés de s'en défaire à vil prix.

Enfin les caves communes seraient d'excellents placements, d'après leurs promoteurs. Selon des devis récents, des celliers ayant des récipients en ciment peuvent être construits à un prix qui fait revenir la capacité d'un hectolitre à 5 francs. Or, le commerce des futailles loue les demi-muids à des prix variables qui atteignent 5 centimes par hectolitre en pleine période de vendanges, pour se borner ensuite de 5 à 3 centimes le demi-muid, c'est-à-dire de 1 centime à 6/10es de centime par jour en temps normal. Une location à 1 centime l'hectolitre par jour en fait revenir le logement à 3 fr. 65 c. par an. Donc, si la cave commune faisait payer le logement de l'hectolitre à 1 franc par an, soit à 0 fr. 0027 par hectolitre et par jour, cette opération se décomposerait de la façon suivante : rémunération brute du capital employé, qui est de 5 franc par hectolitre, 1 franc, soit 20 %; bénéfice pour le récoltant sur les prix actuels les plus bas, 3 fr. 65 — 1 = 2 fr. 65, soit un bénéfice de 265 %. Il paierait 100 francs pour une location que le commerce lui fait actuellement payer 365 francs.

A toutes ces bonnes raisons, les faits opposent un démenti presque général. Il se crée très peu de caves communes en France. En voici quelques raisons.

Si les récoltants dans certaines régions plantent des vignes sans construire de celliers, c'est que la vente de leurs produits en vendanges fraîches leur a paru jusqu'à ce jour le mode le plus rémunérateur. Un changement dans les procédés de vente pourra seul amener une modification dans l'exploitation.

Pour édifier une cave commune, les participants devraient verser des sommes à peu près égales à celles que nécessite l'agrandissement de leurs propres celliers. Les cuves en ciment armé se construisent à raison de 5 à 3 francs l'hectolitre, suivant la capacité; les cuves à revêtements de verre ne sont pas très chères. Chaque propriétaire préfère avancer de l'argent à son domaine dont lui et les siens profiteront, plutôt que de le dépenser à une œuvre en participation qui lui devient nécessairement étrangère.

D'autre part, la cave commune semble être un prétexte à contestation perpétuelle. Le parfait accord se maintient difficilement entre un petit nombre d'amis; résistera-t-il aux difficultés survenant entre un grand nombre de particuliers aigris par des besoins d'argent? Quels statuts résisteront à la poussée des revendications?

Le vin est un liquide des plus délicats; un récoltant n'abandonnera pas volontiers la surveillance d'un produit qui constitue sa ressource unique à une surveillance mercenaire; ou si la garde lui en est laissée, il l'effectuera avec beaucoup plus de difficultés que chez lui. On objectera que la cave commune aura un outillage parfait de pompes pour les soutirages, un service d'embarquement rapide, une propreté parfaite. D'abord, ces caves jusqu'à présent n'existent pas; si jamais elles se réalisent, l'expérience seule répondra à des craintes encore plausibles. Comment faire le plein? comment éviter des erreurs dans des mélanges de propriétaires différents?

Les syndicats n'ont pas de fortune personnelle suffisante pour créer des caves communes, du moins pour les créer en nombre tel que cet organe influe sur les cours. Si le récoltant était sûr de se faire avancer sur son vin une somme importante en le remettant à la cave commune qui attendrait le moment propice de l'écouler, cet avantage attirerait une clientèle; mais ce système serait dangereux pour l'association qui avancerait les fonds, car si son estimation était trop élevée, elle s'exposerait à se trouver en face de vins dont la valeur marchande serait inférieure à la somme avancée et elle aurait un découvert. Les warrants n'ont pas donné encore des impayés; ainsi l'utilité n'apparaît pas de soustraire le produit à la garde de l'emprunteur pour le remettre à la garde du prêteur : il s'ensuivrait des frais et des ennuis qui restreindraient le crédit au lieu de le développer.

Le Midi et ses représentants politiques sont partisans en général des caves communes, qui sont une des applications des principes de mutualité et même de socialisme, dans lesquels ils cherchent le salut. Ces idées exagérées contiennent des parcelles intéressantes de vérité; l'expérience seule pourra concilier les partisans et les adversaires des caves communes.

SEPTIÈME PARTIE.

Vœux et résolutions des associations agricoles concernant la mévente.

Les associations agricoles, Sociétés d'agriculture, Syndicats, Comices, ont considéré comme un devoir impérieux de traduire les doléances de l'agriculture et d'exprimer ses revendications en les formulant dans des rapports, dont les points principaux se résumaient sous forme de vœux motivés. Leur étude est la suite de celle des Congrès, mais ne saurait se confondre. Les revendications des associations agricoles sont l'expression d'un travail réfléchi, que mûrissent la science et l'expérience; celles des congrès sont l'expression des mouvements de l'opinion que brûle la ferveur des assemblées populaires.

Plus la crise est aiguë, plus les vœux se multiplient, surtout dans une région de conceptions extrêmes, rapides, contradictoires tel que le Midi. Ces vœux résument les résolutions des hommes compétents et maîtres d'eux-mêmes; ils sont les meilleurs documents pour se former une opinion raisonnée et pour discerner les moyens véritables de solutionner la mévente.

Depuis cinq ans, les viticulteurs ne cessent de se concerter en associations qui portent des dénominations diverses, mais qui se composent d'éléments identiques et qui prennent des résolutions parmi lesquelles on doit choisir les plus sérieuses et les plus opposées pour noter les diverses théories en présence. J'ai noté, par ordre chronologique, les documents émanant soit des groupements libéraux, soit des groupements étatistes, en terminant par les groupements des associations générales pour toute la France.

Le premier de ces documents est « une Réponse au Questionnaire de la Chambre des Députés ». Une Commission parlementaire fit alors une enquête dont les associations viticoles donnèrent les éléments en résumant toutes les causes de la mévente alors à son début. Ce document est des plus importants.

A leur suite, j'ai cité les vœux du Syndicat de Narbonne, ce syndicat étant utile à consulter puisqu'il est à l'un des centres les plus éprouvés par la crise.

En troisième lieu, j'ai copié les vœux de la Société agricole des Pyrénées-Orientales, parce que cette société compte des hommes de valeur et qu'elle se trouve dans une région également des plus intéressantes. Ces vœux expriment, sous la forme la plus intelligente, l'opinion des étatistes, c'est-à-dire de ceux qui croient à la terminaison de la crise par de nouvelles lois et par une ingérence de plus en plus minutieuse de l'Administration. Ces vœux reproduisent dans leurs dispositions générales ceux de la Société démocratique de l'Aude ; ils sont en accord avec l'état d'esprit du Conseil général des Pyrénées-Orientales dont nous donnons également quelques décisions.

Les cinquième et sixième textes expriment les vœux des associations agricoles du Sud-Est et du Sud-Ouest et sont l'expression du programme libéral, que je considère comme le meilleur ; son application terminerait la crise. C'est ce programme, rédigé en grande partie par la Société centrale d'agriculture de l'Aude, discuté par les délégués des associations du Sud-Est et du Sud-Ouest, comprenant la Haute-Garonne, le Gers, l'Aude, l'Hérault, le Gard, le Vaucluse, les Bouches-du-Rhône, adopté par les Congrès d'Avignon et de Toulouse, qui résume les opinions des viticulteurs de tradition.

Enfin, j'ai terminé par les vœux des Agriculteurs de France, qui sont rédigés par les hommes les plus compétents en agriculture; leur éloignement est un gage de leur modération et de leur saine appréciation des causes de la mévente et des moyens efficaces propres à la résoudre.

CHAPITRE PREMIER.

RÉPONSE AU QUESTIONNAIRE DE LA CHAMBRE DES DÉPUTÉS.

« A quelle cause attribuez-vous la crise actuelle dans votre département? Indiquez les faits et circonstances sur lesquelles s'appuie votre opinion. »

La crise actuelle est due principalement au défaut d'application des lois répressives de la fraude sous toutes ses formes, notamment à la non-application de l'article 423 du Code pénal, qui punit la tromperie sur la nature de la marchandise vendue; de la loi du 5 mai 1855, appliquant aux boissons la loi du 27 mai 1851 sur la falsification des denrées alimentaires; de la loi du 11 juillet 1891, prohibant l'addition de matières étrangères, telles que colorants acides, sels, plâtre; de la loi du 24 juillet 1894 et du 6 août 1897, interdisant la vente des vins de raisins secs et de sucre.

Nous appuyons notre opinion notamment sur ce fait que les vins sortant de la propriété sont généralement bons et toujours naturels, tandis que la plus grande partie des vins livrés à la consommation sont d'un goût et d'une composition tout différents et par conséquent artificiels.

La crise est due en second lieu à la répercussion de la surproduction générale de la récolte de 1900; nous disons répercussion et non production de nos vignes, car dans notre région le rendement a été plus faible en 1900 qu'en 1899, ainsi qu'en font foi les relevés officiels par communes publiés dans le *Bulletin* de la Société d'agriculture.

En troisième lieu, la crise est due à la recherche trop exclusive par le commerce des mauvais vins, achetés depuis 2 fr. jusqu'à 0 fr. 75 c. l'hectolitre, vins qui permettent de livrer au consommateur, à la suite de manipulations diverses, des boissons à un prix inférieur au prix brut de revient de nos vins dans nos propriétés, prix qui varient de 9 à 11 francs l'hectolitre et s'élèvent même à 12 francs dans les terrains de faible production.

En quatrième lieu, la crise est due aux difficultés qu'ont engendrées les diversités d'application de la loi de décembre 1900 par la régie, en ce qui concerne la distillation, difficultés qui ont empêché la distillation de faire disparaître du marché une quantité énorme de vins avariés ou faibles.

En cinquième lieu, la crise est due au manque d'argent disponible chez les propriétaires. Ce manque d'argent provient du bas prix des premières ventes, et il oblige les récoltants à céder leur produit à des prix de plus en plus avilis, afin de faire face à leurs obligations immédiates et à leurs frais de culture, de telle sorte que les propriétaires concourent par leurs offres à les avilir encore, provoquant une progression indéfinie de marchés orientés à la baisse. A l'appui de notre opinion, nous citons la misère profonde qui règne dans tout le pays et qui aboutit au renvoi de nombreux ouvriers, à la vente des chevaux de travail, à la cessation presque complète des fumures. Une réduction de l'impôt s'impose.

« La qualité des vins s'est-elle maintenue? Sinon, à quelle cause l'attribuez-vous? Accident climatérique, maladies cryptogamiques, etc.? »

Cette qualité a un peu fléchi en 1900, par suite d'une invasion toute locale de pourriture grise; en 1901, les qualités des vins ont été pleinement réussies, d'une façon même très supérieure à la moyenne de la qualité en France.

« La nature des terrains replantés en vigne a-t-elle influé sur la crise actuelle? »

Non, car dans notre région les plantations nouvelles ont été faites en général dans des terrains assez pauvres en éléments fertilisateurs. Nos vins ont conservé les qualités que leur fait perdre le sol à grande production. Le rendement à l'hectare ne s'est pas sensiblement accru et nos cépages ont conservé leur couleur, leur degré alcoolique et leur bouquet.

« En est-il de même des cépages? »

La qualité des cépages doit enrayer la crise, car on plante surtout des cépages à production moyenne, tel que les hybrides Bouchet, pour obtenir de la couleur, et des cépages fins, comme les Terrets, les Carignans, les Cinsauts, pour obtenir de la couleur, du degré et du bouquet; l'Aramon en coteaux donne également un vin brillant et très fin.

« Les superficies plantées en vigne dans votre région sont-elles supérieures ou inférieures aux superficies plantées avant la crise phylloxérique? »

La superficie actuelle est à peu près égale, peut-être légèrement supérieure, à la superficie antérieure à la crise phylloxérique. Il est à remarquer que beaucoup de terrains ne sont propres qu'à la vigne; si on ne les plante pas en vigne, il faut les laisser incultes par suite de la nature du sol et de la sécheresse du climat.

« La plantation des vignes tend-elle à augmenter ou à diminuer? »

Il y a eu équivalence entre les terrains que l'on plantait et ceux où on arrachait jusqu'en 1900; depuis deux ans l'arrachage prédomine. On fait disparaître toute vigne âgée et quelques-unes qui étaient plantées en terrains aptes à une autre culture; cependant les habitants conservent en la viticulture une confiance malheureusement injustifiée et la monoculture viticole règne sur toute la région.

« La production moyenne par hectare est-elle supérieure ou inférieure à ce qu'elle était avant la crise phylloxérique? »

Elle est légèrement supérieure. Une bonne vigne plantée sur un défrichement de garrigues ou en coteaux peut donner de 25 à 30 hectolitres à l'hectare, et une terre d'alluvion peut en donner 80 au maximum, si elle est taillée en gobelet, et de 150 à 200, si elle est conduite sur cordons et arrosable.

« Les vins récoltés se consomment-ils dans votre département et dans quelles proportions? »

En grande majorité, ils sont exportés. Ce sont des vins excellents qui sont vendus à la clientèle bourgeoise dans les villes ou qui sont manipulés en Gironde ou en Bourgogne.

« Les viticulteurs possèdent-ils la vaisselle vinaire suffisante pour loger leur récolte? »

Le logement de la récolte d'une année, même abondante, est toujours assuré. Il n'y a encombrement que dans les caves ayant tout ou partie de plusieurs récoltes antérieures, et cependant beaucoup de propriétaires ont deux récoltes logées; les travaux en ciment permettent de construire des récipients à bon marché.

« Une partie de la récolte s'expédie-t-elle en vendange? Si oui, dans quelles proportions? »

Insignifiant.

« Quel est le montant par hectare des frais de culture? »

C'est une question de la plus haute importance. La répartition des frais annuels au prorata des hectares cultivés est au minimum de 500 francs par hectare et par an. Ce chiffre n'est exact que s'il s'agit d'une culture simple taillée à gobelet, fumure du cinquième de la propriété par an, et sans qu'on tienne compte des primes d'assurances contre la grêle ou d'autres cotisations de même genre.

Il faut compter sur 700 francs à peu près quand il s'agit de culture soignée, avec apport de fumure en produits chimiques, avec des labourages fréquents exigeant de nombreuses bêtes de travail et avec des applications préventives de substances anticryptogamiques, conformément aux prescriptions des sciences viticoles.

Ces dépenses annuelles ne tiennent pas compte de l'intérêt des capitaux représentant la valeur d'achat et de mise en culture des terres, capitaux qui s'élèvent en moyenne de 4,000 à 6,000 francs par hectare, ni de la rémunération du capital représenté par les bâtiments d'exploitation, par la vaisselle vinaire et par le matériel de culture; ce capital est d'ailleurs difficile à apprécier.

Enfin, il est nécessaire de tenir compte de l'usure des bâtiments, de celle du matériel ainsi que de l'épuisement des cépages dont il est encore difficile d'apprécier la longévité.

En tenant compte de ces divers éléments, le montant des frais d'exploitation amènerait au cours actuel de nos produits une ruine mathématique.

« Emploie-t-on exclusivement des ouvriers du pays? »

On les emploie en très grande majorité : quelques sujets espagnols se sont fixés dans nos villages; il sont bons pour des travaux de terrassements, tels que faire des binages, creuser des conques ou piocher; ils sont plus dociles, plus affables et se contentent de salaires plus minimes que les ouvriers du pays. Au cours des vendanges des bandes de montagnards viennent donner un coup de main pour rentrer les récoltes.

« Votre région se prête-t-elle à d'autres cultures que celle de la vigne? »

Non, en général; nous avons traité plus haut incidemment cette question.

« Y a-t-il lieu de modifier la classification cadastrale des terrains plantés en vigne? »

Ce serait inutile en général.

« Est-il à votre connaissance que des fraudes ou falsifications aient influé dans votre région sur la mévente des vins? »

Oui, à tel point que nous avons mis cette cause en première ligne dans notre réponse aux premières questions. Nous sommes persuadés qu'il suffirait que le commerce des vins se fît honnêtement pour que les cours de nos crus du Minervois se relevassent dans la proportion des deux tiers; par exemple, pour que les vins payés actuellement 7 ou 8 francs en valussent de 20 à 25.

« Existe-t-il à votre connaissance des moyens propres à favoriser la consommation du vin? »

Toute mesure qui permettra au consommateur d'acheter un vin naturel augmentera dans des proportions énormes la demande de ce produit; c'est donc encore l'application effective des lois existantes, sans qu'il soit besoin d'en créer aucune nouvelle, qui développera notre marché. Nous ne craignons la concurrence ni du thé, ni du lait, ni du cidre, ni de la bière; mais nous constatons qu'il est tout naturel que les médecins et les hygiénistes proscrivent les mixtures chimiques vendues sous le nom de vin et nous pensons que le discrédit du mauvais vin finira par déshabituer le grand public de tout vin en général, si la masse des consommateurs est dans l'impossibilité matérielle de se le procurer à l'état sain et naturel.

Le vin aux soldats serait une mesure restreinte mais bonne pour eux et pour les viticulteurs.

Le bon marché excessif n'a pas fourni l'écoulement rémunérateur des vrais vins.

« Quelle est en général, dans les pays producteurs d'eau-de-vie, la cause de la mévente ? »

La principale cause est l'énormité des droits hors de toute proportion avec la valeur intrinsèque du produit et qui constitue une prime trop belle à la fraude.

Il devient presque impossible à un propriétaire de trouver à se défaire régulièrement de ses eaux-de-vie, car il ne trouve pas d'acquéreur qui consente à payer les droits; aussi l'hectolitre de bon alcool à 90° vaut à cette heure de 28 à 30 francs.

D'autre part, si l'on prend des alcools ou eaux-de-vie en charge, on s'expose à payer à la régie pour manquant des sommes hors de proportion avec le produit lui-même.

Enfin, la concurrence des alcools industriels amène l'avilissement des alcools de vin.

De toutes ces causes, il s'ensuit que les viticulteurs renoncent à faire des piquettes et à traiter les sous-produits de la récolte tels que les lies et les marcs; ce qui produit une diminution de la richesse générale, et par voie de conséquence une augmentation des frais de culture.

Des raisons analogues empêchent la distillation des vins avariés ou de faible degré presque similaires aux bonnes piquettes; toutes ces causes contribuent à l'encombrement du marché.

« Y a-t-il lieu d'interdire les essences minérales pour la fabrication des vins, spiritueux et liqueurs? »

Cette interdiction s'impose immédiatement et d'une façon absolue, tant dans l'intérêt de la viticulture que dans celui de l'hygiène.

« La loi de 1900 a-t-elle eu une répercussion sur la vente des vins et eaux-de-vie? Si oui, dans quelles mesures et pour quel motif? »

Dans notre région, le fléchissement des cours s'est accentué en 1901; nous ne savons si la loi de 1900 a empêché les cours de s'avilir plus qu'ils ne l'ont été, mais nous constatons ce fait que les cours n'ont jamais cessé de diminuer et que nous avons subi les prix qu'il plaisait au commerce de nous imposer.

La loi de 1900 sera cependant favorable à la longue par la diminution réelle des droits de l'Etat et des villes, ce qui a provoqué une augmentation appréciable de la consommation; mais cette augmentation de consommation a surtout permis d'écouler de mauvais vins; la loi produira son entier effet lorsque le goût du public aura été rectifié et qu'on lui aura appris ce que c'est que du bon vin en le mettant à même de comparer. La loi sera utile quand les taxes d'octroi auront été réduites partout aux tarifs légaux.

Elle permettra alors au récoltant de se livrer à la vente directe à peu de frais.

En ce qui concerne les eaux-de-vie, la loi n'a pu produire son maximum définitif dans notre région par suite de la diversité des interprétations de la régie et de ses alternatives de tolérance et d'inquisition. La loi doit être complétée par des instructions très libérales, sans quoi elle nous sera toujours défavorable.

Les droits de circulation perçus au profit de l'Etat ont été sensiblement diminués dans les pays du Nord, ce qui donne une certaine facilité d'écoulement profitable au commerce, mais ils ont été portés de 1 franc à 1 fr. 50 c. dans notre région, et cette majoration a diminué du montant de sa valeur le bénéfice du propriétaire dans sa vente directe au détail.

« L'insuffisance d'application de l'article 8 de la loi du 2 août 1872 (acquit de couleur) a-t-elle pu exercer une influence sur la vente des eaux-de-vie de vin? »

Cette influence a été considérable et nous a causé les diminutions sensibles de valeur par répercussion. Actuellement, le prix de l'hectolitre d'alcool de vin est déterminé par le prix de l'hectolitre d'alcool industriel. Tout ce qui produit la confusion entre ces deux alcools et la substitution de l'alcool d'industrie à l'alcool de fruit dans les alcools de bouche nous est préjudiciable; l'insuffisance d'application de la loi précitée tend à établir complètement cette confusion par un échange facile pour tout négociant de ces titres de régie.

« Est-il nécessaire d'établir une taxation différente pour les eaux-de-vie et pour les alcools industriels? »

L'hygiène et la santé morale de la France y sont les premiers intéressés, car sans cette différence les alcools industriels, qui sont d'un prix de revient notablement inférieur aux alcools de vin, seront seuls employés dans la composition des boissons alcooliques; or, l'alcool de vin est infiniment moins nocif que les plus rectifiés des alcools industriels.

« Est-il nécessaire de modifier le régime actuel des mélasses allant en distillerie? »

Oui, par application de l'ordre d'idées indiqué dans la réponse précédente. La taxation présentée par M. Lasies, député du Gers, est excellente.

« Indiquez vos *desiderata* en ce qui concerne la question de transports. »

Il est indispensable d'unifier les prix de transports, qui devraient être établis à base kilométrique décroissante et les mêmes pour tous les réseaux. Le tarif de retour des fûts vides devrait être diminué et assimilé au tarif des retours d'emballage; il est dangereux pour la production nationale de favoriser par les tarifs spéciaux l'introduction des vins étrangers.

Les voies d'eau devraient être employées à des transports de grande quantité de vins à prix très réduits. L'agrandissement du canal du Midi aurait un avantage considérable pour notre région, surtout s'il était apte à la navigation à vapeur.

« Quel est votre avis sur les services que pourrait rendre à la viticulture le fonctionnement des coopératives et l'utilisation du crédit agricole? »

Jusqu'à présent, ni les coopératives de vente, ni les coopératives de consommation n'ont donné des résultats dans notre région. Le Syndicat des propriétaires de l'Aude pour la vente des vins, qui, sans être une coopérative de vente, présente des analogies avec ces formes de sociétés, n'a pas encore servi d'organe pratique pour l'écoulement de nos vins, mais il est appelé à rendre les plus grands services quand les idées de groupement et d'association auront pénétré largement dans l'esprit de la majorité des producteurs.

Nous serions heureux que des coopératives de consommation s'adressassent au siège social de notre Syndicat et nous leur fournirions des produits excellents; mais aucune proposition ne nous a été faite.

En ce qui concerne le crédit agricole, son effet serait bon; car, nous reportant à notre réponse à la première question, nous regardons le besoin d'argent comme un des éléments de l'effondrement des cours.

Le Syndicat du Minervois à créé une caisse de crédit qui a fait des opérations assez importantes. Un large mouvement de fonds opéré avec impartialité par une ou plusieurs caisses régionales libéralement aidées par l'Etat, conformément aux lois de 1897 et 1900, et agissant par l'intermédiaire de très nombreuses caisses rurales, rendrait des services appréciables.

« La législation actuelle concernant les vins et eaux-de-vie ne peut-elle pas être modifiée, et dans quel sens, pour favoriser notre exportation ? »

Importation. — La légation douanière doit, à notre avis, être envisagée dans son ensemble, tant à l'importation qu'à l'exportation. Si la législation actuelle était appliquée sans complaisance, en matière de douane notamment, elle n'aurait besoin que de modifications restreintes ; il est nécessaire que les mistelles de toute provenance soient taxées comme alcools et non comme vins. Ces mêmes taxes doivent être appliquées aux vins vinés artificiellement et qui ne sont que de simples véhicules de l'alcool. Les raisins secs et les fruits sucrés susceptibles d'être employés à une fabrication de boisson doivent être taxés d'après leur destination réelle.

De même les vins étrangers doivent être soumis aux lois applicables aux vins français, que nous avons énumérés dans notre réponse à la première question, concernant le plâtrage, les matières colorantes, les raisins secs.

Or, il n'en est point ainsi ; cette tolérance constitue un régime privilégié pour les vins étrangers au détriment des vins français.

Exportation. — Toute diminution de droits de douane consentie par une puissance étrangère facilitera l'écoulement de nos vins ; des efforts dans ce sens pourraient être utilement tentés auprès des pays du Nord, notamment de la Belgique, de la Hollande, de l'Angleterre, de l'Allemagne et surtout de la Russie. Le jour où, grâce à des diminutions très considérables de droits de douane, le vin cesserait d'être un article de grand luxe pour devenir un produit à la portée de la consommation populaire, l'extension de nos débouchés se développerait dans des proportions qui peuvent, à elles seules, nous ramener la prospérité.

CHAPITRE II.

VŒUX VOTÉS PAR LE CONSEIL D'ADMINISTRATION DU SYNDICAT AGRICOLE DE NARBONNE.

Voici maintenant des vœux votés par le Conseil d'administration du Syndicat agricole de Narbonne du 14 novembre :

1° Que les tarifs de transports soient abaissés dans la plus large mesure avec unification et base kilométrique décroissante ;

2° Que les Compagnies de chemins de fer accordent le retour gratuit des fûts vides, comme elles font d'ailleurs pour tous les emballages ;

3° Qu'il soit fait une application complète et immédiate de la loi sur la suppression des droits d'octroi sur les vins en France ;

4° Que les droits de circulation sur les vins soient supprimés avec remplacement par un faible droit de statistique et qu'il soit fait application par la régie dans le sens le plus large de l'article 10 de la loi du 29 décembre 1900, en attendant l'établissement du monopole de l'alcool par l'Etat ;

5° Qu'il soit fait remise de l'impôt foncier pour l'année 1901 ;

6° Que l'État facilite par tous les moyens possibles la création et le bon fonctionnement des Caisses agricoles ;

7° Qu'il soit fait une application sévère des lois sur la fraude et sur la falsification des vins ;

8° Enfin, que le vin soit distribué aux troupes dans toutes les garnisons et en quantité plus abondante.

CHAPITRE III.

VŒUX DE LA SOCIÉTÉ AGRICOLE, SCIENTIFIQUE ET LITTÉRAIRE DES PYRÉNÉES-ORIENTALES.

1° Déclaration de la quantité récoltée faite sous le contrôle de la régie par tous les viticulteurs, qui devront justifier les sorties avec une tolérance de un dixième dans la quantité totale;

2° L'affichage hebdomadaire à la porte de la recette buraliste de chaque commune des acquits pris dans la semaine chez les propriétaires individuellement;

3° L'exercice de la régie chez les marchands de vin en gros et en détail dans l'intérieur de Paris;

4° Le rétablissement de l'exercice chez le débitant exonéré par l'article 5 de la loi du 29 décembre 1900;

5° L'application en Algérie et en Tunisie de toutes les lois concernant en France la vente des vins et des alcools;

6° Les pénalités les plus sévères pour empêcher l'offre et la vente des matières premières ou produits servant à la fabrication artificielle des vins;

7° L'application à tous les raisins secs sans distinction des droits imposés à ceux destinés à la fabrication du vin, l'extension de ces mesures aux figues, dattes, miels et autres produits analogues;

8° La réglementation du sucrage en attendant l'abrogation de la loi du 28 janvier 1903.

CHAPITRE IV.

DÉCISIONS DU CONSEIL GÉNÉRAL DES PYRÉNÉES-ORIENTALES.

Le Conseil général des Pyrénées-Orientales a, sur le rapport de M. Battle, pris les décisions suivantes :

1° Que le Gouvernement applique sans faiblesse les lois votées pour protéger la viticulture ;

2° Qu'il intervienne auprès des autres nations pour obtenir la diminution des taxes de douane qui frappent les vins;

3° Qu'il use de tout son pouvoir auprès des Compagnies de transport, et surtout auprès de la Compagnie du Midi, pour que des tarifs plus rationnels avec retour des fûts vides soient consentis pour les vins;

4° Que l'organisation des Caisses agricoles soit étendue et que les formalités pour emprunter à ces Caisses soient simplifiées;

5e Que les propriétaires arrivent, par une entente plus complète, à s'outiller de façon qu'ils ne soient pas forcés à certains moments à livrer leurs produits à vil prix;

6s Que la déclaration par le propriétaire de la quantité récoltée soit obligatoire et soumise, si besoin est, au contrôle;

7° Que la proposition de loi sur la circulation des sucres soit votée à bref délai;

8° Que l'amendement Cheigne, restreignant la faculté du sucrage, soit appliqué avec la plus grande rigueur en attendant l'interdiction absolue du sucrage;

9° Les élus du suffrage universel à tous les titres s'interdisent toute intervention auprès de la régie en matière de falsification et de fraude volontaire.

CHAPITRE V.

VŒUX ADOPTÉS PAR L'UNION DES ASSOCIATIONS AGRICOLES DU SUD-OUEST ET DU SUD-EST.

Le 10 janvier 1903, les délégués de ces associations se réunirent au siège de la Société départementale d'agriculture de la Haute-Garonne. Parmi les orateurs étrangers à la Société d'agriculture se trouvaient : MM. Poubelle, de l'Aude; Talavigne et Aubry, de la Haute-Garonne; Bord, de la Gironde. La séance était présidée par M. Théron de Montaugé. Les Sociétés d'agriculture du Gard et de l'Hérault, le Syndicat agricole de Béziers étaient également représentés. Les vœux suivants ont été adoptés :

1° L'assemblée, considérant que le vin est défini par la loi le produit exclusif de la fermentation du jus de raisin frais, réclame l'interdiction absolue du sucrage des vendanges en vue de la vente du vin.

2° Considérant que l'abaissement à 25 francs du droit sur les sucres consacrerait la ruine de la viticulture française s'il était appliqué au sucre allant à la vinification, demande subsidiairement et au cas de maintien de sucrage que les sucres employés dans la vendange restent soumis aux droits existant actuellement sur les sucres.

3° Demande que la nouvelle loi sur le régime des sucres ne soit appliquée en ce qui concerne la détaxe qu'à partir du 1er janvier 1904.

4° En ce qui concerne le privilège des bouilleurs de cru et le régime de l'alcool, l'assemblée repousse toute nouvelle atteinte qui serait portée au droit du producteur et demande que la loi du 29 décembre 1900, en ce qui concerne les bouilleurs de cru, soit interprétée dans le sens le plus libéral.

Mais si l'alcoolisation des vins par le sucre était autorisée, qu'elle le soit également pour les seuls récoltants avec les produits exclusifs de la distillation de leurs crus.

5° L'assemblée demande d'autre part que la loi du 2 août 1872 sur les acquits de couleur soient enfin appliquée et que les eaux de vie naturelles et les alcools de vin bénéficient d'une détaxe de 60 francs par hectolitre d'alcool pur.

6° Qu'une répression sévère frappe non seulement de l'amende mais aussi de l'emprisonnement les auteurs de toute fraude et leurs complices et que notamment le gouvernement fasse cesser les abus que la régie fait du droit de transaction.

CHAPITRE VI.

RÉSOLUTIONS DES BUREAUX DES ASSOCIATIONS AGRICOLES DU SUD-EST ET DU SUD-OUEST PROPOSÉES PAR LA SOCIÉTÉ CENTRALE D'AGRICULTURE DE L'AUDE ET ADOPTÉES EN VUE DES CONGRÈS D'AVIGNON ET DE BÉZIERS.

Dans la séance du 3 novembre 1904, le président de la Société centrale d'agriculture de l'Aude a réuni les bureaux des unions des associations agricoles du Sud-Est et du Sud-Ouest et des Sociétés agricoles du département; des vœux furent soumis aux délibérations de chacune des associations agricoles qui devaient participer au Congrès d'Avignon; ils furent adoptés, sauf quelques modifications, par ce Congrès et ils formèrent le programme des revendications qui fut défendu au Congrès de Béziers en janvier 1905; ces vœux, émis par la réunion de Carcassonne, forment trois groupes distincts suivant que leur réalisation dépend de l'initiative privée, de l'action du législateur ou de l'action commune des pouvoirs publics et des viticulteurs.

I. — *En ce qui concerne l'action des viticulteurs eux-mêmes et par eux-mêmes :*

1° Que chacun ait un logement suffisant pour éviter à l'avenir l'existence des excédents.

2° Que chacun prenne pour système la vente par petite quantité et selon l'état du marché.

Eviter les ventes en bloc, surtout au moment où les cours sont avilis ou même incertains, de manière à ne pas encombrer le marché et régulariser le cours des vins.

3° Création de caisses de crédit agricole dans chaque commune pour venir en aide à ceux qui ont besoin de fonds.

4° Création de caves communes ou au besoin de caves communales destinées : *A*) A empêcher l'existence des excédents; *B*) à augmenter la sûreté du warrantage; *C*) à permettre au bailleur de fonds, qui se défendra mieux que le warrenté, de vendre le vin warrenté selon l'état du marché; le warrenté profitera, bien entendu, de l'intégralité du prix.

II. — *En ce qui concerne l'action du législateur :*

1° Que les sucres soient suivis et que le sucrage ne dépasse pas les limites fixées par la loi.

2° Que les raisins secs de toute nature soient frappés des mêmes droits que les plus élevés.

3° Que toutes les lois sur la vente des vins et alcools appliquées en France soient aussi appliquées à l'Algérie et à la Tunisie.

4° Que l'exercice soit rétabli dans Paris chez les marchands de vin en gros et en détail.

5° Que l'exercice soit rétabli chez les débitants exonérés par l'article 5 de la loi du 20 décembre 1900; que toutes les sorties de vin de chez les propriétaires soient affichées chaque semaine à la porte de chaque recette buraliste, avec mention du nom des propriétaires et des quantités sorties, et que les registres contenant ces sorties soient publics.

7° Que le privilège du bouilleur de cru soit rétabli, avec faculté pour le propriétaire de viner en franchise avec l'acool de vin, tant que le vinage par le sucrage sera toléré.

III. — *En ce qui concerne l'action commune des viticulteurs et des pouvoirs publics :*

1° Que les fraudes soient rigoureusement poursuivies, surtout dans les lieux de consommation où elles sont infiniment plus nombreuses, puisqu'elles sont plus lucratives, le bénéfice étant augmenté du prix de la commission, entonnage, droits de régie, frais de transport et camionnage à l'arrivée.

2° Que la régie et le ministère public s'entendent à cet effet.

3° Que le Syndicat central des viticulteurs de France se joigne à eux comme partie civile et au besoin poursuive seul les fraudes pour obtenir contre les fraudeurs des condamnations et de forts dommages-intérêts.

CHAPITRE VII.

VŒUX DE LA SOCIÉTÉ DES AGRICULTEURS DE FRANCE. — TROISIÈME SECTION. — VITICULTURE (Session de 1905).

Régime des boissons. — PREMIER VŒU : *Sucrage des vins.* — La Société des Agriculteurs de France, considérant que depuis l'abaissement des droits sur les sucres la fabrication clandestine des vins de sucre prend un développement de nature à compromettre gravement les intérêts de la viticulture, tout en constituant un réel danger pour la consommation ;

Considérant que la déclaration prescrite par l'article 7 de la loi du 28 janvier 1903 constitue une mesure d'autant plus insuffisante que la fabrication des vins artificiels n'est pas limitée seulement à la période des vendanges, mais se pratique en tout temps; que par suite la seule manière d'empêcher la fraude consisterait à faire suivre le sucre par un titre de mouvement depuis la sortie de la fabrique pour les sucres indigènes ou de la douane pour les sucres étrangers, avec obligation de prise en charge et justification d'emploi;

Considérant toutefois que cette mesure est inapplicable pour les quantités inférieures à 50 kilogrammes,

Emet le vœu :

Que l'article 7 de la loi du 28 juillet 1903 soit modifié de la manière suivante :

Le sucre, par quantité d'au moins 50 kilogrammes, ne pourra être vendu et circuler qu'accompagné d'un acquit-à-caution et sera soumis à l'obligation de la prise en charge.

Tout vendeur de sucre et toute personne qui aura introduit chez elle au moins 50 kilogrammes de sucre à la fois sera soumis à la vérification des employés de la régie.

Quiconque détiendra en même temps que des vendanges, marcs ou lies de vin plus de 50 kilogrammes de sucre, acquits par fraction inférieure à ce chiffre, devra en faire la déclaration à la régie.

L'addition du sucre à la vendange est autorisée dans la limite maxima de 10 kilogrammes pour 3 hectolitres de vendanges.

La fabrication des vins de sucre par addition d'eau sur les vendanges n'est autorisée que pour la consommation familiale.

La quantité de sucre employé ne pourra pas être supérieure à 40 kilogrammes par membre de la famille et par domestique attaché à la personne, ni à 40 kilogrammes par 3 hectolitres de vendange.

Tout acheteur de vendange ou de marc ou de lie de vin sera imposé à la patente et soumis aux obligations des marchands de vins en gros, si les quantités achetées dépassent 5 hectolitres de vendange par membre de la famille ou par domestique attaché à la personne.

Deuxième vœu : *Droits de douane sur les raisins secs.* — Considérant que la loi du 6 avril 1897 ne frappe d'une taxe douanière de 15 francs par 100 kilogrammes que les raisins secs destinés à la consommation ; que sous le couvert de la consommation il est introduit de grandes quantités de raisins destinés à la vinification sans que la douane puisse faire la différence, la société émet le vœu :

Que la loi du 6 avril 1897 soit modifiée ; que tous les raisins secs sans distinction soient soumis aux droits imposés à ceux destinés à la fabrication du vin et que des mesures analogues soient prises à l'égard des figues, des dattes, du miel et autres produits saccharifères.

Troisième vœu : *Marchands de vin en gros.* — Considérant qu'il importe d'empêcher le plus possible les négociants en vin de se livrer au mouillage et de se constituer des excédents au moyen d'acquits fictifs ;

Considérant qu'il importe que chacun puisse s'assurer librement qu'aucune déclaration d'enlèvement de boissons n'est faite en son nom et à son insu,

Emet le vœu :

Que les marchands en gros soient exercés au volume et au degré ;

Que les dispositions de la loi du 6 avril 1897 soient, en dehors de l'action pénale, complétées de manière à frapper d'un droit égal à trois fois les droits sur l'alcool correspondant tous les excédents constitutés au moyen de fausse déclaration ;

Que la régie soit tenue d'afficher chaque semaine devant

chaque recette buraliste les déclarations d'enlèvement faites dans la période écoulée, en indiquant le nom du propriétaire de chez qui les boissons sont sorties et les quantités enlevées.

Cette publicité ne s'étendra pas aux négociants soumis à l'exercice.

QUATRIÈME VŒU : *Commerce des vins à Paris; exercice des débitants.* — Considérant que la faculté d'avoir à l'intérieur de Paris des magasins de vente en gros qui échappent à la surveillance de la régie est une source de fraude et un danger pour la santé publique, qu'il en est de même de la liberté laissée sur tout le territoire français aux débitants de vins au détail,

Emet le vœu :

Que les magasins de vente en gros ne puissent à Paris être établis que dans les entrepôts de la ville et que les magasins existant aujourd'hui ne puissent être maintenus qu'à la condition d'être soumis à l'exercice;

Que la liberté laissée aux débitants de vins au détail soit supprimée et que ces débitants soient tous soumis à l'exercice.

CINQUIÈME VŒU : *Produits destinés à la sophistication.* — Que l'amendement déposé par MM. Sarraut, de Laurens-Castelet, etc., au projet de loi adopté par le Sénat sur la répression des fraudes dans la vente des marchandises et des falsifications des denrées alimentaires soit adopté.

SIXIÈME VŒU : *Vinage.* — Considérant qu'en présence de la faculté laissée aux viticulteurs d'augmenter le degré alcoolique de son vin au moyen du sucre, il serait injuste de lui refuser la faculté de le remonter au moyen de l'alcool de vin,

Emet le vœu :

Que les viticulteurs soient autorisés à viner en franchise leur vendange dans la proportion maxima de 3 degrés par hectolitre de vin, au moyen de l'alcool provenant de leur propre récolte, sous la surveillance et le contrôle des employés de la régie, qui en donnera décharge.

SEPTIÈME VŒU : *Droits de transaction et publicité.* — Considérant que les transactions auxquelles les contraventions ont trop souvent donné lieu sont de nature à amoindrir la répression des fraudes, qu'il y a grand intérêt pour le public à ce que les communications des constatations faites par la régie et autorisées par l'article 33 de la loi du 31 mars 1903 puissent avoir un caractère d'authenticité indéniable,

Emet le vœu :

Que les Pouvoirs publics exigent de tous la stricte application des lois existantes en matière de fraude sur les vins, qu'en cas de contravention il ne puisse jamais y avoir de transaction et que les marchandises saisies soient effectivement confisquées comme le prévoit l'article 1er de la loi du 28 février 1872 ;

Que tout requérant puisse recevoir communication de toutes les contraventions relevées en matière de sucrage, même de celles relevées en cours de route.

HUITIÈME VŒU : *Défense de la viticulture par elle-même.* — Considérant qu'il importe aux viticulteurs de se grouper et de suppléer par leur initiative et leur énergie à l'insuffisance de la loi pour la protection des intérêts de la viticulture,

La Société émet le vœu :

1° De voir les associations viticoles créer elles-mêmes dans leur région un service en vue de la constatation et de la répression des fraudes sur les vins, et, dans ce but, introduire dans leurs statuts des dispositions qui leur permettent d'agir légalement ;

2° D'inciter les viticulteurs à agir par la presse, par les conférences et par tous les moyens en leur pouvoir pour amener les propriétaires récoltants à refuser leur concours aux négociants en vue de la fabrication des vins des sucre au moyen de leurs vendanges ou de leurs marcs.

Régime des bouilleurs de crus. — La Société des Agriculteurs de France confirmant la résolution prise par le Conseil dans sa séance du 29 novembre dernier;

Considérant que les décrets des 17 et 19 août ont singulièrement altéré en les aggravant les prescriptions contenues dans la loi de finances du 31 mars 1903;

Considérant que la loi était dénaturée par de simples circulaires, ce qui donne à ces modifications une existence précaire; que par suite le régime des bouilleurs de crus est abandonné à l'arbitraire administratif,

Emet le vœu :

Que l'on revienne à un état législatif normal par le vote d'une loi fixant d'une manière précise le régime des bouilleurs de crus; que la Commission parlementaire poursuive ces travaux en s'inspirant de l'esprit libéral qui a présidé à son élection.

Sociétés coopératives viticoles. — La Société, considérant qu'il y a lieu de lutter contre le sucrage et contre le découragement éprouvé par les propriétaires de bon vin, par suite de la généralisation de ces fraudes; qu'un moyen efficace consiste à favoriser leur vente aux consommateurs avec garantie de provenance de qualité;

Considérant, d'autre part, que la base de cette protection ne peut être prouvée en dehors des associations locales, existantes ou à créer, qui assureront la garantie de l'origine, la qualité et la bonne exécution des conditions du marché; que ces associations, pour bien fonctionner, doivent débuter modestement et proportionner leur activité à l'importance des récoltes annuelles,

Emet le vœu :

Que les propriétaires soient engagés à s'unir et les syndicats locaux invités à prendre leurs dispositions pour être en mesure de procéder à la vente des vins de leurs syndiqués ; que ces syndicats soient réunis dans les centres de consommation, et notamment à Paris, par une association composée de viticulteurs et de commerçants qui emploieront les moyens de faire parvenir jusqu'aux consommateurs les vins naturels et loyaux.

Ports francs. — La Société des Agriculteurs de France émet le vœu que les propositions législatives tendant à la création de ports francs ou de zones franches soient repoussées par le Parlement ; subsidiairement, que les vins et eaux-de-vie de vin soient exclus des ports francs.

CONCLUSIONS

Le but final de cet ouvrage est de prouver que les moyens propres à solutionner la mévente se déduisent directement de la connaissance de ses causes et de ses effets. Nous avons non seulement précisé ces causes et ces effets, mais encore indiqué les solutions qu'elles ont suggérées aux viticulteurs, aux commerçants, aux professeurs et aux journalistes agricoles, aux associations, aux congrès, aux membres du Parlement et au Gouvernement. De cet exposé impartial, que nous avons limité uniquement pour ne pas fatiguer l'attention du lecteur par des redites, chacun peut se former un jugement en pleine connaissance de cause.

Voici les propositions qui, à notre avis, sont susceptibles de résoudre la mévente avec la rapidité et dans la mesure que comportent les troubles économiques existant.

I. — *Facilité donnée à la distillation par transaction entre les partisans et les adversaires du privilège des bouilleurs de cru, modifié de la façon suivante : Acceptation du régime actuel de surveillance, comportant la déclaration préalable et la prise en charge, mais vinage en franchise sous le contrôle de la régie. — Les alcools destinés au vinage seront produits par le récoltant lui-même, qui distillera une partie de ses vins, ou seront achetés hors de la propriété. Ils circuleront accompagnés d'acquits certifiant leur origine et empêchant toute substitution en cours de route. — Application efficace des lois sur les acquits, ayant pour résultat que les spiritueux soient composés d'alcools de fruit à l'exclusion des alcools d'industrie.*

Cette proposition est seule capable d'améliorer la production naturelle ; la distillation fera disparaître les mauvais vins et les transformera en alcools rémunérateurs, soit qu'ils servent au vinage, soit qu'ils se vendent comme spiritueux. Les cours de ces derniers se relèveront quand l'administration aura l'ordre formel d'appliquer la législation fiscale. Le Trésor ne subira aucune perte, car il percevra les taxes sur la totalité des alcools allant à la consommation.

II. — *Interdiction du sucrage.*

Cette seconde proposition est seule capable d'entraver la production artificielle. Elle est conforme au système général de prohibition d'introduction dans le vin de toute substance étrangère ; elle est aussi rationnelle que l'interdiction du mouillage ; elle ne nuit pas aux récoltes défectueuses, puisque le vigneron éprouvé aura le droit de remonter la teneur alcoolique de sa vendange en achetant des alcools de vin, suivant ce qui est prévu dans notre première proposition. L'interdiction du sucrage dispense de toute nouvelle tentative de répression des fraudes ; cette répression est une pure utopie avec le système complexe de notre législation, pleine de restriction et de demi-tolérance.

III. — *Formation de vins à haut degré par le vinage et, si la science se précise, par la concentration.*

Cette proposition, qui est la conséquence naturelle du vinage, change au profit du producteur national les conditions économiques de l'importation et de l'exportation en France. Les vins nationaux vinés prendraient, dans les coupages, la place aujourd'hui occupée par des vins étrangers, importés de Portugal, d'Espagne, d'Italie, de l'Europe orientale et de l'Asie Mineure; elle provoquerait la disparition presque totale de l'importation des vins de coupage, elle donnerait de l'extension à l'exportation à l'étranger des vins français, qui obtiendraient pour le vinage ou la concentration, la chaleur, le bouquet, la couleur des vins étrangers.

IV. — *Développement, par voie diplomatique, de l'exportation des vins français. Maintien des droits sur l'introduction en France des vins étrangers, raisins secs et mistelles.*

Cette proposition est la manière légale de réaliser les avantages pratiques assurés par la précédente. L'extension de notre commerce extérieur des vins communs doit se poursuivre méthodiquement, d'abord en obtenant pour nos vins français les conditions simplement similaires à celles qu'ont obtenu d'autres nations qui exportent leurs vins et en développent la consommation sur les principales places étrangères; subsidiairement en obtenant des avantages spéciaux pour nos vins en échange de facilités données à l'importation en France de produits étrangers.

Ce développement est l'affaire de notre diplomatie; l'occasion sera fournie par les revisions périodiques de nos traités de commerce. Les puissances étrangères exigent que nos tarifs douaniers donnent de grandes facilités d'introduction à leurs produits; nous devons obtenir des avantages pour nos vins par voie de réciprocité en négociant avec les nations qui sont consommateurs et non pas producteurs de vins, avec l'Angleterre, la Belgique, l'Allemagne, les pays scandinaves, les républiques américaines, les puissances asiatiques, et en laissant de côté les Etats qui sont protectionnistes non seulement par principe général mais pour favoriser la création des vignobles naissants, tels que la Russie et la Suisse.

Par le même ordre d'idées, nous devons maintenir notre système de défense par l'élévation des taxes douanières contre l'introduction en France de boissons étrangères.

Cependant, *si le sucrage rendait la production naturelle impossible, le Midi aurait intérêt à faire le sacrifice du système protecteur tout entier* et à demander le système libre-échangiste intégral intérieur et extérieur ; l'introduction des sucres allemands et belges, qui sont produits à meilleur marché que les sucres français, ruinerait notre industrie betteravière en même temps que le Trésor serait privé de 175 millions de recettes. Une alliance avec le groupe socialiste de la Chambre, qui est libre-échangiste en théorie, ferait obtenir probablement la transformation de notre législation douanière. Ce serait un malheur général, mais une représaille efficace du Midi viticole contre le Nord betteravier. Je ne fais que signaler cette idée qui pourrait être l'arme de salut suprême de la viticulture.

V. — *Développement réel des œuvres de mutualité. — I. Amélioration de l'organisation des syndicats dirigée dans le but de procurer aux viticulteurs les matières premières aux prix les plus rapprochés possible du coût de fabrication; et dans le but de chercher à provoquer les achats et les ventes des syndiqués entre eux, au moyen de transactions de leurs produits, en prélevant sur ces échanges les simples frais d'administration. — II. Extension du crédit agricole par les ressources des particuliers, employant leurs épargnes, versées en dépôt dans les caisses rurales, au service des prêts. — III. Développement des syndicats mixtes dans lesquels patrons et ouvriers résoudront les conditions du travail au mieux de leurs intérêts réciproques. — IV. Création de relations directes entre récoltants vendeurs et consommateurs acheteurs de vins et d'eaux-de-vie de vin et de marc, en faisant créer par les syndicats existants ou par des syndicats spéciaux des offices de renseignements et d'offre et demande d'emploi de personnel, offices que les récoltants utiliseraient en agissant soit isolément, soit par groupement; rendre le groupement facile sous forme de coopératives de vente.*

VI. — *Série de mesures d'intérêt secondaires, mais dont l'ensemble améliorerait singulièrement la situation viticole, telles que : abolition des octrois et ultérieurement libération fiscale du vin ; revision des tarifs de transport dans le sens d'abolition de tout avantage accordé à l'introduction des produits étrangers et de création de facilités à la circulation des produits nationaux soit à l'intérieur, soit vers les frontières ; amélioration des transports par les voies de navigation intérieure ; facilités accordées à l'exportation par la diminution du fret des vins à destination des ports étrangers; complaisance des agents consulaires français envers les exportateurs de vins pour leur procurer des facilités à l'effet de créer ou de développer ce commerce.*

VII. — *Évolution rationnelle des cultures par la diminution des superficies plantées en vignes et par la diminution de la culture intensive des vins défectueux.*

Cette proposition, qui ne dépend que de la volonté des particuliers et qui ne peut être autre chose qu'un avis et non une prescription, se réaliserait progressivement, en évitant de reconstituer en vignes, dans l'ensemble de la France et plus particulièrement dans les régions de monoculture viticole, les terres dont les souches dépérissent. Ce changement d'exploitation ne peut se pratiquer que pour les terres qui sont aptes à une culture rémunératrice : céréales, fourrages artificiels, prairies, élevage, culture maraîchère.

La restriction de la production surabondante des vins défectueux, qui sont souvent plus mal composés que des vins artificiels, ramènerait une hausse générale dont chacun profiterait.

La viticulture doit rechercher les vins de qualité, après s'être assuré les moyens de les écouler elle-même, car c'est à cette seule condition qu'elle détruira la mauvaise réputation des vins du Midi.

Réduisons la législation au minimum, accordons sans restriction à tous les produits agricoles et industriels la liberté que nous réclamons pour les nôtres, confions-nous à la libre concurrence : le vin de France se défendra de lui-même.

Violet, par Peyriac-Minervois (Aude), le 30 septembre 1905.

Années.	Superficies plantées en vignes. — Hectares.	Vins de vendanges. — Hectolitres.	Vins. Importation.	Vins. Exportation.	Distillation. — Hectolitres (alcool pur.)	Cidres.
1893	1.793.299	50.070.000	5.895.000	1.569.000	100.829	31.609.000
1894	1.766.841	39.053.000	4.492.000	1.721.000	161.660	15.541.000
1895	1.747.002	26.688.000	6.337.000	1.697.000	61.202	25.587.000
1896	1.728.433	44.656.000	8.814.000	1.784.000	58.652	8.074.000
1897	1.688.931	32.351.000	7.531.000	1.775.000	83.719	6.789.000
1898	1.706.513	32.282.000	8.603.000	1.636.000	45.975	10.637.000
1899	1.697.724	47.908.000	8.466.000	1.717.000	76.994	20.835.000
1900	1.730.451	67.353.000	5.217.000	1.905.000	»	29.400.000
1901	1.735.345	57.964.000	3.708.000	2.022.000	»	12.734.000
1902	1.733.338	39.884.000	4.447.000	2.050.000	»	9.211.000
1903	1.689.087	35.402.000	»	»	»	5.671.000

ALGÉRIE 1903		Superficie.	Production.	Importation en France.
	Alger	62.549	2.689.607	3.271.000
	Oran	84.762	2.474.707	
	Constantine	16.432	809.363	
		163.743	5.973.677	

TABLE DES MATIÈRES

TROISIÈME PARTIE.

LA LÉGISLATION VITICOLE.

QUATRIÈME PARTIE.

EXPOSÉ DES SOLUTIONS PARTIELLES OU GÉNÉRALES DE LA CRISE DE LA MÉVENTE QUI ONT ÉTÉ PRÉSENTÉES DE 1900 A 1905.

CINQUIÈME PARTIE.

LES CONGRÈS. — LE TRUST DES VINS NATURELS DU MIDI.

SIXIÈME PARTIE.

LA MUTUALITÉ EN VITICULTURE.

SEPTIÈME PARTIE.

VŒUX ET RÉSOLUTIONS DES ASSOCIATIONS AGRICOLES CONCERNANT LA MÉVENTE.

Toulouse, Imp. DOULADOURE-PRIVAT, rue St-Rome, 39. — 3952

www.ingramcontent.com/pod-product-compliance
Ingram Content Group UK Ltd.
Pitfield, Milton Keynes, MK11 3LW, UK
UKHW012158240726
13966UKWH00002B/422